중국 발전과 변화!
건국 70년을 읽다

이 저서는 2018년 대한민국 교육부와 한국연구재단의 지원을 받아 수행된 연구임.

(NRF-2018S1A3A2075531)

중국 발전과 변화!
건국 70년을 읽다

박범종 공봉진 김태욱 박미정
이강인 서선영 장지혜 조윤경

지음

들어가는 말

1949년 10월 1일 마오쩌둥은 천안문 성루에서 "중화인민공화국 중앙인민정부가 오늘 성립하였다"고 선포하였다. 중국공산당은 국민당을 대만으로 내몰고 사회주의 체제인 중화인민공화국을 건국하였다.

중국은 1978년 개혁개방을 선언할 때까지 '죽의 장막'이라 불리던 나라였다.

한국에서는 중국을 중공이라 불렀던 나라이다. 1992년 8월 24일 정식으로 중국과 수교를 맺은 후 한국에서는 중국이라 부르기 시작하였다. 그리고 많은 기업과 유학생들이 중국으로 들어가기 시작하였다. 중국과 수교를 맺은 후 한국에서는 중국어를 구사하면 취업을 잘 하는 것처럼 여겼다. 실상은 그렇지 않음에도 불구하고 그렇게 인식한 것은 중국에 대한 막연한 생각 때문이었다.

사실 한국에서는 중국에 대해 잘 안다고 생각한다. 어릴 때부터 중국역사 등 중국을 접할 수 있는 기회가 많았기 때문이다. 하지만 사회주의 체제인 중국에 대해 안다는 것은 한국사회에서는 어려운 일이었다. 그럼에도 불구하고 한국에서는 중국을 잘 안다는 편견과 선입관에 빠져 있는 경우가 곳곳에 나타난다.

중국을 잘 안다는 것은 쉬운 일이 아니다. 중국체제부터 시작하여 중국인의 사고까지 차근차근 알아가야 한다. 그래야만 중국을 올바르게 알 수 있는 길로 걷게 될 것이다. 중국이 아무리 개방을 하고, 경제가 발전하고 사회가 변화하였다 하더라도 변함없는 것은 사회주의 체제의 국가라는 점이다.

개혁개방 천명 후 중국은 동부 연해를 중심으로 개방을 하였고, 점차적으로 전 지역으로 확대하기 시작하였다. 2001년에는 서부대개발을 실시하며 동서 간의 지역 격차를 줄이고자 하였다. 중국은 지역 격차를 줄이기 위해 서부대개발뿐만 아니라 중부굴기, 동북3성 진흥정책을 실시하였다.

2001년 WTO에 가입한 중국은 세계질서 속으로 뛰어들었다. 경제발전으로 G2라 불릴 정도로 국제적 위상이 높아졌다. 하지만 2019년 말에 발생한 코로나 19로 중국의 국제적 위상은 위기에 처해 있다.

2019년 10월 1일 중국은 건국 70년을 맞이하였다. 현재 시진핑 정부는 새로운 중국으로 나아가려 한다. 이를 '신시대' 혹은 '신중국'이라 표현한다. 1949년의 신중국이 구중국과 대비된 용어였다면, 2019년 현재의 중국이 말하는 '신중국'은 '전면적 소강사회의 중국', '대동사회로 나아가려는 중국', '중국 특색의 사회주의 체제의 중국'의 의미가 담겨 있다.

2020년은 중국이 전면적 소강사회가 달성되는 해이다. '2개의 100년'의 관점에서 보면 2021년이 중국공산당 창당 이후의 100년이 되는 해이다. 아무튼 2020년과 2021년은 중국정부가 목표로 설정한 '전면적 소강사회'의 해이다.

이러한 상황 속에서 '중국 건국 70년'을 정리해 보는 것은 의미 있는 일이라 할 수 있다. 이 책에서는 중국의 정치, 경제, 통상, 사회, 외교, 문화 등의 주요 내용을 되돌아보면서 미래 중국의 길을 예상해 본다.

한 국가가 걸어온 과정을 되짚어보면, 앞으로 나아갈 길을 예측할 수 있다. 반성과 성찰이 없으면 국가도 개인에게도 밝은 미래는 없다고 할 수 있다. 중국도 지나온 역사나 현재 처한 상황에 대해 반성을 하고 성찰을 해야, 인민이 원하는 중국으로 나아갈 것이다. 중국 인민을 배제한 채, 중국공산당 중심의 그리고 개인 지도자 중심으로 국정을 운영한다면, 미래 중국은 중국공산당과 중국 지도부가 원하는 방향이 아닌 길로 나아갈 것이다.

끝으로 집필에 도움을 주신 기관과 참여하신 저자께 감사드린다. 그리고 출판을 할 수 있게 도움을 주신 경진출판 양정섭 대표님께 감사드린다.

2020년 5월 29일
저자 일동

차례

신중국(1949)을 건국하여 '21세기의 신중국'으로 나아가다

공봉진

1. 신중국 성립과 국가 기반 구축

1949년 10월 1일! 중화인민공화국(People's Republic of China) 중앙인민정부가 성립하였다. 구중국(舊中國)에 대비해서 새로운 중국이 건국되었다고 해서 '신중국(新中國)' 혹은 '현대중국(現代中國)'이라고 일컫기도 한다. 구중국은 1840년에 발생한 아편전쟁 이후부터 1949년 중화인민공화국이 건국되기 이전을 가리킨다.

시진핑(習近平) 정부가 들어와서 '신중국'이라는 표현을 많이 사용하고 있는데, 이는 서구 제도를 도입하지 않고 변모하는 새로운 시대의 중국을 가리키는 개념이라고 할 수 있다. 글자로는 같지만 내포하고 있는 의미는 서로 다르다.

1949년 1월 30일에 중국공산당은 베이핑(北平)이 해방되었다고 선

1949년 6월 15일 신정치협상회의주비회
제1차 회의에서의 마오쩌둥 연설

포되었다. 동년 6월 15일 신정치협상회의주비회(新政治協商會議籌備會, '신정협주비회'라 약칭) 제1차 전체회의가 베이핑에서 열렸다. 신정협주비회(新政協籌備會)는 "상무위원회의 업무 수요에 따라 각종의 소조를 설립하고, 상무위원회는 각 소조의 조장과 부조장을 지정한다."는 것을 결정하였다. 회의에는 23개 단위의 대표 134명이 참가하였다.

1946년 1월에 열린 새로운 정협의 '구정협(舊政協)'과 구분하기 위해서 열린 정치협상회의를 간칭하여 '신정협(新政協)'이라 불렀다.

'중화인민공화국'이라는 국명이 나오는 과정을 살펴보면 다음과 같다. 1949년 6월 16일 신정협주비회 제1차 전체회의에서 통과된 '신정치협상회의주비회조직조례(新政治協商會議籌備會組織條例)'이다. 본 조례의 제3조 제5항에서 '중화인민민주공화국 정부 건립의 방안 제출(提出建立中華人民民主共和國政府之方案)'라는 문구에 등장한다.

동년 6월 19일 신정협주비회 제4소조 토론에서 청화대학 교수 장시뤄(張奚若)가 '중화인민민주공화국'의 국호가 너무 기니, '민주'라는 두 글자를 삭제하자고 건의하였다. 동년 8월 17일 제4소조 제3차 전체회의에서 '조직법 초안'이 수정 통과되었고, 이때 사용된 국명이 '중화인민공화국'이었다. 동년 9월 17일 신정협주비회 제2차 전체회의에서 신중국의 국명을 '중화인민공화국'이라고 한다고 정식으로 결정하였다.

중국정부가 성립되기 전, 중국인민정치협상회의('정협'으로 약칭) 제

1차 전체회의가 중남해(中南海) 회인당(懷仁堂)에서 1949년 9월 21일부터 30일까지 열렸다. 회의에서 임시헌법의 역할을 하는 '중국인민정치협상회의 공동강령(中國人民政治協商會議共同綱領)'이 통과되었다. 보통 '공동강령'이라 일컫는데, '공동강령'에서 "중화인민공화국의 국체(國體)는 근로자 계급이 영도하고, 공농연맹(工農聯盟)이 기초가 된 인민민주전정(人民民主專政)이다. 정치체제는 민주집중제(民主集中制)를 실행하는 인민대표대회 제도이다."라고 규정하였다.

한편, 본 회의에서 '중국인민정치협상회의 조직법'과 '중화인민공화국 중앙인민정부 조직법'이 통과되었다. 회의에서 수도를 '베이핑(北平)'으로 결정하였는데, '베이핑'은 '베이징(北京)'으로 개명되었다. 서기 기년(紀年)을 채용하였고, 국가(國歌)를 정식으로 제정하기 전에 '의용군행진곡(義勇軍進行曲)'을 국가로 대신하며, 국기는 오성홍기(五星紅旗)로 결정하였다.

본 회의에서 마오쩌둥(毛澤東)을 중앙인민정부 주석으로 선출하였다. 주더(朱德), 류샤오치(劉少奇), 송칭링(宋慶齡), 이지선(李濟深), 장란(張瀾), 까오강(高崗)을 부주석으로 선출하였다. 진의(陳毅) 등 56명이 위원이 되었으며, 중앙인민정부위원회(中央人民政府委員會)가 조직되었다. 중앙인민정부위원회는 1949년 10월부터 1954년 9월까지 존재하였던 국가정권을 행사하였던 최고기관이었다.

1949년 10월 1일 오후 2시, 중앙인민정부위원회는 제1차 회의를 열어 다음과 같이 결의하였다. 중국정부는 '공동강령'을 본 정부의 시정방침으로 받아들였고, 저우언라이(周恩來)를 중앙인민정부 정무원(政務院) 총리로 임명하였다. 마오쩌둥은 인민혁명군사위원회(人民革命軍事委員會) 주석이 되었고, 주더는 인민해방군 총사령관이 되었다. 정무원은 1949년 10월 21일부터 1954년 9월까지 있었던 최고집행기구였다. 그리고 인민혁명군사위원회는 건국 초기에 존재하였던 국가최고군사영도기관(國家最高軍事領導機關)이었다. 1954년 9월 20일 제1차 전인대 제1차 회의에서 통과되어 공포된 중화인민공화국 헌법 규정에서 중화인민공화국 국방위원회가 설립되면서 인민혁명군사위원회는 더 이상 존속하지 않았다.

1949년 10월 1일 신중국 선포

오후 3시에는 중화인민공화국 중앙인민정부 성립 경축식을 베이징 천안문광장에서 열었다. 이때 마오쩌둥은 '중화인민공화국 인민정부 공고(中華人民共和國中央人民政府公告)'를 낭독하였다. 그리고 마오쩌둥은 "중화인민공화국 중앙인민정부가 오늘 성립하였습니다(中華人民共和國中央人民政府今天成立了)"라며 중국 인민정부 성립을 선포하였다.

1949년 10월 2일 중국은 소련과 외교 관계를 맺었다. 1964년 1월 27일 중국은 프랑스와 외교 관계를 맺는데, 프랑스는 중국이 서방국가와 첫 번째로 수교를 맺은 국가다. 2019년 9월 21일까지 중국은 179개 국가와 외교 관계를 맺었다.

1949년 10월 9일 중국인민정치협상회의 제1차 전국위원회 제1차 회의에서 마오쩌둥이 정협 제1차 전국위원회 주석으로 선출되었다. 10월 21일 중앙인민정부 정무원이 성립하였고, 10월 22일, 최고인민법원과 최고인민검찰서(最高人民檢察署)가 성립하였다. 최고인민검찰서는 1954년에 최고인민검찰원(最高人民檢察院)으로 개명하였다. 10월 25일 중국 인민정부 세관총서(海關總署)가 성립하였다.

11월 9일 중공중앙은 중앙 및 각급 당의 중앙기율검사위원회(中央

紀律檢查委員會)를 설립하였고, 주더는 중앙기율검사위원회 서기가 되었다.

11월 11일 중국인민해방군 공군 영도기구가 성립하였다. 이후에 해군, 포병 등의 군부대 및 영도기구가 성립하였다.

12월 2일 중앙인민정부위원회 제4차 회의에서 매년 10월 1일을 중화인민공화국 국경일임을 결정하였다.

1950년 6월 30일 중앙인민정부는 '중화인민공화국 토지개혁법' 시행을 공포하였다. 1952년 말까지 일부 소수민족 지역을 제외하고 토지개혁은 기본적으로 완성되었다.

1952년 8월 9일 중앙인민정부는 '중화인민공화국 민족구역자치실시강요(中華人民共和國民族區域自治實施綱要)' 시행을 발표하였다. 민족자치 지역의 건립과 자치기관의 조성과 자치권 등의 중요 문제에 대해 명확하게 규정하였다. 1947년 5월 1일에 성립한 네이멍구 자치정부는 1949년 12월 2일에 네이멍구자치구(內蒙古自治區)가 되었다. 1955년 10월 1일에 신장위구르자치구(新疆維吾爾自治區)가 성립하였고, 1958년 3월 5일에는 광시좡족자치구(廣西僮族自治區)가 성립하였다. 1965년에 '좡족(僮族)'의 명칭이 '좡족(壯族)'으로 바뀌면서, 광시좡족자치구는 1965년 10월 12일에 광시좡족자치구(廣西壯族自治區)로 개칭하였다. 1958년 10월 25일 닝샤회족자치구(寧夏回族自治區)가 성립하였고, 1965년 9월 9일에 시짱자치구(西藏自治區)가 성립하였다.

1953년 6월 30일 24시 표준시간에 전국에서 인구조사 등기를 하였고, 1954년 11월 1일에 조사결과를 공포하였는데, 전국 인구는 총 601,938,035명이었다. 2020년 3월 11일 '중국인구망(中國人口網)'에서 발표한 중국 인구는 1,396,984,787명이다. 홍콩과 마카오 및 대만의 인구를 제외하면 1,355,692,576명이다. 참고로 2010년 제6차 전국인

구조사에서는 1,370,536,875명이다. 그런데 바이두(baidu)의 중국을 소개하는 사이트에서의 중국 인구수는 중국인구망과 다소 차이가 있는데, 2019년 말의 중국인구가 1,400,050,000명으로 되어 있다. 바이두의 통계는 중국 2018년 국민경제와 사회발전통계공보(中華人民共和國 2018年國民經濟和社會發展統計公報)의 통계를 참조한 것이다.

1953년에 중국은 제1차 5개년 계획(第一個五年計劃, 1953~1957)을 시작하였다. 2016년부터 제13차 5개년 규획(2016~2020)이 진행되고 있다.

1954년 9월 15일부터 28일까지 제1차 전국인민대표대회('전인대'로 약칭) 제1차 회의가 개최되었는데, 회의에서 '중화인민공화국 헌법'이 통과되었다. 마오쩌둥이 중화인민공화국 주석으로 선출되었고, 류샤오치는 전인대 상무위원회 위원장으로 선출되었다. 저우언라이는 국무원 총리로 결정되었다. 회의에서 국방위원회(國防委員會) 설립을 결정하였는데, 마오쩌둥이 국방위원회 주석을 겸임하였다. 9월 28일 중공중앙정치국은 '당의 군사위원회 성립에 관한 결의(關於成立黨的軍事委員會的決議)'를 제출하였고, 마오쩌둥이 중앙군사위원회 주석이 되었고, 펑더화이(彭德懷)가 중앙군사위원회 일반적인 업무를 맡았다.

1954년 12월 21일부터 제2차 중국인민정치협상회의 제1차 회의가 열렸다. 회의에서 마오쩌둥이 정협 명예주석으로 선출되었고, 저우언라이가 주석으로 선출되었으며 '중국인민정치협상회의 장정(中國人民政治協商會議 章程)'이 통과되었다.

1956년 1월 27일 중공중앙은 '중공중앙 문자개혁 공작 문제에 관한 지시(中共中央關於文字改革工作問題的指示)'를 발표하였다. 28일 국무원 제23차 전체회의에서 '국무원 한자 간화 방안 공포에 관한 결의(國務院關於公布漢字簡化方案的決議)'와 '국무원 보통화 확산에 관한 지시(國務院關於推廣普通話的指示)'를 통과시켰다. 2월 9일 중국문자개혁위원회(中

國文字改革委員會)는 '한어 병음 방안(초안)(漢語拼音方案(草案))'을 발표하였다.

1956년 4월 28일 마오쩌둥은 중공중앙정치국 확대회의에서 백화제방(白花齊放)과 백가쟁명(百家爭鳴)은 중국의 과학발전과 문학예술 번영의 방침이 되어야 한다고 제안하였다. 백화제방과 백가쟁명은 중국 공산당이 영도하는 문학예술의 기본방침일 뿐만 아니라 당이 영도하는 과학 연구 업무의 기본방침이었다. 1956년 5월 2일에 열린 최고국무회의 제7차 회의에서 마오쩌둥은 정식으로 '쌍백방침(雙百方針, 백화제방과 백가쟁명)'을 제기하였다.

1956년 9월 28일 제8차 1중전회에서 마오쩌둥이 중앙위원회 주석으로 선출되었다. 류샤오치, 저우언라이, 주더, 천원(陳雲)은 부주석으로 선출되었으며, 덩샤오핑(鄧小平)은 총서기로 선출되었다.

한편, 1949년 10월 1일 중국정부가 성립되었음을 선언할 당시에, 윈난성(雲南省), 구이저우성(貴州省), 쓰촨성(四川省), 충칭(重慶), 시짱(西藏), 광둥성(廣東省), 광시좡족자치구(廣西壯族自治區), 하이난다오(海南島)를 지배하지는 못했다. 중국공산당은 광둥성 광저우(廣州)를 1949년 10월 14일, 푸젠성(福建省) 시아먼(廈門)을 1949년 10월 17일, 구이저우성 구이양(貴陽)을 1949년 11월 15일, 광시좡족자치구의 꾸이린(桂林)을 1949년 11월 22일, 충칭을 1949년 11월 30일, 윈난성 전 지역을 1949년 12월 8일, 쓰촨성 청두(成都)를 1949년 12월 27일, 하이난다오를 1950년 4월 30일, 시짱을 1951년 5월 23일에 지배하게 되었다.

1949년 12월 31일까지 중화인민공화국의 성급행정구역은 30개의 성, 1개의 자치구, 12개의 직할시, 5개의 행서구(行署區), 1개의 지방(地方)과 1개의 지구(地區)로 나누어져 있었다. 1개의 지방과 지구는 시짱 지방과 창두(昌都) 지구이다. 1950년에는 5대행정구(5大行政區) 1사무처(事務部)로 분류하면서, 29개의 성, 1개의 자치구, 13개의 직할시, 8개의 행서구, 1개의 지방과 지구로 나누어져 있었다. 1952년에 행서구를 철폐하였다. 1953년에 지린성(吉林省)의 창춘(長春)시와 송장성(松江省)의 하얼빈(哈爾濱)시가 직할시로 승격하였다. 총 6대 행정구 아래 30개의 성, 1개의 자치구, 14개의 직할시, 1개의 지방과 1개의 지구가 설치되었다. 6대 행정구는 동북(東北), 화북(華北), 서북(西北), 화동(華東), 중남(中南)과 서남(西南)이다. 1961년 1월 14일, 제8차 9중전회에서 '동북, 화북, 화동, 중남, 서남, 서북' 6개 중앙국(중공중앙지방국) 성립을 비준하였다. 중앙을 대표하여 각 성, 시, 자치구의 당위의 영도를 강화하였다.

〈표 1〉 1949년 전국 성급 행정구역 일람

5대 행정구 (5大行政區)	30개 성(省), 1개 자치구(自治區), 12개 직할시(直轄市), 5개 행서구(行署區), 1개 지방(地方)과 지구(地區)
중앙직속 행정단위 (中央直屬 行政單位)	베이징(北京)시　　　　텐진(天津)시 허베이성(河北省)　산시성(山西省)　평위안성(平原省) 차하얼성(察哈爾省)　쑤이위안성(綏遠省) 네이멍구자치구(內蒙古自治區)
동북구 (東北區) 션양시 (沈陽市)	션양(沈陽)시　안산(鞍山)시　푸순(撫順)시　번시(本溪)시 랴오둥성(遼東省)　랴오시성(遼西省)　지린성(吉林省) 송장성(松江省)　헤이룽장성(黑龍江省)　러허성(熱河省) 여대행서구(旅大行署區)
서북구 (西北區) 시안시 (西安市)	시안(西安)시 산시성(陝西省)　　　간수성(甘肅省)　　　닝샤성(寧夏省) 칭하이성(青海省)　신장성(新疆省)
화둥구 (華東區) 상하이시 (上海市)	상하이(上海)시　　　　난징(南京)시 산둥성(山東省) 소북행서구(蘇北行署區)　소남행서구(蘇南行署區) 환북행서구(皖北行署區)　환남행서구(皖南行署區) 저장성(浙江省)　푸젠성(福建省)　타이완성(臺灣省)
중남구 (中南區) 우한시 (武漢市)	우한(武漢)시　　　　광저우(廣州)시 허난성(河南省)　후베이성(湖北省)　후난성(湖南省) 장시성(江西省)　광둥성(廣東省)　광시성(廣西省)

5대 행정구 (5大行政區)	30개 성(省), 1개 자치구(自治區), 12개 직할시(直轄市), 5개 행서구(行署區), 1개 지방(地方)과 지구(地區)
서남구 (西南區) 충칭시 (重慶市)	충칭(重慶)시 쓰촨성(四川省) 꾸이저우성(貴州省) 윈난성(雲南省) 시캉성(西康省) 시짱(西藏) 지방 창두(昌都) 지구

건국 후 없어진 성(省)
시캉성(西康省, 1939~1955)　　쑤이위안성(綏遠省, 1928~1954)
핑위안성(平原省, 1949~1952)　　차하얼성(察哈爾省, 1912~1952)
러허성(熱河省, 1928~1955)　　송장성(松江省, 1945~1954)
랴오둥성(遼東省, 1949~1954)　　랴오시성(遼西省, 1949~1954)

　1967년까지 여러 차례 구획 조정이 있었는데, 1967년에 22개의 성 (대만 포함), 5개의 자치구, 3개의 직할시로 정해졌다. 1988년에 하이난 다오와 남해 여러 섬이 하이난성으로 승격되었고, 1997년에는 충칭이 직할시가 되었다. 1997년에 홍콩이 특별행정구가 되었고, 1999년에는 마카오가 특별행정구가 되었다.

2. 1950, 1960년대 주요 개혁

　1951년 7월 중국 공안부는 '도시호구관리잠정조례(城市戶口管理暫行 條例)'를 반포하였다. 이때, 도시민의 출생, 사망, 전입전출, 사회신분 변동 등 항목을 등재하도록 규정하였다. 1958년 1월 9일 제1차 전인대 상임위원회 제91차 회의는 〈중화인민공화국 호구등기조례(戶口登記條 例)〉를 통과시켰다. 이 호적제도는 농민들의 계층상, 그리고 신분상 자유로운 유동을 엄격히 제한하는 결과를 초래했다.

　1958년 9월 4일 중국정부는 '중화인민공화국 정부의 영해에 관한 성명(中華人民共和國政府關於領海的聲明)'을 반포하였다. 2016년에는 '중화인민공화국 남해의 영토주권과 해양권익에 관한 성명(中華人民共和國政府關於在南海的領土主權和海洋權益的聲明)'을 발표하였다.

1) 1950년대: 민족을 식별하고 언어와 문자를 정돈하다

(1) 민족식별(民族識別)로 민족을 식별하고 분류하다

오늘날 중국을 한족과 55개 소수민족으로 구성된 국가로 여긴다. 그 출발점은 1953년에 실시한 제1차 인구조사와 민족식별 작업이다. 중국이 건국되었지만, 중국정부는 중국 내에 민족의 종류와 숫자가 어느 정도 되는지 알지 못하였다. 그런데 1954년 제1차 전인대를 구성할 민족 대표를 구성해야 하였기 때문에 1953년에 제1차 인구조사를 실시하였다. 제1차 인구조사를 할 때 400여 개의 민족이 자신들이 독립된 민족이라고 중앙에 신청하였다. 이에 민족식별작업을 진행하였다.

중국정부는 민족식별을 할 때 분류 기준을 '과학의거(科學依據)'와 '민족의원(民族意願)'으로 삼았다. 과학의거는 스탈린이 말한 민족 정의 4가지였다. 즉, '공동지역, 공동언어, 공동경제생활, 공동심리 상태'였다. 민족의원은 해당 민족이 독립된 민족이기를 원하느냐라는 것이었다.

1953년 제1차 민족식별작업에서 29개의 소수민족을 독립된 민족으로 인정하였다. 건국할 때 공인한 9개 소수민족(장족(藏族), 만족(滿族, 만주족), 몽고족, 회족, 위구르족, 요족, 묘족, 이족(彝族), 조선족)을 포함하여 38개의 민족이 인정받았다. 그 중에서 윈난(雲南) 지역에서는 260여 개의 민족이 독립된 민족이라고 신청하였는데, 최종적으로는 22개의 민족이 공인되었다. 1964년에 제2차 인구조사를 할 때, 183개의 민족이 독립된 민족이라고 신청하였는데, 15개의 민족만이 공인되었다. 그래서 총 53개 소수민족이 되었다. 이후 1965년에 락파족(珞巴族)이 소수민족으로 인정되었고, 1979년에 기낙족(基諾族)이 소수민족으로 인정되면서 중국에는 총 55개의 소수민족이 공인받았다.

(2) 간체자(簡體字)와 한어 병음 자모(漢語拼音字母)

오늘날 중국에서 사용하는 글자를 간체자라고 부른다. 중국에서 사용하는 간체자는 기존의 획이 많은 글자를 간략화시킨 글자이다. 대만에서 사용하는 글자는 번체자(繁體字)라고 불린다. 번체자는 우리나라에서 사용하는 한자와 모양이 같다.

중국에서 간략화 운동은 1909년, 육비규(陸費逵)가『교육 한자』창간호에「일반 교육에 속자를 채용해야 한다(普通敎育應當採用俗體字)」는 논문을 발표하면서 시작되었다. 당시 지식인들에 의해 한자를 간략하게 하거나 없애자고 하는 주장이 제기되었다. 특히 5·4운동을 이끈 부사년(傅斯年)은 한자를 "소와 뱀 같은 귀신의 문자(牛鬼蛇神的文字)"라고 하였고, 노신(魯迅)은 "한자가 망하지 않으면 중국은 반드시 망한다(漢字不滅, 中國必亡.)"라고 강조하였다.

1920년 전현동(錢玄同)은『신청년(新靑年)』에「한자 획수를 줄이는 방안(減省漢字筆劃的提議)」을 발표하였고, 1922년 육비규와 함께『국어통일 주비회(國語統一籌備會)』에 상용한자 전체의 획수를 줄일 것을 제안했다. 1935년에 2400자에 대한 '간체자보(簡體字譜)'의 초안이 마련되었다. 1937년에는 '자체 연구회(字體硏究會)'가 1700자의 '간체자 표 제일표(簡體字表第一表)'를 발표하였다.

중국이 건국된 이후, 1951년 마오쩌둥은 "문자는 반드시 개혁해야 하며, 세계문자 공동의 표음 방향으로 나아가야 한다(文字必須改革, 要走世界文字共同的音方向)"는 방침을 발표했다. 방침에 따라 중국은 1952년 중국문자개혁위원회(中國文字改革委員會)를 발족하였고 문자개혁을 하기 시작하였다. 중국은 궁극적으로는 한자를 폐기하고, 순차적으로는 '한자의 간화(簡化), 한어의 병음화, 보통화(普通話) 보급'이라는 3항 운동을 진행하기로 하였다.

1955년 중국문자개혁위원회가 '한자 간화 방안 초안(漢字簡化方案草案)'을 발표하였고, 1956년 1월 '한자 간화 방안(漢字簡化方案)'을 정식으로 발표하였다. 이때 514자의 간체자와 54개의 간화된 변(邊)과 방(方)이 채용되었다. 간체자는 1964년 '간화자 총표(簡化字總表)'로 정리되었다.

1992년 장쩌민(江澤民) 국가주석은 "모든 인쇄물에는 간체자만 사용한다. 양안(중국과 대만)의 한자에 관한 차이는 현상을 그대로 유지한다. 서예(書法)에는 번체자 사용도 무방하다"는 지침을 발표하였다. 장쩌민은 "간체자를 제창하되 번체자를 반대하지 않는다"는 입장을 천명하였다.

한편, 1956년 한어 병음 방안(漢語拼音方案)을 중국문자개혁위원회에서 채택해 사용하게 되었다고 발표하였다. 그리고 1958년 2월 11일 제1차 전인대 제5차 회의에서 '한어 병음 방안'을 비준하여 반포하였다. 한자의 발음을 로마자로 표기하는 발음부호인 한어 병음 자모는 한자를 대신하려는 것이 아니라 베이징어의 발음을 지도하고 베이징어 사용을 확대하기 위한 것이다.

1949년 중국문자개혁협회(中國文字改革協會)가 베이징에서 성립하였고, 이어 한어 병음 방안의 연구 제정 업무를 시작하였다. 1952년 2월 교육부는 중국문자개혁연구위원회(中國文字改革硏究委員會)를 설립하였다. 연구위원회는 성립부터 1954년까지 주로 한자 필획식 병음 방안(漢字筆劃式拼音方案) 연구를 진행하였다.

1954년 12월 국무원은 전문연구문자개혁의 기구인 중국문자개혁위원회를 설립하였다. 중국문자개혁위원회는 1955년 2월 병음방안위원회(拼音方案委員會)를 설립하여 라틴문자 자모식의 병음 방안 초고를 세웠다. 이와 동시에 전국 일반 군중들도 병음 방안을 설계하는 열기가 고조되었다. 1950년부터 1955년 8월까지 문자개혁위원회는 국내외 633명이 설계한 655개의 한어 병음 방안을 수집하였다. 병음방안위원회는 역사상의 각 방안을 참고하는 동시에, 중국 성립 후의 군중들이 제정한 수백 개의 방안도 참고하였다. 이러한 것을 기초하여 한어 병음 방안 초고를 수립하였다. 1979년 UN은 중국의 한어 병음을 중국 번역음 표준(中文譯音標準)으로 결의하였다. 1982년, 중국 한어 병음은 국제표준화 기구인 ISO(International Organization for Standardization)의 인정을 통해 한어 병음의 세계표준(국제표준 ISO 7098, 중국어 알파벳 철자법)이 되었다.

(3) 보통화(普通話) 확대

1951년에 보통화라는 용어를 공식화되었는데, 1955년 10월에 열린 전국문자개혁회의(全國文字改革會議)와 현대한어규범문제학술회의(現代漢語規範問題學術會議)에서 규범적인 현대 한어(現代漢語)를 '보통화'라고 명명하였고, 보통화의 정의와 표준을 확정하였다. 그 중 '보통'이라는 두 글자의 함의는 '보편(普遍)'과 '공통(共通)'이었다.

1956년 2월 6일 중국 국무원 '보통화 확산에 관한 지시(關於推廣普通話的指示)'를 발표하고 전국적으로 보통화를 널리 사용하도록 하였다. '지시'에서는 정식으로 보통화를 확정하였다. '지시'에서 "북경어 발음을 표준음으로 하고, 북방화(北方話)를 기초 방언으로 삼으며, 모범적인 현대 백화문 저작을 어법의 모범으로 한다."라고 하였다. 2월 10일 중앙보통화확산공작위원회(中央普通話推廣工作委員會)가 베이징에 설립되었다. 1998년부터 매년 9월 세 번째 주를 '보통화 강조주간'으로 정하는 등 적극적으로 보통화 보급에 주력하고 있다.

한편, 2014년 6월 30일부터 광둥성 지역 방송국인 광둥TV는 일부 뉴스 프로그램에서 광둥어 대신 보통화를 사용하기 시작하면서 지역민의 반발이 이어지고 있다고 대만 ≪자유시보≫가 보도했다. 방송사 측은 보통화 방송을 위해 4명의 간판 앵커도 교체한 것으로 알려졌다. 또 방송사가 9월부터 전면 보통화 체제로 전환할 것이란 소문도 나돌기 시작했다.

중국 언론정책을 총괄하는 국가신문출판광전총국은 각 방송국에 보낸 지침에서 아나운서와 프로그램 진행자, 출연자 등이 보통화를 사용하도록 지시했다.

광둥성에서는 2010년에도 아시안게임 개최를 앞두고 방송 언어를 보통화로 바꾸자는 제안이 나와 논란이 됐다. 당시 광둥성 광저우시 인민정치협상회의가 아시안게임을 보러오는 관광객 등을 위해 표준어를 사용하자고 제안하자 광둥어 사수 대규모 시위가 벌어지기도 했다. 광둥어는 광둥성을 비롯해 사천성과 광서장족자치구 등에서도 사용된다. 사용 인구는 약 1억여 명으로 추산된다.

2014년 중국 교육부는 현재 13억 중국인 가운데 농촌 주민과 변방 소수민족을 중심으로 4억 명 가량이 표준 중국어인 보통화로 의사소통을 할 수 없는 것으로 추산하고 있다. 중국의 언론과 출판, 영화, TV 등을 담당하는 국가신문출판광전총국은 각 방송사에 지침을 내려 아나운서와 프로그램 진행자, 출연자가 의무적으로 보통화를 사용하도록 지시하기도 했다.

중국 교육부가 주관하는 HNC(Higher National Certificate, 國家高級證書)는 중국어를 생활, 학습, 업무상 기본언어로 사용하는 사람들의 중국어 응용능력을 평가하는 시험으로, 최저 1급부터 최고 6급까지로 구분된다. 2016년 1월 1일부터 신규 조종사 면허를 신청하는 인원은 국가공인 HNC 4급 시험을 반드시 통과하도록 지시했다.

2) 1960년대: 중국의 혼란 시기

1960년대는 중국 지도부의 혼란이다. 대약진(大躍進)의 실패로 마오쩌둥이 물러나고, 주자파(走資派)로 분류되는 류샤오치(劉少奇)가 국가주석이 되었다. 그러나 문화대혁명이 발발하면서 주자파 세력들은 숙청되었고, 그 과정에서 국가주석인 류샤오치가 사망하였다. 1968년 10월에 류샤오치는 당적(黨籍)을 박탈당하였고 '중국의 흐루시초프'라는 딱지가 붙었다. 1980년 5월 ≪베이징 리뷰(Beijing Review)≫에서 류샤오치가 1969년 11월 12일에 허난성 카이펑(開封)에서 죽었다고 보도되었다.

(1) 1962년 7천인대회(七千人大會)

'7천인대회'는 1962년 1월 11일부터 2월 7일까지, 중공중앙이 베이징에서 개최한 확대 업무회의이다. 회의에 중앙, 중앙국(中央局), 성

(省), 지역, 현(縣) 및 중요 공장과 탄광 5급 지도간부 7,118명이 회의에 참석했다. 그래서 '7천인대회'라 불렸다. '7천인대회'는 1966년 8월 5일, 마오쩌둥의 「사령부를 공격하라: 나의 대자보(炮打司令部: 我的第一張大字報)」에서 '1962년의 우경(一九六二年的右傾)'이라고 지칭되었다.

7천인대회에서, 국가주석 류샤오치는 1958년 대약진 과정에서 발생한 경험과 교훈을 초보적으로 결산하였다. 류샤오치는 연설에서 당시 경제곤란을 조성한 원인의 하나는 자연재해이고, 다른 한 가지는 1958년 이래 당의 업무 속의 결점과 착오에 있다고 제기했다. 이 대회의 결과로, 대약진이 초래한 착오를 바로잡았다. 그리고 '조정, 공고, 충실, 제고(調整, 鞏固, 充實, 提高)'의 8자 방침(八字方針)을 관철시켰다.

(2) 문화대혁명의 서막: 1966년 5·16통지

1966년 5월 16일, 베이징에서 중국공산당 중앙정치국 확대회의가 열리고 있었는데, 이날 회의는 당 주석 마오쩌둥이 아닌 국가주석 류샤오치가 주재하였다.

중앙정치국은 회의를 통해 '5·16통지'를 채택하였다. 그리고 이 통지를 전 당에 시달함으로써 문화대혁명의 전면적 개시가 선언되었다. 마오쩌둥이 기초한 이 통지는 3개 부문으로 구성되어 있다.

첫 번째 부분은 마오쩌둥의 대약진운동 실패를 거울삼아 새로운 경제도약을 위한 강령과 조직인 '2월제강(二月提綱)'과 '문화혁명 5인 소조'를 우익수정주의로 몰아 철폐하고, 새로운 '문화혁명 소조'를 구성한다는 것이다.

두 번째 부분은 우파적 수정주의를 낱낱이 비판하고 새로운 '좌익

혁명사상'을 정책노선의 기준으로 제시하고 있다.

세 번째 부문에서는 혁명성과 당성이 강한 각성, 시급 당위원회가 자산계급세력을 몰아내고 모든 영역의 헤게모니를 장악하라는 지시였다.

대약진운동의 실패로 국가주석에서 물러났던 마오쩌둥이 자신의 권력을 만회하기 위한 대반전의 기회로 문화대혁명을 이용하고 있다는 점이다. 1960년 마오쩌둥은 베이징 부시장 우한(吳晗)의 역사극 '해서파관(海瑞罷官)'을 기회로 삼았다. 우한은 1965년 11월 10일 상하이(上海)의 일간지 ≪문회보(文匯報)≫에서 경극 대본 '해서파관'을 집필하였다.

명(明)대의 충신 해서를 그린 역사극을 장칭(江靑)이 비판하고 린뱌오(林彪)가 거들기 시작한 것이다. '해서파관'의 논쟁을 통해 적과 아군을 명확히 파악한 마오쩌둥은, 1966년 류샤오치와 덩샤오핑을 자본주의로의 우경화를 주도하는 우익세력으로 규정하였다. '5·16통지'를 통해 정치적 반격을 시작하였다. 이틀 뒤 "마오주석은 천재이며 마오주석의 말은 곧 진리이다"는 린뱌오의 충성 담화가 발표되었다.

(3) 문화대혁명(1966~1976): 11년의 암흑시대를 초래하다

중국공산당 상하이시위원회 정책연구실 소속 야오원위안(姚文元)은 우한을 비판하는 '신편 역사극 해서파관을 평함'이라는 글을 발표하였다. 그리고 정치국 확대회의는 베이징시장 펑전(彭眞), 뤄루이징(羅瑞卿), 루딩이(陸定一), 양상쿤(楊尙昆) 등의 파면과 린뱌오 중심의 중앙문혁소조 설립을 결정하고 이른바 '5·16통지'로 문화대혁명의 개시를 공식 선포하였다. 회의 폐막 하루 전인 5월 25일에는 베이징대

경제학과 부주임 니예위안즈(聶元梓)가 총장인 루핑(陸平)을 비난하는 대자보를 붙이면서 시작되었다.

1966년 8월 8일, 제8차 11중전회에서 '프롤레타리아 문화대혁명에 관한 결정(關於無産階級文化大革命的決定)'(16조(十六條))가 통과됨으로서 문화대혁명이 본격적으로 시작되었다. 이것은 '5·16 통지' 이후, 전국적으로 문화대혁명을 지도하는 강령성 문건이었다.

제8차 11중전회 이후 중국 전역은 '자산계급 반동노선'에 대한 비판의 광풍이 일어 '조반유리(造反有理: 수정주의자들에 대해 반항하는 것은 정당하다)' 등의 구호를 외쳤다. 옛 문화재, 전적 등에 대한 파괴도 자행되었고 수많은 지식인과 민주인사, 당·정 간부 등이 숙청당했다.

동년 12월에는 '농촌무산계급 문화대혁명에 관한 지시(關於農村無産階級文化大革命的指示)'가 내려가면서 모든 군중들이 근무시간 외에는 문화대혁명에 참여하도록 함으로써 전국은 대동란 국면으로 접어들었다. 1967년 1월에는 마오쩌둥의 '권력탈취' 지시로 내란 상태가 격화되었다.

1968년 10월, 제8차 12중전회 확대회의는 문화대혁명의 이론과 실천을 합법화하고 당장(黨章)에 "린뺘오는 마오쩌둥 동지의 친밀한 전우이자 후계자"라고 규정하였다. 1969년 제9차 전국대표대회에서는 마오쩌둥의 절대적 권위가 확립되었고, 마오쩌둥의 측근세력이 정치국원의 과반수를 차지함으로써 권력을 확대하였다.

1973년 제10차 전국대표대회는 제9차 당 대회의 좌경적 지도방침을 그대로 계승해 왕홍원(王洪文)이 당 부주석에 올랐다. 그리고 장칭, 장춘차오(張春橋), 야오원위안, 왕홍원 4인방이 권력은 더욱 강화되었다. 1974년 4인방은 '비림비공(批林批孔)' 운동을 전개하였다.

문화대혁명은 1976년 9월 9일 마오쩌둥이 사망한 후 재빨리 권력계

승권을 주장하고 나선 4인방이 동년 10월 6일 체포됨으로써 사실상 막을 내렸다.

한편, 1973년 3월 국무원 부총리가 된 덩샤오핑은 1976년 1월 8일 저우언라이가 사망한 후, 저우언라이의 장례식 조사에서 '4개 현대화' 노선의 계승을 선언하였다. 4인방 체포 이후, 덩샤오핑이 권력 전면에 등장하면서 중국을 개혁개방으로 이끌었다.

3. 1970년대 변화의 기로에 서다

문화대혁명의 소용돌이 속에서 1971년 린뺘오(林彪)의 9·13사건이 사건이 발생하고, 비림비공운동이 전개된다. 1976년에는 중국 건국의 주요 역할을 한 마오쩌둥, 저우언라이, 주더가 사망한다. 1976년 10월 4인방이 체포됨으로써 문화대혁명의 끝이 난다. 1978년 12월에 개최된 제11차 3중 전회에서 개혁개방을 천명하게 됨에 따라 죽의장막이라 불리던 중국이 마침내 문호를 개방하게 되었다.

1) 1970년대: 문화대혁명 속에 갇히다

(1) 린뺘오(林彪, 1906~1971.9.13)의 9·13사건: 1971년 9월 13일

린뺘오 사건은 마오쩌둥의 공식 후계자였던 린뺘오가 무장쿠데타를 일으키려다 실패한 사건이다. 이 사건은 1973년 제10차 전국대표대회 정치보고에서 알려졌다. 당시 저우언라이 총리는 '린뺘오 사건'의 진상에 대해, "1970년 8월 제9차 중앙위원회 제2차 총회에서, 반혁명 쿠데타를 일으켰다가 미수에 그쳤다. 이어 1971년 3월 반혁명 무장 쿠데타 계획인 '571 공정기요(工程紀要)'를 입안하였고, 9월 8일 반혁명 무장쿠데타를 일으켜 주석 마오쩌둥을 모살하고, 별도로 중앙정부를 수립하려고 하였다. 음모가 실패로 끝난 후, 린뺘오는 9월 13일 몰래 비행기를 타고 소련 수정주의 진영으로 도피, 당과 나라를 배반하려다가 몽골의 운데르한에서 추락해 죽었다."라고 발표하였다.

'571 공정기요'의 '571(우치이)'는 '무장기의'를 뜻하는 '우치이(武起義)'의 발음을 해음(諧音)한 것이다.

마오쩌둥은 1955년, 중국 건국에 공이 많은 장군들을 10대 원수(元帥)로 임명했다. 주더, 펑더화이, 린뺘오, 류보청(劉伯承), 허룽(賀龍), 천이, 뤄룽환(羅榮桓), 쉬샹첸(徐向前), 니에룽전(聶榮臻), 예전잉(葉劍英)이다.

당헌상 마오쩌둥의 후계자인 린뺘오, 본명은 린위룽(林育蓉)으로 후베이성 황강현(黃岡縣) 출신이다. 중국 인민해방군 건군절이 80주년이 되는 2007년, 린뺘오는 복권되었다. 당의 정식 결정은 아니었지만, 그에 대한 실사구시적인 재평가와 재조명이 이루어지고 있는 현실을 반영한 조치이다. 《신화통신》은 "린뺘오가 제2차 세계대전 당시 항일투쟁과 해방전쟁 과정에서 큰 공을 세웠다"고 평가했다. 또, "우리는 역사를 있는 그대로 보여줄 의무가 있다. 객관적인 시각에서 그의 초상화를 다른 9명의 원수와 함께 전시하기로 결정했다"고 인민해방군 관계자의 말을 인용하였다.

(2) 건국 주요 인물 3명 역사의 뒤안길로
: 1976년 저우언라이, 주더, 마오쩌둥 사망

중국의 구지폐 100위안에는 4명의 정치인물이 있다. 중국 건국을 하는 데 있어서 지대한 공로가 있는 인물인 마오쩌둥, 저우언라이, 류샤오

오른쪽에서부터 마오쩌둥, 저우언라이, 류샤오치, 주더이다.

치, 주더이다. 이 중 마오쩌둥과 영원한 국무원 총리 저우언라이, 홍군
(紅軍)의 상징 주더는 1976년에 사망하였다.

① 저우언라이(周恩來, 1898.3.5~1976.1.8)

장쑤성 화이안(淮安)에서 태어난 저우언라이는 톈진 남개대학을 거쳐 일본 와세다 대학, 메이지 대학, 호세이 대학 등에서 유학하였다. 남개 대학에 재학 중일 때 5·4운동에 참여하였고, 1920년 프랑스로 건너가 파리 대학교에서 정치학을 공부하였다. 1922년 중국공산당 파리지부를 창설하고 귀국하여 1924년 황푸 군관학교 정치부 부주임이 되었다.

저우언라이는 1976년 1월 8일 아침 9시 57분에 사망하였다. 저우언라이는 죽기 직전 주치의 우제핑(吳介平)에게 "우 동지, 당신을 필요로 하는 사람들이 많소. 여긴 별 일이 없으니 빨리 가서 다른 사람들을 돌보도록 하오. 그들은 당신을 필요로 하고 있소."라고 하였다고 전해진다.

뉴욕 시내 한 복판에 있는 유엔(UN) 본부가 반기(半旗)를 올려 저우 언라이의 죽음에 조의(弔意)를 표했다. 이에 몇몇 회원국 대사들이 따 졌다. 이에 쿠르트 발트하임 사무총장이 해명했다. "저우언라이를 추 모하기 위해 그렇게 했습니다. 이유는 두 가지입니다. 첫째, 중국은 고래로 금은보화가 많은 나라인데 그 나라 총리인 저우언라이는 은행 에 저금 한 푼 남기지 않았습니다. 둘째로, 중국은 인구가 10억이 넘지 만 그는 평생 아내 한 사람만 사랑하고 자녀도 없습니다. 귀국의 지도 자나 어느 나라 국가원수이든 두 가지 중 한 가지만이라도 해당된다 면 서거했을 때 반기를 올리겠습니다."라고 하였다.

저우언라이의 '육무(六無)'

1. 사불유회(死不留灰): 죽어서 유골을 남기지 않았다.
2. 생이무후(生而無後): 살아서 후손을 남기지 않았다.
3. 관이무형(官而無型): 관직에 있었지만 드러내지 않았다.
4. 당이무사(黨而無私): 당에 있으면서도 사사로움이 없었다.
5. 노이불원(勞而不怨): 고생을 해도 원망하지 않았다.
6. 사불유언(死不留言): 죽으면서 유언을 남기지 않았다.

② 주더(朱德, 1886.12.1~1976.7.6)

1886년 쓰촨성에서 출생한 주더는 1922년 독일유학을 떠났고, 베를 린에서 저우언라이를 만나 공산당에 입당하고 독일에서 공부하였다. 1925년에는 소련으로 가서 군사학을 공부하였다. 1927년 7월 제1차 국공합작이 결렬된 이후에 난창기의를 주도하였다. 기의가 실패한 뒤, 주더는 남은 병력을 이끌고 후난성 남부로 향하였고 농민기의를 이끌고 소비에트정권을 세웠다. 1928년 4월 주더는 잔여 군대와 정강산에 올랐고 마오쩌둥의 군대와 합류하였으며, 혁명 근거지를 세웠다. 1937년 7월 항일전쟁이 발발하였을 때, 국민혁명군 제8로군 총사령관이 되어, 팔로군의 화북지방의 전선을 지휘하였다. 중국 건국 후 중앙인민정부의 부주석, 인민해방군 총사령관으로 선출되었고, 1954년 9월 제1차 전인대에서 국가부주석으로 당선되었다. 제2, 3, 4차 전인대에서 전인대 상무위원장으로 선출되었다.

1954년 9월 중국정부는 정식으로 인민해방군에 계급을 도입할 때 10명에게 원수계급을 수여했는데, 주더는 '인민해방군의 아버지'라 불리며 원수 중 첫 번째 서열을 유지하였다.

③ 마오쩌둥(1893.12.26~1976.9.9)

마오쩌둥은 1921년 후난성 대표로 중국공산당 제1차 전국대표대회에 참석하였다. 1934년 장시성(강서성) 루이진(瑞金)에서 산시성(섬서성) 연안까지의 대장정에 나섰다. 1938년 '지구전론, 신단계론, 신민주주의론'을 발표하였는데, 신민주주의론은 중국공산당 강령으로 채택되었다.

1949년 10월 1일 중국이 건국되었을 때, 국가주석과 혁명군사위원회 주석으로 선출되었다. 1957년 반우파 투쟁 과정에서 '인민 내부의 모순을 바로잡는 문제에 대하여'를 발표하였고, 1958년 '총 노선, 대약진, 인민공사' 등 3면홍기운동을 펼쳤다. 1959년 4월 국가주석을 사임하였고, 그 이후에는 당 주석으로만 있었다.

1964년 『마오쩌뚱어록』을 간행시켰고, 1965년 이후에는 연금 상태에 있었으나 문화대혁명을 지휘하였다. 1970년 헌법수정초안을 채택하여 중국 최고 지도자로 군림하였다.

류샤오치(劉少奇, 1898.11.24~1969.11.12)

류샤오치는 1954년부터 1959년까지 중화인민공화국의 국가부주석을 역임했다. 1959년 4월부터 1968년까지는 제2대 국가주석을 역임했다. 문화대혁명으로 1968년 실각했다.

(3) 1978년 12월 제11차 3중 전회(12월 18~22일) 개혁개방 천명! 문호를 열다.

2018년 11월 13일부터 베이징의 국가박물관에서는 '위대한 변혁: 개혁개방 40주년 경축'이라는 주제로 대형 전시가 열리고 있다. 2018년 12월18일, 베이징에서는 개혁개방 40주년 경축대회가 성대하게 열렸다. 시진핑 국가주석은 1978년 개혁개방 선언을 1921년 공산당 선언, 1949년 중국 성립과 함께 지난 100년 동안 중국에서 일어난 3대 역사적 사건으로 규정했다. 또한 개혁개방은 중국이 반드시 경유해야 할 길이었으며, 현 시대 중국의 운명을 결정한 한 수라고 평가했다.

덩샤오핑(鄧小平, 1904~1997)

덩샤오핑의 주요 어록 중에는 '흑묘백묘론(黑猫白猫論)'이 있다. 흑묘백묘론은 '검은 고양이든 흰 고양이든 쥐를 잘 잡으면 좋은 고양이'라는 뜻으로, 자본주의든 공산주의든 국민을 잘살게 하면 된다는 말이다.

4. 1980, 1990년대: 안정과 변화 속에서

개혁개방을 천명한 뒤 중국은 경제특구를 설치하여, 서구의 자본과 기술을 도입하기 시작하였다. 동부 연해를 먼저 개방하면서 개혁개방을 시작한 중국은 1989년 천안문 사건 이후 보수파 세력이 집권하면서 개혁개방의 속도가 늦추어졌다. 1992년 덩샤오핑은 남순강화(南巡講話)를 통해 개혁개방을 강화해야 한다고 주장하였고, 중국은 개혁개방의 속도를 내기 시작하였다. 1997년 충칭이 직할시로 승격되었고, 1997년에는 홍콩이 중국으로 회귀되었으며, 1999년에는 마카오가 중국으로 회귀되었다.

1) 1980년대: 변화 속 다양한 개혁

(1) 1982년 계획 생육(計劃生育)

1980년 9월 25일 당중앙은 '전 공산당원과 공청단원에게 보내는 중국 인구성장억제에 관한 공개 서신(關於控制我國人口增長問題致全體共産黨員、共青團員的公開信)'을 발표하였고, 부부가 1명의 자녀만을 낳을 수 있다고 하였다. 1980년 9월 제5차 전인대 제3차 회의에서 새로운 '혼인법'이 통과되었는데, 이때 "부부 모두가 가족 계획을 실행할 의무를 가진다"라고 규정하였다.

1981년 3월 6일 제5차 전인대 상무위원회 제17차 회의에서 국무원 기구 개혁 방안이 통과되었고, 국가계획생육위원회(國家計劃生育委員會)가 성립하였다. 천무화(陳慕華) 부총리가 국가가족계획위원회 주임을 맡았다.

1982년 2월 중공중앙과 국무원은 '진일보된 가족 계획 업무에 관한 지시(關於進一步做好計劃生育工作的指示)'를 반포하였는데, 이와 관련하여 ≪신화사≫는 3월 13일 "국가 요구에 따라 간부와 직공, 도시(城鎭) 거주민은 특수상황으로 비준을 거친 자를 제외하고, 부부는 1명을 낳을 수 있고, 농촌은 보편적으로 부부가 1명의 아이를 낳을 수 있다. 어떤 집단이 실질적으로 어려움이 있어서 두 번째 임신을 요구하면 심사와 비준을 거쳐 계획된 안배를 할 수 있다. 어떠한 상황이든 세 번째 임신을 할 수 있다."라는 내용을 보도하였다. 이 지시에는 "소수민족 또한 가족 계획을 해야 한다. 요구는 약간 느슨한 편으로 구체적인 규정은 민족자치 지역과 관련 있는 성, 자치구가 당지의 실제 상황에 근거하여 제정하고, 1급인대 상무위원회 혹은 인민정부에 보고하여 비준 후에 집행한다."라는 내용이 포함되어 있다.

당시 중국 인구는 1982년 7월 1일 0시를 기준으로 제3차 인구조사를 실시하였다. 동년 10월 27일 공보에 따르면, 당시 전국 인구는 1,031,882,511명이었다. 그 중 한족은 936,703,824 명으로 전체 93.3%를 차지하였고, 소수민족은 67,233,254명으로, 6.7%를 차지하였다. 소수민족 중 장족(壯族)이 13,383,086명으로 가장 많았고, 그 다음은 회족(回族)으로, 7,228,398명이었다. 가장 적었던 소수민족은 락파족(珞巴族)으로 1,066명이었고, 그 다음은 문파족(門巴族)으로 1,140명이었다. 1964년 인구조사와 비교하였을 때 한족은 285,407,456명이 증가하였고, 소수민족은 27,309,518명이 증가하였다.

1982년 9월 제12차 전국대표대회에서 가족 계획을 중국의 기본 국책으로 확정하였다. 그리고 동년 12월에는 헌법 제25조에 가족 계획 관련 내용이 삽입되었다. 그리고 제49조에서는 "혼인, 가정, 모친과 아동은 국가의 보호를 받아야 한다. 부부 모두는 가족 계획의 의무를 실행해야 한다."라는 내용이 삽입되었다.

1984년 4월 중공 중앙이 비준한 국가가족계획위원회 당조의 '가족 계획 업무정신에 관한 회보(關於計劃生育工作精神的彙報)'(7호문건)에서 "진일보 완성된 가족 계획 업무의 구체적인 정책을 제출하여, 규정에 조건에 따라 비준을 거쳐 두 번째 임신을 할 수 있고, 계획을 초과한 두 번째 임신과 여러 차례의 임신을 엄격하게 금지한다."라는 내용이 들어갔다. 그리고 "소수민족의 가족 계획에 대해 고려할 수 있다. 인구 가 1천만 명 이하 민족의 부부에게 둘째를 낳을 수 있게 허락하고, 개별적으로 셋째를 낳을 수 있지만 넷째는 낳을 수 없다."고 하였다.

(2) 1989년 6·4 천안문(天安門) 사건

천안문 사건은 1989년 6월 4일 베이징 천안문 광장에서 민주화를 요구하는 학생과 시민들의 시위를 중국정부가 무력으로 진압함으로 써 빚어진 유혈 사건이다.

1989년 4월 15일 개혁파 지도자였던 후야오방(胡耀邦, 1915~1989. 4.15) 전 당 총서기의 사망 이후 대학생들은 그의 명예회복을 요구하며 민주화 요구 집회를 열었다. 이러한 움직임은 지식인, 노동자 등 일반 시민에게로 확산해 약 100만 명이 연일 대대적인 집회를 열었다. 이에 중국 지도부는 계엄령을 선포하며 탱크와 장갑차로 시위대를 해산시 키며 무차별 발포했다.

중국 관변학자들은 '천안문 광장 사건(Tiananmen Square Incident)'이 나 '6·4사태(June Fourth Incident)'라는 용어를 쓴다. 좀 더 과격하게 표 현할 때엔 '1989년 반정부정치폭란', '1989년 정치풍파'라고도 한다. 또는 '1989년 춘하지계 정치풍파'라고 쓰기도 한다. 중화권에서는 무력 진압이 일어난 6월 4일에서 따와서 '류쓰(六四)', '육사 사건(六四事件)'이라고 부른다.

6·4 천안문 사건의 상징은 '민주화운동'인데, 매년 거론되는 인물은 천안문 광장에서 탱크를 막았던 '탱크맨'이라 불리는 사람이다.

2) 1990년대: 본격적인 개혁개방에 나서다

(1) 1992년 남순강화(南巡講話)와 성자성사(姓資姓社)

남순강화는 덩샤오핑이 1992년 1월 18일부터 2월 22일까지 우한(武漢), 선전(深圳, 심수), 주하이(珠海), 상하이 등을 시찰하고 중요한 담화를 발표한 일이다. 당시 덩샤오핑은 천안문 사건과 국제정세 변화로 인해 개혁개방의 속도가 늦추어지고 있다 보니, 개혁개방을 가속화해야 한다고 역설했다. 덩샤오핑의 남순강화를 계기로 중국정부는 적극적으로 개혁개방을 추진하였고, 이후 중국 경제는 비약적으로 성장했다.

한편, '성자성사' 논쟁은 개혁개방 천명 이후 경제개발 과정에서 이미 나타났다. 중국 경제와 사회 변화 속에서 "중국은 과연 사회주의인가 아니면 자본주의인가" 하는 문제가 제기되었다. 이는 중국이 의도하고 있는 체제의 "성(姓)이 자(資)씨인지, 성(姓)이 사(社)씨인지" 하는 논쟁이었다.

1987년부터 1991년까지 약 5년간 진행되었던 '성자성사'에 대한 논쟁은 덩샤오핑의 남순강화로 끝을 맺었다. 남순강화에서 덩샤오핑은 "계획경제냐, 시장경제냐 하는 것은 사회주의냐 자본주의냐 하는 것은 판단하는 기준이 아니다. 계획경제냐 시장경제냐 하는 것은 모두 경제를 잘하기 위한 수단일 뿐이다"라고 강조하였다. 이는 그동안 발생하였던 성자성사론의 논쟁을 끝맺게 하는 중요한 제안으로서, 본격적인 시장경제체제를 도입하기 시작하였다. 그리고 덩샤오핑은 중국공산당 내에 일고 있는 '좌'를 더욱 경계해야 한다고 강조하였다. 남순강화의 주요 내용은 '삼개유리어(三個有利於) 표준'으로 집약된다. 덩샤오핑은 "중요한 것은 생산력(경제)발전, 국력 증강, 인민생활 수준 제고 등에 유리해야 한다."고 하는 '3개유리'론을 제시하였다. 1992년 10월에 열린 14차 전국대표대회에서 중국의 경제체제개혁의 목표는 '사회주의시장경제의 건설'에 있다고 선언하였다.

(2) 1997년 성공성자(姓公姓私)

1992년 남순강화 이후 많은 공무원과 지식인들이 돈을 벌기 위해 사영공상(私營工商)계에 뛰어들었다. 당시 인사부 통계에 의하면, 1992년 관직에 있다가 돈을 벌기 위해서 그만 둔 사람이 12만 명이었다. 이러한 사회적 분위기 속에서 사유제 경제는 신속하게 발전하였다. 1994년에 이르러서는 사영기업주가 30만 호가 되었고, 일부 연해 지역의 사기업에 고용된 공인은 천명을 넘었다.

제3차 사상해방 논쟁이 등장하게 된 배경은 지난 1988년 12월 '토지관리법'이 통과되면서 중국 국유토지에 한해 유상취득제도를 처음으로 도입하면서부터 시작되었다고 할 수 있다.

1992년 중국은 〈전인민소유제 공업기업경영 메커니즘 전환 조례〉에 의해 기존의 '국영기업'을 '국유기업'으로 바꾸었다. 특히 1993년 헌법 개정 때 '국영기업'이라는 용어를 '국유기업'으로 바꾸었다. 국가가 소유와 동시에 경영을 하는 기업이라는 의미의 국영기업에서 국가가 소유는 하되 경영은 기업 자신이 자주적으로 하는 기업이라는 의미의 국유기업으로 전환하였던 것이다.

사회주의의 가장 근본이고 중요한 내용으로 여기는 것 중의 하나가 '공유제'인데, 중국은 1997년 전후로 사영경제 점유율이 이미 50%를 넘어섰고, 사유제의 비율 또한 공유제의 비율을 넘어서고 있었다. 이러한 중국의 변화 속에서 보수 세력은 문제를 제기하였고, 학자들을 중심으로 논쟁이 벌어졌다. 이때 등장한 것이 바로 '주도권' 개념이었다. 즉, '사유' 부문의 비율이 증가하더라도 '공유' 부문이 결정되는 순간에 '사유'를 지배하면 사회주의를 하는 데 문제없다는 것이었다. 특히 중국의 기간산업 부문을 정부가 통제할 수 있느냐 하는 것이 중요한 관건이었다.

개혁이 심층적으로 진행되고 발전됨에 따라, "성이 공(公)인지 성이 사(私)인지" 하는 논쟁도 나타났다. 이것은 "성이 자(資)인지 성이 사(社)인지" 하는 문제의 연속선상이었다. 1997년에 이르러서, 주식제가 개혁이 취해야 할 방향으로 진행됨에 따라 주식제를 비판하는 목소리는 높아지기 시작했다. 이러한 비판 속에서 마르크스 어록을 인용하고, 중국이 오늘날 이러하지 못하다 또 그러하지 못하다고 논평하였다. 일순간에, 사람들의 마음속에 "도대체 지금은 어떤 깃발을 들고 있는가? 어떤 길을 걷는가?"라는 의문을 갖도록 하였다. 이러한 의문이 제기되어질 때, 장쩌민은 1997년 5월 29일 중국공산당 중앙당교 성부급 간부 진학반 졸업식에서 중요한 말을 발표하였다. 이를 '5·29 강화(講話)'라고 부른다.

'5·29강화'에서 장쩌민은 '덩샤오핑의 중국특색의 사회주의 이론 건설, 사회주의 초급 단계, 경제발전과 경제체제개혁, 당의 건설' 등을 강조하였다. 장쩌민은 덩샤오핑의 중국특색의 사회주의 이론 기치를 높이 들고 어떠한 시련과 곤경 속에서도 동요하지 말 것을 강조하였다. 또 그는 현재 중국이 처한 문제를 해결할 수 있는 것은 등소평의 이론이라고 강조하였다. '5·29강화'는 오랫동안 사람들이 성이 공(公)인지 성이 사(私)인지하는 곤란스럽게 하는 의혹을 해결하였다. 국유기업개혁을 위해 사상 장애를 없앤 것이다. '5·29강화'는 당의 15대에서 사상이론적인 기초를 추정하도록 하였다. 이것은 바로 1978년 이래의 세 번째 사상해방이다.

5. 2000, 2010년대: 세계 대국으로 걷다

2000년대에 들어오면서 중국의 대내외적으로 개혁의 속도를 빠르게 진행해 간다. 2001년에 중국은 WTO에 가입하였고, 서부대개발을 시작하였다. 2000년대에 들어와 동북3성 발전 전략(振興東北)과 중부굴기(中部崛起)를 진행하면서 중국의 동서 간의 경제 격차를 줄이려 하였다. 2004년 공자학원을 설립하여 중국어와 중국문화를 전 세계에 수출하기 시작하였고, 동북공정 등을 실시하면서 중국 내 역사와 문화를 중화민족 중심으로 서술하기 시작하였다. 2000년대 중반에 G2라는 칭호를 얻기 시작한 중국은 2010년대에 들어오면서 주도적으로 세계를 관여하기 시작하였다.

1) 2000년대: 세계로 나가고, 중국 서부로 확장하다

(1) 2001년 WTO 가입

2001년 12월 11일, 중국은 세계무역기구(World Trade Organization, WTO)의 정식 회원국이 되었다. 이로써 중국은 1978년 개혁개방정책을 추진한 이래 대외 개방정책에 있어서 새로운 전환기를 맞았다.

1999년 11월, 중국과 미국이 중국의 WTO 가입을 양자 회담으로 타결했다. 2001년 9월, WTO는 드디어 중국과 다른 무역 상대국들이 중국의 WTO 가입에 합의했다고 발표했다. 이어 WTO는 2001년 11월 9일부터 13일까지 카타르 도하에서 열린 제4차 각료회의에서 중국의 가입을 정식으로 승인했다.

중국은 WTO 가입과 함께 국내 시장을 개방하고 WTO 기준에 맞게 관세를 인하해야 했다. 그리고 WTO 기준에 맞게 제정, 수정, 폐지된 제도가 3천여 건에 이르렀다. 이것으로 외국 상품과 자본의 중국 진출이 기대되었다. 또한 개발도상국에게 제공되는 일반특혜관세제도의 혜택을 누려 수출 증대도 가능해졌다.

중국의 WTO 가입은 세계 표준 경제체제의 편입으로 해석되어 중국 기업들의 대외 신임도가 높아졌고, 해외 자본투자의 기회가 확대되고 용이해졌다. 여기에 중국정부의 계속되는 개혁개방정책이 맞물려 중국 경제는 급격하게 성장했다. 중국은 이로써 발전된 글로벌 경제 환경 속에서 발전 기회와 이권을 얻음과 동시에 발언권과 권리를 가졌다.

(2) 2001년 서부대개발(西部大開發)

서부대개발은 중국의 동부 연해 지역 중심의 경제발전 전략으로 인해 뒤쳐진 내륙 서부 지역을 경제발전시키기 위해 실시하고 있는 경제개발정책이다. 2000년 3월의 전인대에서 정식으로 결정된 4개의 주요 프로젝트는 다음과 같다.

① 서전동송(西電東送): 서부의 전기를 동부로 보냄
② 남수북조(南水北調): 남부의 수자원을 북부로 보냄
③ 서기동수(西氣東輸): 서부의 천연가스를 동부로 보냄
④ 칭짱철도(靑藏鐵道): 칭하이성의 시닝(西寧)과 시짱자치구의 라싸(拉薩)를 연결하는 철도

덩샤오핑의 '선부기래(先富起來)'의 구호(선부론) 아래, 중국 동부 연해 지방은 개혁개방정책의 혜택을 받아, 경제발전을 이루었다. 하지만 내륙의 여러 지역은 뒤떨어져 연해 지방과의 소득 격차가 확대되었다. 중국정부는 2000년부터 국무원에 '서부개발 지도소조'를 신설해 서부대개발 계획을 출범시켜, 철도·도로 건설 등의 인프라 정비나 투자환경의 정비, 과학 교육의 발전 등의 우대정책을 실시했다.

중국 서부대개발에서 서부 지역은 충칭시, 간쑤성, 구이저우성, 칭하이성, 산시성(섬서성), 쓰촨성, 윈난성, 시짱자치구, 신장위구르자치구, 닝샤후이족자치구, 광시좡족자치구, 네이멍구자치구이다.

1999년 9월, 제15차 4중전회에서 통과한 '중국공산당 중앙의 국유기업개혁과 발전의 약간 중대한 문제에 대한 결정'에서 서부대개발에 대해 명확하게 제기하였다. 동년 11월, 중국공산당 중앙, 국무원이

경제 업무회의를 열었고, 2000년 작업을 배치할 때 서부대개발 전략을 실시할 것을 중요 분야로 삼았다.

(3) 2003년 사스(SARS, 非典)

중국에서 발생하였던 사스(SARS)는 2002년 겨울에 시작되어, 2003년 2월부터 본격적으로 확산되다가 2003년 7월에 소멸되었다. 중국어 명칭은 '非典性肺炎'이고, 간단하게 '非典'이라고 부른다. 2003년 1월, 중국 광둥성 지역의 한 병원에 심한 기침과 고열 증상을 보이는 환자가 실려 왔다. 사스 환자를 치료하다 감염된 중국인 의사가 홍콩에 투숙하며 빠른 속도로 전염병은 확산되었다.

6개월 가량 지속된 기간 동안 세계적으로 8,422명이 발병하였으며 이 중 11%인 911명이 사망하였다. 사스는 전 세계 37개국에서 8237명을 감염시켰고, 이 중 775명이 목숨을 잃었다.

2003년 3월 장쩌민을 이어 후진타오(胡錦濤) 지도부가 탄생하는 제10차 전인대가 예정되어 있다는 이유, 2월 25일을 기점으로 사스에 대한 보도 중지 결정을 내렸다. 중국정부는 4월이 되어서 사스 사태를 공식적으로 인정했다.

(4) 2004년 삼농(三農) 문제

매년 1월에 발표되는 '중앙 1호 문건'은 2004년 이후 삼농 문제에 초점을 맞추었다. 삼농은 농촌·농민·농업을 말한다. 2004년 '1호 문건'은 농촌인구가 전체 인구의 60%를 차지하고 있는 현실에서 3.3배로 확대된 도·농 간 소득격차가 조화로운 사회 건설의 잠재적인 위협

요인으로 부상했다는 현실인식이 반영된 결과라고 할 수 있다. 2006년 '중앙 1호 문건'은 '사회주의 신농촌'을 중국 농업의 발전 방향으로 제시하고 당면 해결과제를 제시했다. 2007년에는 사회주의 신농촌 건설의 구체적인 실천과제의 하나인 농업 현대화를 최우선 정책과제로 제시하였다.

(5) G2의 등장

G2(Group of Two)는 경제적 측면에서 세계 2위권 국가인 미국과 중화인민공화국을 이르는 말이다. G2의 개념이 등장하고 고착화되는 과정을 살펴보면 아래 〈표 2〉와 같다.

〈표 2〉 G2의 개념

년도	주요 내용
2004	미국 피터슨 국제경제제연구소 소장 버그스텐(F. Bergsten)이 G7 무용론을 주장하면서, 미국은 향후 세계경제 질서에서 '미-EU, 미-중, 미-일, 미-사우디' 이들 4개의 G2 관계를 형성하는 것이 바람직하다는 의견을 제시하면서부터 등장하였다.
2006	미국 경제학자 도널드 스트라즈하임(Donald Straszheim)이 IMF회의에 참여하여 "지금 국제경제에서 가장 중요한 관계는 미국과 중국"이라고 강조한 데서 비롯되었다. 윌리엄 페섹(William Pesek) 블룸버그통신의 칼럼니스트는 "앞으로 세계경제는 G2가 주도할 것"이라고 주장하였는데, 이때 G2라는 말은 세계적으로 확산되기 시작하였다.
2007	버그스텐(F. Bergsten)이 저서 '미국과 세계경제'(The United States and the World Economy)에서 미국과 중국 사이의 협력 없이는 어떠한 세계적인 현안들도 해결할 수 없다고 주장하면서 'G2(Group of 2)'라는 용어가 미국과 중국을 지칭하게 되었다. 하버드 대학의 니일 퍼거슨(Niall Ferguson)은 "차이메리카(Chimerica: 미 공동통치론)"란 개념을 도입하면서 차이메리카가 G2 개념과 더불어 국제사회에서 중국의 지위 강화를 상징하는 개념으로 회자되었다.
2008	6월, 최초 제안자인 버그스텐은 〈포린 어페어즈〉 기고문에서 미국과 중국이 평등한 협력 관계를 기초로 세계경제를 공동 관리해야 한다고 주장하였다.

년도	주요 내용
2009	1월 북경에서 열린 미중 수교 30주년 기념 학술행사에서 즈비그뉴 브레진스키 (Zbigniew Brzezinski)가 'G2 회의'를 주창하면서 주목받기 시작하였다. 4월 런던에서 개최된 G20 정상회의에 참석했던 후진타오 국가주석과 오바마 대통령이 만나 연례 전략대화를 열고 모든 차원에서 관계를 강화하기로 합의하면서 'G2론'이 더욱 부각되었다.

버그스텐(Fred Bergsten)은 ≪*Foreign Affairs*≫ 저널에 기고를 통해 그의 'G2구상', 즉 중국의 역할을 인정하고 미국이 중국을 진정한 경제적인 파트너로서 인정하고 이를 활용하는 'G2'모델을 주장했다. G2라는 명칭 외에 중국의 지위에 관한 표현이 차이메리카(Chimerica)이다. 이 표현은 하버드대학의 니일 퍼거슨(Niall Ferguson) 교수가 2007년 3월 5일 ≪*LA Times*≫에 기고문에서 처음 사용했다. China와 America를 합성해서 만든 신조어다.

중국은 2010년 명목 GDP에서 일본을 추월하고 미국에 이어 2위가 되었으며, 2014년 구매력 평가기준 GDP에서 미국을 추월하였다.

(6) 2007년 물권법

2007년 3월 16일 제10차 전인대 제5차 회의에서 물권법이 통과되었고, 동년 10월 1일부터 시행되었다. 물권법의 주요 규정으로는 "주택건설용지 사용권, 비주택 건설용지(공업·상업용지) 사용권, 토지 수용과 보상"이 있다.

주택의 영구 사유재산권을 보장하는 주택건설용지 사용권의 자동연장을 허용하였다. 종전의 중국의 토지는 국가소유로 한시적으로 토지사용권을 취득하여 사용할 뿐이었다. 사용이 완료된 후 자동연장된다고 규정하였다

비주택 건설용지(공업 및 상업용지)의 최초 사용기간 만료시 사용권 연장은 인가 절차가 필요하다. 공업·상업용지의 경우, 토지사용권 기한 만료 시 관련 법규정(도시부동산관리법)에 따라 처리된다고 규정하였다. 비주택 건설용지는 주택과는 달리 공장 등 지상건물의 경우, 기한만료 후 재산권이 보장되지 않는다. 따라서 토지사용의 만료 시 소정의 토지 불하금을 지불하고 인가 절차를 다시 밟아야 한다. 이 경우 공공의 이익을 위해 국가가 사용이 필요할 경우에는 연장이 불허되고 토지가 국가로 회수될 수 있다. 상업용지에 건축되는 주상복합건물의 경우, 주택용지가 아니므로 기한 만료 시 사용권이 자동 연장되지 않는다는 점에 유의해야 한다.

농촌 집체토지(향이나 촌)의 토지도급경영권(土地承包經營權, 농지사용권)은 현행 법률 하에서 일종의 임차권(租賃權)으로 취급되고 있다. 그런데 물권법은 이를 물권으로 명확하게 규정하고 등기 대상에 포함시킴으로써, 도급 발주자(향이나 촌)가 임의로 도급권을 회수할 수 없도록 하여, 개인의 재산권을 촌 단위의 행정기관에 뺏기는 폐단을 개선하였다.

물권법에서는 농지 및 농가택지의 매매에 대해, 규제조항을 직접 명시하지 않고 관련 법 규정에 따른다고 규정하였다. 중국의 농촌 경작 토지는 집단소유제로 농민집단인 촌 소유로 농민은 촌정부로부터 도급경영권을 배정받아 사용하고 있다. 도급기간은 경지(耕地) 30년, 초지(草地) 30~50년, 임지(林地) 30~70년으로 되어 있다.

(7) 2008년 08헌장(08 憲章, 零八憲章)

'08 헌장'은 2008년 12월 9일 중국의 반체제 인사, 평론가인 류샤오보(劉曉波, 1955~2017.7.13) 등 303명이 인터넷에서 발표한 선언문이다. 2008년 12월 10일이 중국 입헌 100주년, 세계 인권 선언 발표 60주년, 민주의 벽 30주년, 중국정부의 시민적 및 정치적 권리에 관한 국제규약 체결 10주년이 된다는 점을 감안하여 류샤오보 등 303명의 전문가가 실명으로 발표했다.

중국의 정치, 사회체제개혁, 중국 공산당의 일당 독재체제 종식, 삼권 분립, 민주화 추진, 인권 상황의 개선 등을 요구하는 의견이 담겨 있다. 선언문은 체코슬로바키아에서 발표된 '77 헌장'을 모티브로 해서 작성되었다.

이 선언문의 작성자 가운데 한 명인 류샤오보는 중국 당국에 의해 체포되었고 2009년 12월에 열린 재판에서 국가 전복 선동 혐의로 징역 11년형을 선고받게 된다. 류샤오보는 중국의 민주화 운동을 전개한 공로를 인정받아 2010년 노벨평화상 수상자로 선정되었다.

2) 2010년대: 변화와 잘못된 선택!

(1) 2017년 민법통칙(民法通則) 통과

2017년 3월 15일 제12차 전인대 제5차 회의에서 민법총칙이 통과하였다. 민법전(民法典)의 일환으로 제일 처음 통과한 민법총칙은 총 11장으로 206조항을 두고 있다. 2017년 10월 1일부터 민법총칙의 효력이 발생한다.

중국 입법기관은 민법총칙의 통과를 시작으로 2020년까지 민법 각 분칙을 통과하는 데 초점을 두고 있다. 민법총칙 통과 전에 민사 기본 규정은 1986년의 민법통칙(民法通則)과 최고인민법원의 민법통칙에 대한 해석이 위주이다.

민법총칙의 주요 내용은 민법통칙, 사법해석 및 그 후 통과된 합동법(合同法, 계약법), 물권법(物權法), 침권책임법(侵權責任法, 권리침해책임법)의 일부 내용을 포함하고 있다.

2014년 10월에 개최된 제18차 4중전회에서 민법전 편찬을 2016년 입법 계획의 주요사항 중 하나로 지정하였으며, 이를 위한 '투 스텝' 방안을 마련하였다. 즉, 민법전의 지도원칙인 민법총칙을 먼저 편찬한 후 나머지 민법전을 편찬한다는 방안이었다.

2015년 3월, 전인대 상무위원회 법제공작위원회(法制工作委員會)가 주도하여, 민법전편찬공작협조소조(民法典編纂工作協調小組)를 설립하였고, '중화인민공화국 민법총칙 초안(의견 초안을 구함)(中華人民共和國民法總則草案(征求意見稿))'을 기초하여, 민법총칙 편찬 작업을 개시하였다.

2016년 6월 27일 제12차 전인대 상무위원회 제21차 회의에서 민법총칙 편찬작업을 분명히 하였고, 심의를 처음으로 제청하였다. 이는 민법전 편찬 업무가 정식으로 입법 절차에 들어섰다는 의미를 지닌다. 그리고 동년 10월, 12월에 상무위원회의 심의를 거쳤고, 2017년 3월 8일 '민법총칙'이 정식으로 전인대에 제출되었다. 2017년 3월 15일 제12차 전인대 5차회의에서 통과해, 민법전 편찬작업의 첫 단계가 완료되었다.

새로 시행되고 있는 '민법총칙'은 종래의 '민법통칙'을 기초로 하면서도 새로운 제도를 많이 포함하고 있다. 민법총칙 초안은 중국의 전통 문화 이념을 계승하여 사회주의 핵심 가치관을 실현하고 민사 활동 과정에서의 자원(自願), 공평, 신뢰 원칙을 강조하였다. 민법총칙은 전 내용에 걸쳐 자원을 절약하고 생태 환경을 보호하며 법률을 위반하지 않고 공공질서와 미풍양속을 해쳐선 안 된다고 강조하고 있다.

민법총칙 제16조에서 "유산 상속, 증여 수락 등 태아의 이익보호와 관련 있는 경우 태아가 민사능력 권리를 갖는 것으로 간주한다. 단, 태아가 사체로 분만된 경우 민사권리는 처음부터 존재하지 않은 것으로 한다."고 규정하고 있다.

민법총칙 제111조에서는 "자연인의 개인정보는 법률의 보호를 받는다. 어떠한 조직이나 개인도 타인의 개인정보를 필요로 할 경우에는 법에 따라 취득하여야 하고, 정보의 안전을 보장해야 하며 불법으로 타인의 개인정보를 수집, 사용, 가공, 전달 할 수 없으며, 타인의 정보를 불법으로 매매, 제공 또는 공개할 수 없다."라고 규정하고 이를 위반하는 경우 법적 책임을 부담하도록 하였다.

민법총칙에서는 법인의 설립목적과 그 기능에 따라 법인을 영리법인, 비영리법인, 특수법인으로 새롭게 구분하였다.

민법총칙에서는 기존에 2년이었던 일반소멸시효의 기간을 3년으로 연장하였다. 또한 미성년자가 성폭력으로 인하여 피해를 입은 경우 해당 미성년자가 만 18세가 되는 날부터 소멸시효를 기산한다는 특별규정도 마련하였다.

2018년 8월 27일 제13차 전인대 상무위원회 제5차 회의는 민법전의 초안으로서 '중화인민공화국 민법전 심의고'를 공포하였다. 이 때 각 분칙 초안이 처음으로 제청되었다. 그 중 6편은, 물권편(物權編), 합동편(合同編), 인격권편(人格權編), 혼인가정편(婚姻家庭編), 계승편(繼承編, 상속편), 침권책임편(侵權責任編) 모두 1034조이다. 이후, 2018년 12월, 2019년 4월, 6월, 8월, 10월에 있었던 제13차 전인대 상무위원회 제7차, 제10차, 제11차, 제12차, 제14차 회의에서 각 칙 초안에 대해 나누어 심의하였다. 2019년 12월 23일 완정판의 중국민법전 초안이 처음으로 분명해졌다. 제13차 전인대 상무위원회 제15차 회의에서 '중화인민공화국 민법전(초안)'이 공개되었다. 7편에 부칙, 84장, 1260개 조문이었다.

(2) 2018년 제13차 전국인민대표대회

2018년 3월 11일 베이징 인민대회당에서 열린 제13차 전인대 제3차 전체회의에서 개헌안 표결을 통해 총 2964표 가운데 찬성 2958표, 반대 2표, 기권 3표, 무효 1표로 국가주석 3연임 금지 조항을 폐기했다. 중국 헌법에 '시진핑 신시대 중국 특색 사회주의 사상'을 삽입했다.

헌법 서문의 "마르크스 레닌주의, 마오쩌둥 사상, 덩샤오핑이론, 3개 대표론의 지도를 지켜나가는 것"이라는 문구에 "과학발전관과 시진핑 신시대 중국 특색 사회주의 사상"이 추가로 삽입됐다. 또, 헌법 3장 제79조 3항을 수정해 "중화인민공화국 주석과 부주석의 매회 임기는 전인대 대회 매회 임기와 같고 임기는 두 번 연속 회기를 초과하지 못한다"는 문구 중 '임기는 두 번 연속 회기를 초과하지 못한다'는 부분이 빠졌다. 시진핑 국가주석이 원한다면 3연임 이상할 수 있도록 제도화한 것이다.

중국 개헌안은 전인대 상무위원회와 전인대 대표 5분의 1 이상이 발의해 전체 대표의 3분의 2 이상이 찬성해야 통과되어야 한다. 표결 방법은 '무기명 투표'이고 OMR 방식 투표용지를 통한 투표 방식이다. 투표용지에는 '중국어, 몽골어, 티베트어, 위구르어, 카자흐어, 조선어, 이(彝)어, 쫭(壯)어' 8개 언어로 '찬성, 반대, 기권'이 표시되어 있었다. 전인대 대표들은 A4 크기의 투표용지에 찬반을 기재하고 빨

간색의 투표 통에 넣었다. OMR 방식 때문에 반드시 펴서 넣어야 하다 보니, 투표함 앞에 있는 투표 감독관은 투표자들이 누가 어떻게 투표를 하였는지를 알 수 있다. 이러한 투표 방식은 여러 나라로부터 비난을 받고 있다.

개헌을 통해 공직자 취임 시 헌법 선서를 공개적으로 진행하도록 해 시진핑 장기 집권의 기반이 되는 헌법의 지위를 상승시켰다. 중국 공산당 영도는 중국특색 사회주의의 가장 본질적인 특징이라는 내용과 더불어 중화민족의 위대한 부흥에 주력하는 애국자의 광범위한 통일 전선을 옹호한다는 내용도 헌법에 추가했다.

6. 포스트 코로나19의 중국

2019년에서 2020년으로 넘어오는 즈음에, 세계를 강타한 것은 코로나19이다. 2019년 12월에 신종 코로나 바이러스 확산을 최초로 알렸던 리원량(李文亮)이 2020년 2월 7일에 사망하면서 중국 전역에 슬픔과 분노를 불러일으키고 있다. 7일 우한 시내에서 저녁 9시 전후로 10분 동안 일제히 소등을 했다가 다시 불빛을 밝히고, 휘슬블로어(whistle blower, 내부고발자)를 기리며 호루라기를 부는 시위가 벌어졌다.

중국학자들은 "헌법에 보장된 '언론의 자유'를 보장하라"며 공개서한을 내놨다. 학자들은 "언론의 자유가 보장됐다면 이런 재앙이 없었을 것"이라고 밝히며 시진핑 체제 책임론을 강조했다. 학자들은 중국 헌법을 인용해 "중화인민공화국 시민들은 언론, 집회, 결사, 시위의 자유를 보장받는다."라며 "시민들이 언론의 자유를 행사하는 것은 국가와 사회, 집단의 이익이나 다른 시민의 자유와 권리를 침해하지 않을 것"이라고 목소리를 높였다.

리원량을 포함한 의사 8명은 신종 코로나바이러스 출현을 경고했다가 괴담 유포자로 몰려 경찰에 불려가 훈계서에 사인을 하는 등 처벌을 받았다.

2012년 시진핑이 총서기가 된 이후, 2018년 헌법 개정을 통해 시진핑의 1인 체제가 오랫동안 지속될 것 같았던 전망이, 2020년이 되면서 변화의 조짐이 나타나고 있다. 그 이전부터 이미 중국정부에 경각심을 주는 사건들이 지속적으로 발생하고 있었다. 다양한 군체성 사건, 홍콩의 민주화 운동이 발생하여 중국공산당에 경각심을 주고 있었는데, 2019년 코로나 19가 발생하면서 중국정부의 잘못된 대책으로 인해, 중국 국민들의 불만이 고조되고 있고, 사회 각 계층에서 중국정부에 언론의 자유 등을 요구하고 있다.

시진핑 정부가 들어서면서 실시해 온 국가와 사회 및 언론 통제는 이미 그 선을 넘어서고 있다. 외형적으로는 국가안보와 사회안정이라고 중국정부는 말하고 있지만, 실질적으로는 중국 체제 변화에 위협을 주는 세력을 통제하고 있다. 현재 실시되고 있는 많은 정책들은 중국공산당의 위기를 초래하고 있다.

한 국가의 변화는 갑작스럽게 오는 듯하지만, 잠재되어 있던 불만들이 폭발하여 생기는 경우가 허다하다. 그러한 상황의 출발선이 언제였는지는 이후 역사가 평가한다. 중국은 지금 그 변화 속의 한 중간에 서 있다.

참조

신정협주비회 각 소조 명단(新政協籌備會各小組名單)

第一小組(擬定參加新政治協商會議之單位及其代表之人數)

組長: 李維漢　副組長: 章伯鈞

組員: 李濟深、沈鈞儒、黃炎培、馬寅初、馬敍倫、彭澤民、曹孟君、譚平山、蔡廷鍇、陳其尤、聶榮臻、李立三、朱富勝、陳叔通、曾昭掄、許德珩、馮文彬、蔡暢、黃振聲(黃鶴楨代)、羅叔章、天寶、陳其瑗

第二小組(起草新政治協商會議組織條例)

組長: 譚平山　副組長: 周新民

組員: 林祖涵、李德全、施複亮(孫起孟代)符定一、王紹鏊、郭冠傑、史良(張曼筠代)、郭春濤(吳茂蓀代)、蔣光鼐(秦元邦代)、雷榮珂、易禮容、張振鐸、俞寰澄(鄧雲鶴代)、葉聖陶、沈茲九、李秀貞、陳震中(葛志成代)、天寶、戴子良

第三小組(起草共同綱領)

組長: 周恩來　副組長: 許德珩

組員: 陳劭先、章伯鈞、章乃器、李達、許廣平、季方(嚴信民代)、沈志遠、許寶駒、陳此生、黃鼎臣、彭德懷(羅瑞卿代)、朱學範、張曄、李燭塵、侯外廬、鄧初民、廖承志、鄧穎超、謝邦定、周建人、楊靜仁、費振東

第四小組(擬定中華人民民主共和國政府方案)

組長: 董必武　副組長: 黃炎培(離平時由張奚若代)

組員: 張文、沈鈞儒、張東蓀、胡厥文(閻寶航代)、林礪儒、林漢達、韓兆鶚、李章達(千家駒代)、王崑、李民欣、陳其尤、劉伯承(滕代遠代)、丘金、石振明、俞寰澄(鄧雲鶴代)、張志讓、謝雪紅、張琴秋、聶維慶、湯桂芬(雷潔瓊代)、朱德海

第五小組(起草宣言)

組長: 郭沫若　副組長: 陳劭先

組員: 梅龔彬(呂集義代)、楚圖南、吳耀宗、丘哲、胡愈之、陳銘樞、蔣光鼐(秦元邦代)、黃鼎臣、楊耕田、李燭塵、洪深、胡喬木、鄧裕志、雲澤(奎璧代)

第六組(擬定國旗國徽國歌方案)

組長: 馬敍倫　副組長: 葉劍英

組員: 張奚若、田漢、沈雁冰、馬寅初、鄭振鐸、郭沫若、翦伯贊、錢三強、蔡暢、李立三、張瀾(劉王立明代)、陳嘉庚、歐陽予倩、廖承志

(≪人民日報≫, 1949年6月21日)

중화인민공화국 중앙인민정부 공고
(中華人民共和國中央人民政府公告)

(一九四九年十月一日)

自蔣介石國民黨反動派政府背叛祖國, 勾結帝國主義, 發動反革命戰爭以來, 全國人民處於水深火熱的情況之中。幸賴我人民解放軍在全國人民援助之下, 爲保衛祖國的領土主權, 爲保衛人民的生命財産, 爲解除人民的痛苦和爭取人民的權利, 奮不顧身, 英勇作戰, 得以消滅反動軍隊, 推翻國民政府的反動統治。現在人民解放戰爭業已取得基本的勝利, 全國大多數人民業已獲得解放。

在此基礎之上, 由全國各民主黨派、各人民團體、人民解放軍、各地區、各民族、國外華僑及其他愛國民主分子的代表們所組成的中國人民政治協商會議第一屆全體會議業已集會, 代表全國人民的意志, 制定了中華人民共和國中央人民政府組織法, 選擧了毛澤東爲中央人民政府主席, 朱德、劉少奇、宋慶齡、李濟深、張瀾、高崗爲副主席, 陳毅、賀龍、李立三、林伯渠、葉劍英、何香凝、林彪、彭德懷、劉伯承、吳玉章、徐向前、彭真、薄一波、聶榮臻、周恩來、董必武、賽福鼎、饒漱石、陳嘉庚、羅榮桓、鄧子恢、烏蘭夫、徐特立、蔡暢、劉格平、馬寅初、陳雲、康生、林楓、馬敍倫、郭沫若、張雲逸、鄧小平、高崇民、沈鈞儒、沈雁冰、陳叔通、司徒美堂、李錫九、黃炎培、蔡廷鍇、習仲勳、彭澤民、張治中、傅作義、李燭塵、李章達、章伯鈞、程潛、張奚若、陳銘樞、譚平山、張難先、柳亞子、張東蓀、龍雲爲委員, 組成中央人民政府委員會, 宣告中華人民共和國的成立, 並決定北京爲中華人民共和國的首都。

中華人民共和國中央人民政府委員會於本日在首都就職, 一致決議: 宣告中華人民共和國中央人民政府的成立, 接受中國人民政治協商會議共同綱領爲本政府的施政方針, 互選林伯渠爲中央人民政府委員會秘書長, 任命周恩來爲中央人民政府政務院總理兼外交部部長, 毛澤東爲中央人民政府人民革命軍事委員會主席, 朱德爲人民解放軍總司令, 沈鈞儒爲中央人民政府最高人民法院院長, 羅榮桓爲中央人民政府最高人民檢察署檢察長, 並責成他們從速組成各項政府機關, 推行各項政府工作。同時決議: 向各國政府宣布, 本政府爲代表中華人民共和國全國人民的唯一合法政府。凡願遵守平等、互利及互相尊重領土主權等項原則的任何外國政府, 本政府均願與之建立外交關系。特此公告。

中華人民共和國中央人民政府主席

毛澤東

根據一九四九年十月二日≪人民日報≫刊印

참고문헌 및 더 읽을거리

공봉진, 『시진핑 시대, 중국 정치를 읽다』, 한국학술정보, 2016.8.26.

공봉진, 『중국공산당 CCP 1921~2011』, 이담북스, 2011.9.18.

공봉진, 『중국민족의 이해와 재해석』, 한국학술정보, 2010.2.19.

공봉진, 『(이슈로 풀어본) 중국의 어제와 오늘』, 이담북스, 2009.12.28.

공봉진, 『중국지역연구와 현대중국의 이해』, 오름출판사, 2007.

공봉진·이강인, 『중국 대중문화와 문화산업』, 한국학술정보, 2013.4.26.

공봉진·김태욱, 『차이나 컨센서스』, 한국학술정보, 2013.3.31.

공봉진 외 2명, 『(한권으로 읽는) 중국문화』(개정판), 산지니, 2016.8.31.

공봉진 외 2명, 『중국지역문화의 이해』, 부산외국어대학교출판부, 2013.
8.30.

공봉진 외 2명, 『(한권으로 읽는) 중국문화』, 산지니, 2010.3.5.

공봉진 외 3명, 『중국 문학의 감상』, 한국학술정보, 2019.2.25.

공봉진 외 3명, 『중국 문화의 이해』, 부경대학교출판부, 2018.7.28.

공봉진 외 5명, 『한중수교 20년』, 한국학술정보, 2012.10.19.

공봉진 외 5명, 『세계변화 속의 갈등과 분쟁』, 세종출판사, 2008.5.31.

공봉진 외 6명, 『중국 지역발전과 시진핑 시대』, 세종출판사, 2017.2.28.

공봉진 외 6명, 『시진핑 시대의 중국몽』, 한국학술정보, 2014.1.31.

공봉진 외 6명, 『쟁점으로 본 동아시아 협력과 갈등』, 오름, 2008.12.30.

공봉진 외 7명, 『중국 개혁개방과 지역균형발전』, 한국학술정보, 2019.9.3.

공봉진 외 7명, 『한중 지방외교와 지역발전』, 세종출판사, 2018.4.30.

공봉진 외 7명, 『21세기 중국! 소통과 뉴 트렌드』, 산지니, 2015.8.31.

공봉진 외 9명, 『현대중국사회』, 세종출판사, 2009.9.10.

공봉진, 「중국 '신시대(新時代) 애국주의'에 관한 연구: '신시대 애국주의 교육'을 중심으로」, 『국제정치연구』 22(4), 동아시아국제정치학회, 2019.12.

공봉진, 「중국의 문화굴기와 소수민족문화의 세계화 전략」, 『21세기정치학회보』 29(3), 21세기정치학회, 2019.09.

공봉진, 「시진핑(習近平) 시대의 중국사회통제에 관한 연구」, 『지역과 정치』 2(1), 부경대학교 지방분권발전연구소, 2019.6.30.

공봉진, 「중국 지도자 교체시기의 권력강화와 정치역학: 장쩌민에서 시진핑까지」, 『동북아 문화연구』 51, 동북아시아문화학회, 2017.06.

공봉진, 「시진핑(習近平) 시대의 중국민족정책 연구」, 『동북아 문화연구』 43, 동북아시아문화학회, 2015.06.

공봉진, 「중국 '문화굴기(文化崛起)'에 관한 연구: 화하(역사)문명전승혁신구를 중심으로」, 『동북아 문화연구』 38, 동북아시아문화학회, 2014.03.

공봉진, 「중국의 개인인권 변화에 관한 연구: 호구제도와 독생자녀제를 중심으로」, 『동북아 문화연구』 26, 동북아시아문화학회, 2011.03.

공봉진, 「중국 정치 개혁에 관한 연구: 후진타오 2기 정부를 중심으로」, 『국제지역학논총』 3(2), 국제지역연구학회, 2010.12.

공봉진, 「중국 '사상해방(思想解放)' 논쟁에 관한 연구」, 『중국학』 33, 대한중국학회, 2009.8.30.

공봉진, 「고대 중국의 '화하족'과 '동이족' 기억 만들기」, 『사회과학연구』 22(1), 국민대학교 사회과학연구소, 2009.8.31.

공봉진, 「중국 소수민족 '여성'에 관한 연구」, 『여성정책논집』, 여성정책연구소, 2008.12.

공봉진, 「중국 소수민족주의와 중화민족주의: 티벳과 위구르족의 민족주

의운동을 중심으로」, 『국제정치연구』 12(1), 동아시아국제정치학
회, 2009.06.

공봉진, 「'중화민족' 용어의 기원과 정체성에 관한 연구」, 『china 연구』, 부
산대학교 중국연구소, 2007.

공봉진, 「漢族의 민족정체성에 관한 연구」, 『china 연구』, 부산대학교 중국
연구소, 2006.

공봉진, 「동아시아 민족문제와 중국 민족식별의 관계 연구: 한국과 중국을
중심으로」, 『동북아연구』 10, 2005.

이동규, 「코로나19 사태 이후 중국 시진핑 체제의 향배와 과제」,
이슈브리프

http://www.asaninst.org/contents/%ec%bd%94%eb%a1%9c%eb%8
2%9819-%ec%82%ac%ed%83%9c-%ec%9d%b4%ed%9b%84-%ec
%a4%91%ea%b5%ad-%ec%8b%9c%ec%a7%84%ed%95%91-%ec
%b2%b4%ec%a0%9c%ec%9d%98-%ed%96%a5%eb%b0%b0%ec%
99%80-%ea%b3%bc%ec%a0%9c-2/ (검색일: 2020.4.20)

"百花齊放, 百家爭鳴"方針("雙百方針")

http://news.cntv.cn/china/20120801/113290.shtml

(검색일: 2019.10.10)

"≪漢語拼音方案≫是最佳方案"

https://baijiahao.baidu.com/s?id=1600311362902787681&wfr=spid
er&for=pc (검색일: 2019.10.1)

"G2"概念是在捧殺中國

http://www.dtxw.cn/system/2009/06/12/010246552.shtml

(검색일: 2019.11.20)

"文化大革命"的十年

http://history.people.com.cn/GB/205396/15040123.html

(검색일: 2019.10.25)

"文化大革命"的十年

http://www.gov.cn/test/2005-06/24/content_9300.htm

(검색일: 2019.10.25)

"中華人民共和國"國名是怎樣確定下來的

http://cpc.people.com.cn/GB/64162/64172/85037/85040/6637862.

html (검색일: 2019.10.1)

"天安門事件"碰不得

http://history.people.com.cn/BIG5/199250/213457/13897198.html

(검색일: 2019.11.5)

≪變局: 七千人大會始末≫

http://dangshi.people.com.cn/GB/146570/237691/index.html

(검색일: 2019.10.15)

≪商務發展第十三個五年規劃綱要≫印發

http://www.mofcom.gov.cn/article/difang/201607/20160701358680.

shtml (검색일: 2019.10.1)

≪親歷者的記憶≫試讀: 新政協籌備會各小組名單

https://book.douban.com/reading/10707791/ (검색일: 2019.10.1)

≪漢語拼音方案≫

http://www.lpssy.edu.cn/kygcx/2018/0928/c3215a41562/page.htm

(검색일: 2019.10.1)

[文獻] 毛澤東: 七千人大會上的講話全文

http://www.wyzxwk.com/Article/lishi/2019/01/398564.html

(검색일: 2019.10.15)

1949年10月1日, 新中國宣告成立時, 還有哪些地方沒解放?

    https://new.qq.com/omn/20191216/20191216A0EGLM00.html

    (검색일: 2019.10.1)

1949年10月1日時中國還有哪些地方沒有解放

    http://www.35vvv.com/wenda/1949%E5%B9%B410%E6%9C%881
    %E6%97%A5%E6%97%B6%E4%B8%AD%E5%9B%BD%E8%BF%
    98%E6%9C%89%E5%93%AA%E4%BA%9B%E5%9C%B0%E6%96
    %B9%E6%B2%A1%E6%9C%89%E8%A7%A3%E6%94%BE

    (검색일: 2019.10.1)

1949年9月, 第一屆中國人民政治協商會議在北平隆重召開, 會議的主要內容
是什麼? https://zhidao.baidu.com/question/39992280.html

    (검색일: 2019.10.15)

1949年新政協代表名單是如何產生的

    https://baijiahao.baidu.com/s?id=1628125556876608866&wfr=spid
    er&for=pc (검색일: 2019.10.1)

1966.8.9 中共中央關於無產階級文化大革命的決定(附圖)

    http://news.sina.com.cn/c/144490.html (검색일: 2019.10.20)

1966年8月8日: "文革"≪十六條≫通過 (5)

    http://pic.people.com.cn/BIG5/31655/10284738.html

    (검색일: 2019.10.20)

1966年中共中央"5.16"通知(全文)

    http://lqy-hb-sh-8809.blog.sohu.com/120669975.html

    (검색일: 2019.10.25)

1971年3月22日 林彪指使林立果等制定"571工程紀要"

    http://www.people.com.cn/GB/historic/0322/927.html

(검색일: 2019.10.15)

1978年11月15日 天安門事件平反

http://www.people.com.cn/GB/historic/1115/5251.html

(검색일: 2019.11.5)

1980年11月25日 李偉信作證≪"571"工程紀要≫是林彪授意制訂的

http://www.people.com.cn/GB/historic/1125/4006.html

(검색일: 2019.10.15)

1992年鄧小平南巡講話全文 https://www.sohu.com/a/253210240_147822

(검색일: 2019.11.10)

2019新型冠狀病毒

https://baike.baidu.com/item/2019%E6%96%B0%E5%9E%8B%E5
%86%A0%E7%8A%B6%E7%97%85%E6%AF%92/24267858?fr=ala
ddin (검색일: 2020.3.30)

2月6日: 國務院發布≪關於推廣普通話的指示≫

http://www.gov.cn/lssdjt/content_1799191.htm

(검색일: 2019.10.20)

56個民族識別和確認的由來

http://tyzx.people.cn/n/2014/0508/c372202-24992341-2.html

(검색일: 2019.10.20)

G2概念, 我們懂了嗎? https://zhuanlan.zhihu.com/p/48935183

(검색일: 2019.11.20)

SARS事件

https://baike.baidu.com/item/SARS%E4%BA%8B%E4%BB%B6/770
2261?fr=aladdin (검색일: 2019.11.30)

簡化字

https://baike.baidu.com/item/%E7%AE%80%E5%8C%96%E5%AD
%97/585127?fromtitle=%E7%AE%80%E4%BD%93%E5%AD%97&
fromid=1051578&fr=aladdin (검색일: 2019.10.20)

改革開放

https://baike.baidu.com/item/%E6%94%B9%E9%9D%A9%E5%BC
%80%E6%94%BE/886098?fr=aladdin (검색일: 2019.10.25)

揭秘鄧小平南巡的八大內幕: "講話"最初一度不准報道

https://baijiahao.baidu.com/s?id=1665959187113290325&wfr=spid
er&for=pc (검색일: 2019.11.10)

慶祝改革開放40周年大會隆重擧行 習近平發表重要講話 全文

http://www.xinhuanet.com/politics/ggkf40/index.htm

(검색일: 2019.10.25)

計劃生育 (基本國策)

https://baike.baidu.com/item/%E8%AE%A1%E5%88%92%E7%94
%9F%E8%82%B2/608369?fr=aladdin (검색일: 2019.11.5)

關於國語和普通話命名的歷史由來

https://www.douban.com/group/topic/1385990/

(검색일: 2019.10.1)

關於新型冠狀病毒, 彙總一下目前的信息

https://zhuanlan.zhihu.com/p/103021279?utm_source=com.tencent.
tim (검색일: 2020.3.30)

關注法律顧問私人微信公眾號以備用

http://www.ldbj.com/hanyu/hanyupinyinfangan.htm

(검색일: 2019.10.1)

國務院發布≪進一步推進西部開發的若幹意見≫

http://finance.sina.com.cn/g/20040323/0729682655.shtml

(검색일: 2019.12.10)

董德剛: 破解"姓社姓資"難題, 促進中國更好發展

http://theory.people.com.cn/n/2012/1105/c40531-19501152-3.html

(검색일: 2019.11.18)

鄧小平 (中國共産黨第二代領導集體核心人物)

https://baike.baidu.com/item/%E9%82%93%E5%B0%8F%E5%B9%

B3/116181?fr=aladdin (검색일: 2019.11.20)

鄧小平 http://culture.people.com.cn/BIG5/22226/69896/348167/index.html

(검색일: 2019.11.20)

鄧小平紀念網--領袖人物紀念館

http://cpc.people.com.cn/GB/69112/69113/index.html

(검색일: 2019.11.20)

鄧小平視察南方談話

https://baike.baidu.com/item/%E9%82%93%E5%B0%8F%E5%B9%

B3%E8%A7%86%E5%AF%9F%E5%8D%97%E6%96%B9%E8%B0

%88%E8%AF%9D/3399793?fromtitle=%E5%8D%97%E5%B7%A1

%E8%AE%B2%E8%AF%9D&fromid=3387799&fr=aladdin

(검색일: 2019.11.10)

柳建輝, "周恩來為維持國民經濟正常運轉,限制"文化大革命"發動範圍所作的

三次努力"

http://www.people.com.cn/BIG5/shizheng/8198/9405/34150/25439

11.html (검색일: 2019.10.20)

劉少奇

http://culture.people.com.cn/BIG5/22226/69896/69900/index.html

(검색일: 2019.11.20)

劉少奇

https://baike.baidu.com/item/%E5%88%98%E5%B0%91%E5%A5
%87/115115?fr=aladdin (검색일: 2019.11.20)

劉曉波其人其事

http://news.china.com.cn/txt/2010-10/26/content_21202476.htm
(검색일: 2019.11.17)

六大行政區

https://baike.baidu.com/item/%E5%85%AD%E5%A4%A7%E8%A1
%8C%E6%94%BF%E5%8C%BA/20723226?fr=aladdin
(검색일: 2019.10.1)

林彪叛逃前後: 神秘的"九·一三事件"

http://history.people.com.cn/GB/198449/219065/
(검색일: 2019.10.25)

林彪與"四人幫"

http://www.china.com.cn/book/txt/2009-07/27/content_18213306.
htm (검색일: 2019.10.15)

毛澤東

http://culture.people.com.cn/BIG5/22226/69896/69897/index.html
(검색일: 2019.11.20)

毛澤東(1893—1976) http://cppcc.people.com.cn/BIG5/159119/9763197.html
(검색일: 2019.11.20)

毛澤東爲什麼發動"文化大革命"?

http://www.people.com.cn/GB/198221/198305/198865/12606689.
html (검색일: 2019.10.25)

毛澤東提出 "百花齊放" "百家爭鳴" 方針

　　http://politics.people.com.cn/GB/8198/84013/84044/84235/5780544.
　　html (검색일: 2019.10.10)

民法總則草案今日亮相 征求意見逾八十萬字

　　http://news.sohu.com/20170308/n482652617.shtml

　　(검색일: 2019.11.20)

民族區域自治制度

　　https://baike.baidu.com/item/%E6%B0%91%E6%97%8F%E5%8C
　　%BA%E5%9F%9F%E8%87%AA%E6%B2%BB%E5%88%B6%E5%B
　　A%A6/687153?fr=aladdin (검색일: 2019.10.15)

繁體字網 http://www.fantiz5.com/ (검색일: 2019.10.20)

丙辰天安門事件被定爲 "反革命事件"

　　http://history.people.com.cn/GB/199250/241321/17518559.html

　　(검색일: 2019.11.5)

普通話 (中華人民共和國通用的現代標准漢語)

　　https://baike.baidu.com/item/%E6%99%AE%E9%80%9A%E8%AF
　　%9D/161653?fr=aladdin (검색일: 2019.10.20)

普通話學習網 http://www.pthxx.com/ (검색일: 2019.10.20)

附: 關於≪中國人民政治協商會議章程≫(草案)的說明(1954)

　　http://www.jmsdf.gov.cn/Show.asp?ID=14066 (검색일: 2019.10.1)

思想解放3.0: 關於民企姓社姓資觀念的思想解放

　　https://finance.huanqiu.com/article/9CaKrnJyHNw

　　(검색일: 2019.11.18)

四五運動

　　https://baike.baidu.com/item/%E5%9B%9B%E4%BA%94%E8%BF

%90%E5%8A%A8/546239?fromtitle=%E5%A4%A9%E5%AE%89%
E9%97%A8%E4%BA%8B%E4%BB%B6&fromid=11200435&fr=ala
ddin (검색일: 2019.11.5)

四人幫

http://www.china.com.cn/guoqing/zhuanti/2016-02/16/content_37
799651.htm (검색일: 2019.10.15)

三農問題

https://baike.baidu.com/item/%E4%B8%89%E5%86%9C%E9%97
%AE%E9%A2%98/361805?fr=aladdin (검색일: 2019.11.17)

三十八、林彪事件 (9)

http://cpc.people.com.cn/GB/69112/70190/70192/4767252.html
(검색일: 2019.10.25)

常修澤: "姓資姓社"的問題沒有根本解決

http://people.chinareform.org.cn/c/cxz/ft/201410/t20141001_20802
9_1.htm (검색일: 2019.11.18)

西部大開發 (中國中央政府政策)

https://baike.baidu.com/item/%E8%A5%BF%E9%83%A8%E5%A4
%A7%E5%BC%80%E5%8F%91/376?fr=aladdin
(검색일: 2019.12.10)

西部大開發20年, 西部十二省市排名格局悄悄發生變化

http://www.thepaper.cn/newsDetail_forward_3190565
(검색일: 2019.12.10)

西部大開發戰略

https://baike.baidu.com/item/%E8%A5%BF%E9%83%A8%E5%A4
%A7%E5%BC%80%E5%8F%91%E6%88%98%E7%95%A5/509694

1?fr=aladdin (검색일: 2019.12.10)

城市戶口管理暫行條例 http://www.lscps.gov.cn/html/20940

　　(검색일: 2019.10.10)

少數民族自治區

　　https://baike.baidu.com/item/%E5%B0%91%E6%95%B0%E6%B0%

　　91%E6%97%8F%E8%87%AA%E6%B2%BB%E5%8C%BA/8094922

　　(검색일: 2019.10.15)

十大元帥 http://www.xilu.com/zhuanti_176167.html (검색일: 2019.10.10)

我國加入WTO機遇與挑戰並存

　　https://www.ixueshu.com/document/df79d37cc467dbb9d6659b316

　　1f094b9318947a18e7f9386.html (검색일: 2019.11.10)

我在中國見證兩場抗"疫"戰爭

　　https://baijiahao.baidu.com/s?id=1657502383603176827&wfr=spid

　　er&for=pc (검색일: 2020.3.30)

姚文元: "四人幫"中唯一活著走出秦城監獄的人

　　http://gd.people.com.cn/n/2015/0126/c123932-23684171.html

　　(검색일: 2019.10.15)

專家: 所謂"因言獲罪"是對劉曉波案判決的誤讀

　　http://www.chinanews.com/gn/2010/10-25/2610337.shtml

　　(검색일: 2019.11.17)

專家: 中美G2概念謬誤無可能

　　http://www.xinhuanet.com/world/2013-06/06/c_124818421.htm

　　(검색일: 2019.11.20)

全球國家及城市可靠翔實的人口數據和信息 http://www.cpirc.org.cn/

　　(검색일: 2019.10.1)

切莫曲解"不問姓社姓資"之說 https://www.sohu.com/a/257713934_331128

(검색일: 2019.11.18)

第一個五年計劃

https://baike.baidu.com/item/%E7%AC%AC%E4%B8%80%E4%B8
%AA%E4%BA%94%E5%B9%B4%E8%AE%A1%E5%88%92/23662
18 (검색일: 2019.10.1)

第一節 傳達≪5.16 通知≫, 發動"文化大革命"

http://www.lnu.edu.cn/info/12814/41043.htm

(검색일: 2019.10.25)

從民法總則到民法典草案: 中國民法制度將迎新時代

https://tech.sina.com.cn/roll/2020-05-12/doc-iircuyvi2685584.shtml

(검색일: 2019.11.20)

朱德

http://cpc.people.com.cn/daohang/n/2013/0225/c357210-20593263.
html (검색일: 2019.11.20)

朱德 http://culture.people.com.cn/BIG5/22226/69896/69901/index.html

(검색일: 2019.11.20)

朱德

https://baike.baidu.com/item/%E6%9C%B1%E5%BE%B7/115094?f
r=aladdin (검색일: 2019.11.20)

周恩來 (偉大的無產階級革命家)

https://baike.baidu.com/item/%E5%91%A8%E6%81%A9%E6%9D
%A5/114814?fr=aladdin (검색일: 2019.11.20)

周恩來 http://culture.people.com.cn/BIG5/22226/69896/69899/index.html

(검색일: 2019.11.20)

中國"四農"問題數據解析

　　https://www.gwy101.com/Article_Show.asp?ArticleID=116417

　　(검색일: 2019.11.17)

中國計劃生育

　　https://baike.baidu.com/item/%E4%B8%AD%E5%9B%BD%E8%A

　　E%A1%E5%88%92%E7%94%9F%E8%82%B2/6182682

　　(검색일: 2020.4.5)

中國國家簡介 http://www.rerota.com/cn.asp (검색일: 2019.10.1)

中國國民經濟和社會發展第十三個五年規劃綱要(全文)

　　http://www.china.com.cn/lianghui/news/2016-03/17/content_3805

　　3101.htm (검색일: 2019.10.1)

中國人民政治協商會議

　　http://www.cppcc.gov.cn/2011/09/27/ARTI1317102198751744.shtml

　　(검색일: 2019.10.20)

中國人民政治協商會議共同綱領

　　https://baike.baidu.com/item/%E4%B8%AD%E5%9B%BD%E4%B

　　A%BA%E6%B0%91%E6%94%BF%E6%B2%BB%E5%8D%8F%E5%

　　95%86%E4%BC%9A%E8%AE%AE%E5%85%B1%E5%90%8C%E7

　　%BA%B2%E9%A2%86/7789983?fr=aladdin (검색일: 2019.10.20)

中國人民從此站起來了

　　https://baijiahao.baidu.com/s?id=1645734495555193516&wfr=spid

　　er&for=pc (검색일: 2019.10.20)

中國推進西部大開發不會動搖 富裕西部四億人民

　　http://finance.sina.com.cn/g/20040402/0733698723.shtml

　　(검색일: 2019.12.10)

中國卓越的領導者-鄧小平

　　http://www.china.com.cn/aboutchina/zhuanti/zgzyldz/node_703212

　　2.htm (검색일: 2019.11.20)

中國卓越的領導者-毛澤東

　　http://www.china.com.cn/aboutchina/zhuanti/zgzyldz/node_703212

　　0.htm (검색일: 2019.11.20)

中國卓越的領導者-周恩來

　　http://www.china.com.cn/aboutchina/zhuanti/zgzyldz/node_703212

　　1.htm (검색일: 2019.11.20)

中國解放是哪一年 新中國最後一個解放的是哪個省

　　https://wannianli.tianqi.com/news/219093.html

　　(검색일: 2019.10.1)

中央人民政府委員會

　　https://baike.baidu.com/item/%E4%B8%AD%E5%A4%AE%E4%B

　　A%BA%E6%B0%91%E6%94%BF%E5%BA%9C%E5%A7%94%E5

　　%91%98%E4%BC%9A/9641216?fr=aladdin (검색일: 2019.10.1)

中央人民政府人民革命軍事委員會

　　https://baike.baidu.com/item/%E4%B8%AD%E5%A4%AE%E4%B

　　A%BA%E6%B0%91%E6%94%BF%E5%BA%9C%E4%BA%BA%E6

　　%B0%91%E9%9D%A9%E5%91%BD%E5%86%9B%E4%BA%8B%E

　　5%A7%94%E5%91%98%E4%BC%9A/9434432?fr=aladdin

　　(검색일: 2019.10.1)

中央人民政府政務院

　　https://baike.baidu.com/item/%E4%B8%AD%E5%A4%AE%E4%B

　　A%BA%E6%B0%91%E6%94%BF%E5%BA%9C%E6%94%BF%E5%

8A%A1%E9%99%A2/14704524?fromtitle=%E6%94%BF%E5%8A%
A1%E9%99%A2&fromid=8305847&fr=aladdin

(검색일: 2019.10.1)

中央革命軍事委員會

https://baike.baidu.com/item/%E4%B8%AD%E5%A4%AE%E9%9
D%A9%E5%91%BD%E5%86%9B%E4%BA%8B%E5%A7%94%E5
%91%98%E4%BC%9A/4466114?fr=aladdin (검색일: 2019.10.1)

中華人民共和國

https://baike.baidu.com/item/%E4%B8%AD%E5%8D%8E%E4%BA
%BA%E6%B0%91%E5%85%B1%E5%92%8C%E5%9B%BD/106554
?fr=kg_qa#reference-[71]-15808684-wrap (검색일: 2019.10.1)

中華人民共和國2018年國民經濟和社會發展統計公報

https://baike.baidu.com/reference/106554/71b4yNiF9mm_FoPhPC
GSxqYPeGgj7yZZzfvOkRMldj9yjirIz92SO0BwsRbgnYt_sSI-Ugb8J2
yTI61OticcTDcMZuaO7tgrDnOlkVWA97FoTfc

(검색일: 2019.10.1)

中華人民共和國物權法

https://baike.baidu.com/item/%E4%B8%AD%E5%8D%8E%E4%BA
%BA%E6%B0%91%E5%85%B1%E5%92%8C%E5%9B%BD%E7%8
9%A9%E6%9D%83%E6%B3%95/8577015?fromtitle=%E7%89%A9
%E6%9D%83%E6%B3%95&fromid=312528&fr=aladdin

(검색일: 2019.11.18)

中華人民共和國物權法 https://www.66law.cn/tiaoli/33.aspx

(검색일: 2019.11.18)

中華人民共和國民法通則

http://www.audit.gov.cn/n7/n34/n58/c109674/content.html

(검색일: 2019.11.20)

中華人民共和國民法通則

http://www.npc.gov.cn/wxzl/wxzl/2000-12/06/content_4470.htm

(검색일: 2019.11.20)

中華人民共和國民法通則

http://www.npc.gov.cn/zgrdw/npc/lfzt/rlys/2014-10/24/content_1
882690.htm (검색일: 2019.11.20)

中華人民共和國民法通則——附加英文版

http://www.law-lib.com/law/law_view.asp?id=3633

(검색일: 2019.11.20)

中華人民共和國民族區域自治法

https://baike.baidu.com/item/%E4%B8%AD%E5%8D%8E%E4%BA
%BA%E6%B0%91%E5%85%B1%E5%92%8C%E5%9B%BD%E6%B
0%91%E6%97%8F%E5%8C%BA%E5%9F%9F%E8%87%AA%E6%
B2%BB%E6%B3%95/524476?fr=aladdin (검색일: 2019.10.15)

中華人民共和國民族區域自治實施綱要

https://baike.baidu.com/item/%E4%B8%AD%E5%8D%8E%E4%BA
%BA%E6%B0%91%E5%85%B1%E5%92%8C%E5%9B%BD%E6%B
0%91%E6%97%8F%E5%8C%BA%E5%9F%9F%E8%87%AA%E6%
B2%BB%E5%AE%9E%E6%96%BD%E7%BA%B2%E8%A6%81/184
2786?fr=aladdin (검색일: 2019.10.15)

中華人民共和國元帥

https://baike.baidu.com/item/%E4%B8%AD%E5%8D%8E%E4%BA
%BA%E6%B0%91%E5%85%B1%E5%92%8C%E5%9B%BD%E5%8

5%83%E5%B8%85/9220374?fr=aladdin (검색일: 2019.10.10)

中華人民共和國政府關於領海的聲明

　　http://www.law-lib.com/law/law_view.asp?id=94737

　　(검색일: 2019.10.10)

中華人民共和國政府關於領海的聲明

　　http://www.npc.gov.cn/wxzl/gongbao/1958-09/04/content_148085

　　1.htm (검색일: 2019.10.10)

中華人民共和國政府關於在南海的領土主權和海洋權益的聲明

　　http://www.gov.cn/xinwen/2016-07/12/content_5090631.htm

　　(검색일: 2019.10.10)

中華人民共和國中央人民政府公告

　　https://baike.baidu.com/item/%E4%B8%AD%E5%8D%8E%E4%BA

　　%BA%E6%B0%91%E5%85%B1%E5%92%8C%E5%9B%BD%E4%B

　　8%AD%E5%A4%AE%E4%BA%BA%E6%B0%91%E6%94%BF%E5

　　%BA%9C%E5%85%AC%E5%91%8A/9780826?fr=aladdin

　　(검색일: 2019.10.1)

中華人民共和國行政區劃(1949年)

　　http://www.gov.cn/test/2007-03/23/content_558707.htm

　　(검색일: 2019.10.1)

中華人民共和國行政區劃(1950年)

　　http://www.gov.cn/test/2007-03/23/content_558725.htm

　　(검색일: 2019.10.1)

中華人民共和國行政區劃

　　https://www.easyatm.com.tw/wiki/%E4%B8%AD%E5%9C%8B%E

　　8%A1%8C%E6%94%BF%E5%8D%80%E5%8A%83

(검색일: 2019.10.1)

中華人民共和國行政區劃(1949年)

　　http://guoqing.china.com.cn/2015-10/15/content_36817236.htm

　　(검색일: 2019.10.1)

中華人民共和國行政區劃(1950年)

　　http://guoqing.china.com.cn/2015-10/15/content_36817266.htm

　　(검색일: 2019.10.1)

中華人民共和國行政區劃沿革

　　http://guoqing.china.com.cn/node_7229971.htm

　　(검색일: 2019.10.1)

中華人民共和國行政區劃的區劃沿革

　　https://zhidao.baidu.com/question/202608522157287125.html

　　(검색일: 2019.10.1)

中華人民共和國戶口登記條例(1958年)

　　http://www.iolaw.org.cn/showNews.aspx?id=24128

　　(검색일: 2019.10.10)

天安門事件

　　http://www.china.com.cn/cpc/2011-04/13/content_22348234.htm

　　(검색일: 2019.11.5)

天安門事件被定為"反革命事件"(1)

　　http://book.people.com.cn/BIG5/69399/107423/145702/8779748.html

　　(검색일: 2019.11.5)

天安門事件被定為"反革命事件"(2)

　　http://book.people.com.cn/BIG5/69399/107423/145702/8779757.html

　　(검색일: 2019.11.5)

七千人大會 http://cpc.people.com.cn/GB/33837/2534794.html

    (검색일: 2019.10.15)

七千人大會

    https://baike.baidu.com/item/%E4%B8%83%E5%8D%83%E4%BA

    %BA%E5%A4%A7%E4%BC%9A/2010919?fr=aladdin

    (검색일: 2019.10.15)

七千人大會毛澤東再次自批 曾自陳兩大"罪狀"

    https://news.china.com/history/all/11025807/20160111/21113998_

    all.html (검색일: 2019.10.15)

七千人大會上, 這位副主席爲何不講話? "我不能給毛主席難堪

    https://baijiahao.baidu.com/s?id=1591471073346033674&wfr=spid

    er&for=pc (검색일: 2019.10.15)

沈寶祥: 破解"姓資姓社"的責難和困惑任務還很重

    http://theory.people.com.cn/n/2014/0603/c40531-25096070.html

    (검색일: 2019.11.18)

漢語拼音方案

    https://baike.baidu.com/item/%E6%B1%89%E8%AF%AD%E6%8B

    %BC%E9%9F%B3%E6%96%B9%E6%A1%88/1884432?fr=aladdin

    (검색일: 2019.10.1)

解決三農問題根本在於什麽(習近平講解"三農"的三條底線)

    http://ssffx.com/wangzhanjianshe/40346.html

    (검색일: 2019.11.17)

戶籍制度

    https://baike.baidu.com/item/%E6%88%B7%E7%B1%8D%E5%88

    %B6%E5%BA%A6/2506965?fr=aladdin (검색일: 2019.11.5)

戶籍制度改革

　　https://baike.baidu.com/item/%E6%88%B7%E7%B1%8D%E5%88

　　%B6%E5%BA%A6%E6%94%B9%E9%9D%A9/7009786?fr=aladdin

　　(검색일: 2019.11.5)

環球時報: 劉曉波等搞"零八憲章"是違憲行爲

　　http://sc.people.com.cn/n/2014/1205/c345460-23119917.html

　　(검색일: 2019.11.17)

중국에 시민사회는 존재하는가?

김태욱

1970년대 중반 이후 민주화의 물결은 권위주의 국가 권력의 해체로 이어졌고, 1980년대 구소련과 동구권의 붕괴는 국가권력의 약화와 시민사회의 확대라는 세계사적 흐름을 초래했다. 1990년대 이후 싹트기 시작한 중국 시민사회(市民社會)의 특징은 경제적으로는 시장의 무질서를 견제하고 균형을 유지하는 역할을 해 왔지만, 정치적으로는 국가와의 관계에서 시민사회 본연의 책무를 다 하지 못했다. 일반적으로 시민사회는 국가(State)와 시장(Market) 사이에서 정부실패나 시장 실패를 보완하는 역할을 해 왔고 견제와 균형이라는 기능을 수행해 왔다. 공산당 일당 독재체제인 중국에서, '중국에 시민사회가 존재하는가?'라는 논쟁이 여전히 존재하는 이유다.

1. 중국에 시민사회란 존재하는가?

자유라고 우리가 부르는 것을 갖기 위해서는 그것들이 보장되어야 한다. 그러나 중국에서는 이러한 특별한 이익들은 그들 자체로서 존중을 받지 못하며 통치는 황제로부터만 개시될 뿐인데 그가 서열체계로서의 정부를 움직이게 하는 것이다.

—헤겔의 역사철학[1] 중에서

중국에 시민사회는 존재하는 것일까? 존재한다면 그 기원을 언제부터 봐야 할 것인가? 일부 주장에 따르면 청말 '상회(商會)'를 중국 시민사회의 기원으로 보는 견해가 있다. 강한 지역적 정체성, 자주적 지역 엘리트, 국가에서 상대적으로 자율적인 상회의 역할증대 등은 청조를 무너뜨리고 공화국을 설립하는 데 기여하게 된다. 중화민국 시기로 들어가면 이러한 경향성이 확대되면서 각종 무역조합, 직능단체, 정당, 신문 잡지 등의 창간, 신문화운동, 신문학단체 등이 두드러지게 출현한다. 그러나 중일전쟁, 국공 내전이 발발하면서 형성 단계에 머물다 1949년 중화인민공화국 성립 이후 자취를 감춘다.

---

1) 자유민주주의는 개인의 자유를 침해하는 국가 권력의 횡포에 대한 거부에서 비롯한 사상으로 개인의 자유로운 선택과 사익의 동기에서 행동하는 가치관을 우선시한다. 시민사회 사상도 이런 개인의 자유에 대한 국가의 횡포를 차단하기 위한 대안으로 발전되었다는 점에서 자유민주주의에 그 역사적 뿌리를 두고 있다. 시민사회 사상이 자유주의와 다른 점은 개인의 자유와 사회정의 실현이라는 민주주의의 목표를 실현하는 가장 이상적인 방법이 국가나 시장으로부터 자율적인 비정부·비영리조직들, 즉 노조, 정당, 종교단체, NGO 등이 국가의 역할을 대신한다는 데 있다.

중국 최초의 근대적 상회(商會)는 1902년 상하이에 설립된 상하이 상회로 알려져 있다. 동향출신의 상인들에 의해 결성된 동향상회는 1905년에 처음 생겨났는데, 온주(溫州) 상인들이 결성한 온주상회가 분소를 개설한 것이 그것이다. 이들은 "상업을 보호하고 상업 정보를 공개한다(保衛商業, 開通商情)"는 원칙 하에 운용경비에 필요한 회비를 상업 규모에 따라 자진 납부하도록 규정했으며 현지 지역사회에서의 자선사업을 위해 자발적으로 기부금을 내도록 권고하였다.

중국 시민사회에 대한 논의는 개혁개방 이후 경제가 발전하고 사회가 다원화되면서, 1980년대 후반부터 1990년대 초반에 이르는 시기에 발생했다. 당시의 논의는 중국 시민사회의 형성, 그리고 그 영향이라 할 수 있는 국가-사회 관계의 변화 가능성이 주된 논의의 대상이었다. 이 시기 중국에서는 1989년의 천안문 사건[2]과 1990년대 구소련 및 동구권의 변화를 배경으로 왕샤오광(王紹光), 덩정라이(鄧正來), 징웨진(景躍進), 쑨리핑(孫立平), 장칭(蔣慶), 장징(張靜) 등의 학자들을 중심으로 중국에 시민사회가 존재하는가, 서구의 시민사회 개념을 중국에 적용할 수 있는가 등의 논의가 전개되었다. 시민사회를 국가와 사회의 개인들 사이에 존재하는 자율적인 결사체들로 구성된 사회적 영역으로 볼 때 미약하나마 중국에서 시민사회는 분명히 존재한다.[3]

---

[2] 1989년 천안문(天安門) 사건은 중국 인민의 집단적 저항활동을 통해 중국 시민사회의 존재에 대한 관심을 불러일으키는 계기를 마련했다. 1989년 중국 공산당 정부는 민주화운동을 약화시켜 개혁진영을 위축시켰지만, 침묵하는 다수의 국민은 국가의 가치와 관념과는 다른 가치를 배태하게 된다. 천안문 사건 이후 공산당의 반체제 인사들에 대한 탄압으로 정치적 저항운동으로 발전하였고, 폭발적으로 증가하는 빈곤과 소외 계층에 대한 공산당의 방관은 노동자와 소작농의 정치적 각성을 초래하게 했다. 관료의 부패에 대한 공산당의 방치는 반부패운동을, 신앙의 자유에 대한 탄압은 종교운동을 불러일으켰다. 집회에 자유를 공산당이 탄압함으로써 체제 밖에서 활동하는 비밀 비정부기구가 출현했다.

현재 중국에서 시민사회의 영역인 NGO를 포함하여 많은 단체들이 정부에 의해 설립되거나 상당한 정부 지원을 받고 있다. 민정부(民政府)에 등록되어 있고 일반적으로 NGO로 인정받는 817,000개 이상의 협회 중 상당수는 사실 GONGO(정부가 조직한 비정부기구: A government-organized non-governmental organization)다.[4] 중국 시민사회의 회의론자들은 또한 중국의 비정부기구들에 대한 규제, 정치, 경제적 환경을 제한적으로 지적하고 있다. 정부의 규제 시스템은 NGO 등록, 조직 및 기금에 많은 제약을 가하고 있다. NGO는 1990년 초 베이징 부녀자심리상담센터(北京紅楓婦女心理咨詢服務中心, Red Maple Women's Psychological Counseling Center) 및 환경단체인 自然之友(Friends of Nature)와 같은 단체와 함께 중국에서 출현하기 시작해 2000년대에 들어오면서 급격하게 증가하고 있다.

1) 시민사회란?

시민사회(Civil Society)에 대한 서구의 개념은 자본주의 경제의 부상과 근대의 관료주의 국가의 등장을 바탕으로 한 정치 발전의 산물이다. 시민사회를 정의하는 것은 복잡하고, 접근하기가 쉽지 않은 주제다. 이론적이고 추상적인 주제라 정의하기에 어려움이 따르지만, 간단히 요약하자면, 시민사회는 국가와 개인을 매개하는 자율적 중간집단의 영역[5]으로 정의할 수 있다. 시민사회란 국민이 자율성을 향유

---

3) 중국에서 시민사회란 말이 공식적인 용어로 인정된 것도 1998년 6월 중앙정부 민정부(民政部)의 사회단체 관리부서인 '사회단체관리사(社團管理司)'가 '민간조직관리국(民間組織管理局)'으로 개편된 때부터다.

4) 중국의 시민사회단체(Civil Society Organizations)는 인민단체, 정부가 조직한 비정부기구(GONGOs), 사구(四區, Shequ), 촌민위원회, 거민위원회, 풀뿌리 NGO 등으로 분류한다.

하는 사회를 가리킨다. 고대 유럽에서 비롯된 'civil society'는 라틴어 'socitas civilis'에서 어원을 찾는다. civitas가 단순히 국민을 가리키는 이상으로 자율성을 향유하는 국민을 가리킬 때 시민으로 정의된다. 그러한 시민이 이루는 사회인 시민사회란 격조 높은 사회로 확대 해석이 가능하다.

중국에서 'civil society'로 번역되는 시민사회(市民社會), 공민사회(公民社會), 민간사회(民間社會)는 그 의미가 조금씩 차이가 있다. 시민사회는 전통적으로 마르크스의 부르주아 계급사회라는 의미로 사용되었지만 서구에서 사용하는 시민사회 개념이 들어오면서 서구적 개념으로 대치되고 있는 실정이다. 공민사회는 개혁개방 이후에 도입된 개념으로 공민의 정치참여와 국가권력에 대한 제약과 같은 정치적인 의의를 강조한다. 민간사회는 타이완에서 근대 중국 민간단체를 연구하면서 도입된 개념이다.

시민사회의 구성 요소는 시민권익단체, 각종 산업협회, 민간공익단체, 사구단체, 이익단체, 동업단체, 품앗이단체, 관심단체와 공민을 포함한 비정부, 비기업 시민단체로 구성된다.

시민사회의 이해와 아울러 시민사회단체의 개념도 명확하지 않다. 비정부조직, 비영리단체, 비정부기구, 민간조직, 시민단체, 중개조직, 대중조직, 인민단체, 사회단체, 제3섹터, 봉사조직 등 시민단체는 재정적으로 독립적이고 자발적 결사체라는 특성을 지닌다. 중국에서 시민사회 논쟁이 발생한 원인도 서구에서 도입된 시민사회 개념에서 원인을 찾을 수 있다.

---

5) 이익집단, 비정부조직, 운동으로 구성된다. 현재 중국에서 가장 활발한 시민사회의 영역 중 하나가 환경 분야인데, 이와 같이 상대적으로 비정치적인 분야에서의 NGO 활동은 매우 활발하게 추진되고 있다.

2) 시민사회 가치의 대두

시장경제가 발전하고 국가체제의 개혁 및 전체 사회구조가 변화함에 따라 시장경제에 기초하고 국가로부터 독립된 시민사회가 형성되기 시작했다. 특히 지난 10여 년간 개혁·개방의 지속적인 심화와 시장경제 체제가 빠른 속도로 완비되면서, 공민의 자율적인 사회·경제적 참여의 적극성이 지속적으로 제고되고, 도시와 농촌에서 대량의 사회조직들이 등장하여 경제·사회활동 과정에서 중요한 역할을 하면서 시민사회의 급속한 발전을 견인해 왔다. 이처럼 시민사회가 일정한 발전을 이룩하면서, 시민을 주체로 한 사회조직이 왕성하게 발전하고, 시민의 사회적 가치, 사회적 권리의식이 적극적으로 생성되고 활발한 역할을 하게 되었다.[6] 1988년 중국의 민간조직은 4,446개에 불과했지만, 30년이 지난 2018년 말 현재 중국 민정부에 등록된 사회단체, 기금회, 그리고 민간비기업은 약 81만 7천 개로 180배 급성장했다.[7]

중국 사회조직 현황

(단위: 개)

	1988	1999	2003	2015	2016	2017	2018
사회단체	0.5만	13.7만	14.2만	32.9만	33.6만	35.5만	36.6만
기금회			594	4784	5559	6307	7034
민간비기업		0.6만	12.4만	32.9만	36.1만	40만	44.4만

출처: 中華人民共和國民政部(http://www.mca.gov.cn/)

---

6) 1980년대 개혁개방정책에 따라 경제·사회체제에 대한 국가의 직접적인 관리범위를 축소하는 과정에서 사회단체(社會團體), 사회중개조직(社會仲介組織), 커뮤니티(社區組織), 민영비영리기관(民辦非企業單位) 등 개인과 조직의 독립적인 가치 또는 이익을 추구하는 다양한 형태의 민간조직들이 출현하게 되었다.
7) 중국의 현행 법률체계에서는 이들을 사회단체(社會團體), 민영비기업단위(民辦非企業單位), 기금회(基金會)로 구분해 왔다.

2008년 쓰촨 대지진 이후 멜라민 우유 사건과 환경(공해) 문제 등이 사회적으로 이슈화되면서 SNS를 통해 개인이 각자의 생각을 표출하는 계기가 되었다. 컴퓨터와 인터넷, 스마트폰 등 사회적 인프라의 발달로 개인의 공간이 확대되고, 개인은 사이버공간을 통하여 개인의 생각을 표출함으로서 정치·경제·사회 분야에서 개인의 목소리를 분출하고 있다. '정치가 주도하는 시대'에서 '경제가 주도하는 시대'를 거쳐 '시민이 정치나 경제에 영향을 미치는 시대'로 진입했다. 중국인터넷정보센터(CNNIC) 보고에 의하면, 2020년 3월 현재 중국의 인터넷 사용 인구는 9억 400만 명으로 전체 보급률은 64.5%에 달한다. 특히 이 가운데 스마트폰 등 모바일 기기로 인터넷을 이용하는 인구는 8억 9700만 명으로 전체 인터넷 사용 인구의 99.3%에 이른다.

중국 사회조직

사회조직이란, "법에 따라 설립되고, 국가의 정부체계와 상대적으로 독립적이며, 사회구성원들의 자발적인 참여·조직·관리를 기초로 하며, 사회공익 활동을 취지로 하는 비영리적·비정치적·비종교적인 조직"이라고 정의한다. 중국정부가 공식 사용하는 사회조직은 다음과 같다.

1) 민정부서에 등록되고, 회원들의 공동목표를 실현하기 위하여 헌장에 따라 자발적으로 활동하는 비영리 사회단체, 2) 민정부서에 등록되고, 각종 비국유자산을 이용하여 비영리성 사회서비스 활동에 참여하는 민영비기업조직, 3) 민정부서에 등록되어 각종 기부재산으로 공익사업에 종사하는 기금회, 4) 공상부서에 등록된 비영리조직으로서 각종 사회서비스기구, 자금지원기구, 비영리 사회중개조직, 5) 도시 커뮤니티 조직으로 지역주민들의 각종 비영리성, 공익성 혹은 협력적 자치조직, 6) 농촌민간조직으로 각종 형식의 농민전업경제협회, 농촌공익조직, 농촌마을발전조직, 농촌보호조직 등, 7) 중국에서 활동하는 해외 NGO로서 주로 빈곤퇴치,

공공위생, 환경보호 등의 공익 활동에 참여하는 조직과 경제영역에서 활약하는 각종 상업협회, 8) 등록이 불필요한 사회단체로 구분된다. 이들 조직들은 준정부조직의 특성을 갖지만, 개혁 과정을 통하여 중국 공익자원의 배분에서 점차 그 역할을 확대하고 있다.

2. 국가와 사회 관계

중국의 국가와 사회 관계는 강한 국가-약한 사회로 규정할 수 있다. 중국은 역사적으로 국가와 사회가 이분화되어 존재하지 않았다. 국가체제상 국가와 사회를 구분하는 기준이 없었으며 사회라는 개념은 국가관념 속에 내재되어 있었다. 중국은 과거 국가와 사회의 분리를 거의 경험하지 못했으며, 개인의 독립과 자율성이 결핍된 사회였다.

개혁·개방 이후 중국사회는 다양한 이익이 충돌하고 이해의 조정이 매우 어려워지고 있다. 빈부격차 심화, 부패, 토지 강제 수용, 환경·노동·식품안전 문제 등 다양한 문제가 대두 되면서, 집단(군체성) 시위도 계속 증가하고 있어, 사회의 안정이 정부의 최우선 과제로 등장하였다.

국가와 시장 밖에 존재하는 시민사회는 다양한 주체, 결사체, 문화, 가치를 포괄하고 있다. 따라서 시민사회의 역할이 국가와 시장 권력에 저항하여 이를 일정하게 견제하는 것에 머문다면 시민사회는 자유이외에 어떠한 것도 획득할 수 없다. 시민사회의 각종 비영리 결사체는 국가 권력에 대한 방어와 자본주의의 순화뿐만 아니라, 인간생활에 필요한 각종 공공서비스를 생산하는 역할도 담당한다. 시민사회는 시장실패(market failure)와 정부실패(government failure)를 보완하기 위해 국가와 협력하거나 독자적으로 공공서비스를 생산한다. 인권·평화·환경·빈곤·교육·의료·여성·소비 등의 분야뿐만 아니라 범죄·마약·미혼모·문화재보호·국제협력 등과 같은 사회 문제는 시민사회의 참여 없이 해결이 불가능하다. 시민사회는 향후 중국의 국가-사회 관계를 재정립하고 확장하는 데 기여하게 될 것이다.

다음의 사례는 최근에 중국사회에서 이슈화된 사건들로서, 국가와 사회의 관계 변화를 읽어낼 수 있는 좋은 사례라고 사료된다. 본 사례를 통해 향후 중국 시민사회의 발전 방향을 예측할 수 있을 것으로 예상한다.

사례 1: 우칸(烏坎)촌 사건

광둥성 루펑(陸豊)시 우칸촌 주민 2만여 명은 2011년 9월부터 지방정부의 토지 강제 수용과 공무원들의 보상금 착복 등에 항의하며 시위를 벌였다. 12월에는 마을주민 대표가 의문의 죽음을 당하면서 갈등이 최고조에 달했다. 시위가 계속되자 공안 당국은 강경진압이 불가피하다는 입장을 고수했다. 그러나 왕 서기는 끝까지 대화와 설득으로 풀어야 한다는 원칙을 포기하지 않았다. 결국 체포했던 시위 참가자들을 풀어주고 자유선거를 실시하겠다고 약속하면서 시위가 중단되었다. 광둥성 동부 루펑시 우칸촌 주민 지도자 린쭈롄(林祖戀)이 2012년 1월 15일 이 촌의 공산당 당서기에 임명되었고 우칸촌은 린 서기를 중심으로 당지도부가 새로 만들어져, 3월 우칸촌에서 열린 촌민위원회 선거에서는 린쭈롄이 촌 공산당

서기에 이어 다시 주임에 선출되었다. 부주임에는 양써마오(楊色茂)가 뽑혔다. 우칸촌은 직접선거로 촌 지도자를 선출함으로써 중국 민주주의의 새로운 모델로 인식되었다. 그러나 2014년 10월에 2011년 당시에 시위를 주도하고서 촌민위원회 부주임으로 선출됐던 홍루이차오(洪銳潮)와 양써마오에게 뇌물수수죄를 적용해 각각 징역 4년형과 2년형을 선고했고, 토지 문제도 5년이 지나도록 해결되지 않아 성, 시, 현 등 상급 기관은 모두 더 이상 우칸촌에 관심을 주지 않았다. 린쭈롄은 2016년 6월 우칸촌 내 부당한 토지 수용 문제를 외부에 호소하고 집단진정을 결정하기 위한 집회를 열려고 하던 중 공안에 의해 강제로 체포되었다. 린쭈롄은 6월 15일 웨이보에 "19일 주민총회를 열어 '상팡(上訪)' 여부를 결정할 것"이라면서 "우리는 더 큰 희생을 치를 각오가 돼 있다"고 밝혔다 린쭈롄의 웨이보는 순식간에 전 세계로 퍼졌고, 이것이 발단이 되어 17일 밤 공안이 부패 혐의로 그를 체포한다. 그는 우칸촌의 건설 사업과 관련된 뇌물로 44만 3천 위안을 수뢰한 혐의로 기소되어 2016년 9월 초 뇌물 수수 혐의로 37개월 징역과 20만 위안 벌금형을 선고받았다. 우칸촌 주민들은 린쭈롄이 연행된 이후 80여 일간 린쭈롄의 석방과 마을 토지 반환을 요구하는 거리행진을 벌였으며, 이 과정에서 70여 명이 체포됐다. 린쭈롄은 1심 판결에 불복해 항소했으며 항소심 심리에서 우칸촌 내 건설 사업 등과 관련해 뇌물을 받았다고 인정한 기존 자백을 철회했다. 그러나 중급인민법원은 2016년 10월 20일 린쭈롄에게 징역 37개월형과 20만 위안 벌금형을 선고한 1심 판결을 확정한다(중국은 2심제를 채택하고 있다). 이로써 중국 광둥의 작은 어촌마을 우칸(烏坎)촌의 풀뿌리 민주주의 실험이 사실상 막을 내리게 되었다.

사례 2: 신시민운동(新公民運動)

'시민사회'의 사용은 규제되
고 있지만, 민간에서는 다양한
시도가 이루어지고 있다. 그 중
에서 주목 받고 있는 것이 쉬즈
융(許志永)이 주도하고 있는 '신
시민운동'이다. 쉬즈융의 이름이 알려지게 된 것은 2003년 쑨즈강(孫
志剛) 사건으로 거슬러 올라간다. 광저우시에서 직장을 다니던 후베이
성 출신의 쑨즈강이 신분증이 없다는 이유로 연행되어 수용소에서
폭행을 당해 사망하는 사건이 발생했다. 이 기사가 《베이징청년보》
에 게재된 후에 전국 각 매체의 추적 보도가 이어지고 기사화되었다.
해외 언론과 인터넷 언론 매체에서도 이 사건을 보도하였으며 인터넷
토론방에서는 곧바로 네티즌들의 글이 폭주하였다. 이렇게 하여 쑨즈
강 사망의 진상을 구명하라는 여론이 형성된다. 이 사건으로 결국
중앙정부는 민중에 굴복하여 '수용송환법' 폐기하게 된다.

쉬즈융(許志永)은 이 사건이 발생하자 법학자, 인권변호사들과 '양
광(陽光)헌정'이라는 인권단체를 만들어 활동했다. 그 후, 쉬즈융은 민
간조직 '公盟'[8]을 설립하고 사회적 약자의 권리 옹호를 법률면에서
지원하는 활동을 전개했다. 쉬즈융은 베이징 우전대학(北京邮电大學)
교수를 역임하고 있었지만, 2009년에는 '公盟'이 당국으로부터 탄압
을 받게 되고, 대학에서의 자격 정지 처분은 물론 탈세 혐의로 연행되

---

8) 동맹은 '北京公盟咨询有责任公司'의 약칭으로 2003년 10월 28일 베이징대학교 쉬즈융(許
志永), 텅비아오(滕彪), 위장(俞江) 박사 및 공익 변호사 장싱수에이(张星水)가 베이징에서
창립하였다. 중화인민공화국 민정부에 민간조직으로 등록이 불가했기 때문에 공상국에
회사로 등기하게 된다. 공맹은 공공이익을 위하여 민주법치제도를 목표로 하며 민주, 법치,
사회정의 건설을 추구하고 있다.

는 사건으로 발전했다.

보석으로 풀려난 후 쉬즈융이 중심이 되어 전개된 것이 '신시민운동'이다. 신시민운동은 문화운동으로 '자유, 공의, 사랑'을 신시민 정신으로 표명하고 민주 법치 헌정을 중시하는 '시민사회'의 실현을 목표로 하는 사회운동이다. 예를 들어, 교육 받을 권리의 평등, 호적제도에 의한 차별 철폐, 정부 고위 관료의 재산 공개를 요구하는 운동을 펼치고 있다.9)

'신시민운동'에 대해서는 중국에서도 다양한 평가가 존재한다. 비폭력주의 사회운동을 통해 '시민사회'를 실현하자는 그들의 주장은 중국의 현실에서 보면 비현실적이라는 비판도 있다. 그러나 헌법에 보장된 공민의 권리를 행사하고자 하는 단체에 대해 계속적인 탄압은 당과 정부로서도 부담으로 작용하고 있다.

사례 3: 권익운동(權益運動)

권익운동은 2000년 이후 변호사와 학자로 조직되었으며 인권과 시민의 자유권 등 각종 권리를 보호하기 위하여 진행된 사회운동으로서, 자유주의 즉, 법치를 지키며, 비폭력, 인권보장, 반권위주의를 원칙으로 한 자유질서를 추구한다. 권익보호운동의 주체는 공민들로, 농민, 노동자, 기자, 공공지식인 등을 말한다. 이러한 시민의 권리 주장에는 언론의 자유, 결사의 자유, 신앙의 자유뿐만 아니라 노동권리,

---

9) 2013년 4월 '쑨즈강(孫志剛) 사건 10주년 심포지움'에 참석하기 위해 홍콩으로 출국하려다 베이징 공항에서 연행되었다. 신시민운동을 주동했다는 이유로 체포된 쉬즈융은 2014년 1월 1심에서 4년 형을 선고 받았고, 같은 해 4월 2심에서 4년 형이 확정되었다. 2020년 우한에서 발생한 코로나19가 절정으로 치닫자 시 주석의 퇴진을 요구하는 '권퇴서(勸退書)'를 발표해 파문을 일으켰고 그 이후 경찰에 체포 되었다. 그는 "무역전쟁, 홍콩 시위, 코로나19 확산 등 주요 위기에 제대로 대처하지 못하는 시 주석은 물러나야 한다"고 주장했다.

교육권리, 주택권리, 토지권리 등 전방위적인 권리와도 관련된다. 2003년은 공민권익의 해로 지칭되는데 장옌융(蔣彦永)의 사스(SARS) 진상 규명, 쑨즈강(孫志剛) 사건, 쑨따우(孫大午) 사건, 리스이(李思怡) 사건에서 시작하여, 두다오빈(杜導斌) 사건, 기층 인민대표 선거 무소속 등록 사건 등 이러한 사건들이 이어지면서 중국사회에 큰 영향을 미쳤다. 권익에 대한 인식은 갈수록 확대되고 있다.

709 체포 사건

709 체포 사건은 중국 당국이 2015년 7월 9일부터 약 300여 명에 달하는 인권변호사와 활동가들을 국가정권 전복 혐의 등으로 체포한 사건이다. 중국 전역의 인권변호사와 활동가 수백 명이 '국가전복 음모' 등 내란혐의로 체포됐다. 체포된 인권변호사들은 가정교회 기독교인, 토지강제 수용으로 쫓겨난 농부, 파룬궁 수련자 등을 변호했다. 모두 중국정부에서 '민감한 사건'으로 분류하는 사건들이었다.

지금까지의 사례를 종합해 보면 지난 10여 년간 중국 시민사회는 괄목할 만한 성과를 내고 있다고 평가할 수 있다. 극히 일부 지역이지만 기층의 노력으로 직접선거가 실시되고 있고 법치, 비폭력, 인권, 반독재, 권익 등을 스스로 찾으려는 자유주의 운동도 아래로부터 일어나고 있다. 그럼에도 불구하고 이러한 변화가 중국 공산당을 위협하거나 전복할 세력으로 발전하지는 못하고 있다. 현재까지는 중국에서 재스민혁명(중국의 봄)을 기대하기는 어려울 것으로 보인다. 중국 경제가 지속적으로 성장하고 있고, 경제에 영향을 미치는 정치·사회적 변동은 중국 공산당도 중국국민도 원치 않고 있다. 중국의 경제 발전과 함께 강화되고 있는 중화민족주의도 중국의 자유민주주의 혁

명을 가로 막고 있는 장벽 중에 하나다. '중국의 꿈(中國夢)'이 이루어
지기 전까지는 현재의 불편을 잠깐 접을 수 있는 것이 중화민족이다.
성급하게 변화를 요구하지 않을 것으로 예상되는 이유다.

3. 중국 특색의 시민사회

중국 자본주의 시장 경제 모델이 완전히 자유롭지 않고 민주적인
정치체제가 없기 때문에 중국의 시민사회의 성격은 서구 국가와 다르
다. 사실, 서구 학계는 자본주의 경제와 강력한 민주주의가 시민사회
의 두 가지 필수 요소라고 믿어져 왔다. 따라서 "중국 특색의 시민사
회"는 완성된 조직과 공동의 핵심 이익을 가지지 않으며 정부와 대항
하지 않는다. 중국정부의 입장은 국가와 시민(공민)사회 간의 관계를
반드시 이분법적으로 해석할 필요는 없고, '중국특색'에 맞게 '정부주
도적 공민사회'를 건설하자는 것이다.

2008년 쓰촨성 대지진과 베이징 올림픽을 계기로 중국에서는 자원
봉사 등의 사회 참여에 대한 관심이 높아졌다. 당과 정부로부터 완전
히 독립된 민간조직으로서의 운영에는 어려움이 존재하지만, NGO
등 공익단체의 활동은 급속하게 발전하고 있다.

쓰촨 대지진과 중국 NGO

2008년 5월 12일 오후 2시 28분(현지시간) 중국 서남부의 쓰촨성 일대
에 규모 7.9의 강진이 발생했다. 6만 8712명이 사망하고, 1만 7921명이
실종됐다. 37만 명이 부상하고 500만 명이 집을 잃었다. 직접적인 경제손

실도 8452억 위안에 달하는 것으로 추산된다. 대지진이 발생했을 때, 시민사회는 정부의 구호작업을 돕기 위해 수많은 자원봉사자들을 동원했다. 쓰촨대지진은 민간사회의 자발적이고 능동적인 사회참여를 유발시켰다. 여기에는 우선 인터넷과 SNS 통신망의 발달이 지대한 작용을 했다. 지진의 상황은 전국 나아가 전 세계 중국 동포에게 실시간으로 전달되었고, 곳곳에서 성금이 모아지고 자원봉사자들이 몰려들었다.

중국의 '시민사회'는 직접 정부에 변혁을 추구하고 사회 변혁을 요구하는 것보다 정부 사업 참여 등의 기회와 자원을 충분히 활용하여 그것을 실천해 나가는 과정에서 중국 특색의 모습을 모색하고 있다.

중국 시민사회는 정치적인 문제들에 대해서는 자율성이 취약하며, 매우 강한 민족주의와 국가주의적 경향을 갖고 있다는 특징이 있다. 2013년 중국 공산당은 각 대학에 '보편적 가치, 언론자유, 시민(공민)사회, 시민(공민)의 권리, 당의 역사 오류, 귀족(權貴)자산계급, 사법독립'을 논하지 말라는 이른바 '七不講(7가지 말하지 말아야 할 것)' 지침을 내린 바 있다.[10] 중국정부의 방향은 확실하다. 국가에 의한 통제와 개인의 자유를 적절하게 허용하면서 중국 특색의 민주주의를 구현하는 것이다. 중국적 시민사회 건설도 큰 틀에서 여기에 포함된다. 개혁개방 시기 경제개혁 방식이었던 파레토식(Pareto) 개혁[11] 전략이 정치

10) 七不講(七個不要講)은 당중앙판공청이 통지한 '9호 문건'으로 국외 반중 인터넷 사이트 명경신문망(明鏡新聞網)에 실린 뒤 파문이 확산되었다. 이 문건 파동 사건으로, 외국에 국가기밀을 유출한 혐의로 개혁파 여성 언론인 가오위(高瑜)가 1심에서 징역 5년형을 선고받았다. 인터넷 기술이 발전하고 사용 인구가 증가하면서 정보를 공유하고 표현의 자유를 분출하는 시민들을 통제하기에 어려움을 겪을 것으로 예상된다.

11) 낙오자 없는 경제 개혁을 의미하는데 시민사회의 발전도 공산당, 공민 모두에 손실을 끼치지 않으면서 점진적으로 법치주의 질서 속에서 정치개혁을 이루려고 하는 중국 특색의 시민사회를 추구하고 있는 것으로 보여진다.

개혁·사회개혁에도 활용되고 있는 것이다.

4. 중국 시민사회와 그 적들

쓰촨성 대지진 이후 급성장한 자발적 중국 사회조직은 시진핑(習近平) 집권기 들어 급격하게 위축되고 있다. 2015년 신국가안전법, 2017년 중국 외국 NGO 관리법, 국가정보법 시행 등으로 시민사회의 위축이 불가피하다.

1) 신국가안전법

중국은 2010년 이후 자국을 대상으로 하는 사이버 침해사고가 급증하는 상황에서 2013년 미국 국가안보국(NSA) 전 직원 에드워드 스노든이 미국의 대외 국가들을 대상으

로 한 통신·인터넷 감청을 무차별적으로 감청하고 있다고 폭로한 것이 신국가안전법을 제정하는 강한 계기가 되었던 것으로 보인다. 스노든의 폭로에서 미 국가안보국이 중국의 주요 지도자와 기업들을 대상으로 첩보활동을 해 온 사실이 드러났던 것이다. 이때부터 중국 정부는 사이버공간에서 비롯되는 위협으로부터 국가안전과 국민경제를 보장하기 위한 보안 관련정책을 최우선시 하는 정책을 전개하게 되었다. 강력한 국가안전보장 체계를 구축하기 위해 법 정비를 추진하였다. 1993년 제정되어 첨단 현대 통신사회의 현실을 반영하지 못

하고 있는 구국가안전법을 폐지하고 2015년 7월 1일 시진핑의 '종합 안보관'을 반영한 신국가보안법을 낳게 되었다.

12기 전국인민대표대회 상무위원회 제15차 회의에서 새로운 국가 안전법이 표결로 채택되었다. 시진핑 국가주석이 제29호 주석령에 서명한 후 공포했다. 본 법은 정치안보, 영토안보, 군사안보, 문화안보, 과학기술안보 등 11개 분야의 국가 안보임무에 대해 구체적으로 명시하였고, 공포일로부터 시행된다. 신국가안전법 6장에서는 공민 및 조직이 준수해야 하는 국가안전유지의무를 다루고 있으며, 구체적인 내용은 동법 제77조에서 규정하고 있다. 중국 공민 및 조직은 ① 헌법과 법률 법규에서 규정하고 있는 국가안전에 관한 사항을 준수하고, ② 국가안전에 위해가 되는 활동의 단서를 발견 시 지체 없이 보고해야 하며, ③ 국가안전에 위해가 되는 활동에 대해서 알게 된 증거를 사실대로 말하고, ④ 국가안전 업무를 위해서 조력해야 하며, ⑤ 국가안전기관, 경찰기관 및 관련 군사기관이 필요로 하는 경우 지원·협력하고, ⑥ 알게 된 국가기밀을 지켜야 하며, ⑦ 법률 및 행정법규가 규정하는 기타의무를 준수해야 한다.

2) 국가정보법

2017년 6월 28일 시행된 국가정보법은 공안부와 국가안전부, 인민 해방군은 국가안전을 위해 국내외 개인과 단체를 감시하고 조사할 권한이 있으며, 중국 내외 반체제 인사들에 대한 중국 정보기관들의 감시와 조사가 대폭 강화될 것으로

보인다. 또 정보기관들은 정보 수집을 위해 개인 및 단체가 소유한 차량이나 통신장비, 건축물 등에 도청장치나 감시시설을 설치하거나 압수 수색할 수 있으며 신분증을 제시하면 '출입 제한장소'까지 들어 갈 수도 있다.

3) 해외 NGO 관리법

중국정부도 NGO 필요성은 인 정하고 있다. 경제가 급성장하면서 중산층이 크게 늘어나고 사회가 다 양화하면서 민간단체들이 환경보 호를 비롯한 다양한 공익 활동을 할 수 있을 것으로 보고, 정부가 영 역 외 분야에 민간의 자체적인 행

2003년 7월 1일 홍콩 정부의 보안법 제정에 반대하는 홍콩시민 수십만이 시위를 벌이고 있다.

동이 필요하다는데 이견이 없다. 그러나 NGO가 정치와 사회의 안정 을 흔들어서는 안 된다는 입장이다. 그리고 시진핑 정권 들어 개인에 대한 통제는 강화되고 있고, 2016년 제정되고 2017년 1월 1일 시행된 해외 NGO 관리법은 서구의 가치관이 중국에 침투하는 것을 경계해 서 제정되었으며, 중국정부가 이를 근거로 단속과 규제를 강화함에 따라 앞으로 NGO 활동이 크게 위축될 전망이다.

해외 NGO 조직은 해외 NGO 조직을 해외에서 합법적으로 만들어 진 기금회, 사회단체, 싱크탱크 기구 등 비영리, 비정부 사회조직으로 규정하고 있다. 해외 NGO 조직은 해당 법률에 근거해 경제, 교육, 과학, 기술, 문화, 위생, 체육, 환경보호 등의 영역에서 활동해야 하며, 원조·구제 영역에서는 공익사업에 유리한 활동을 전개해도 된다. 해

외 NGO 조직은 중국 내에서는 상업 활동, 정치 활동을 벌이거나 지원하면 안 되며 불법적으로 종교 활동을 하거나 지원을 해서도 안 된다.

해외 NGO 관리법에 따르면 중국은 해외 NGO 조직이 중국 내에서 법률에 근거하는 활동을 보장하고 지지한다. 각급 정부의 관계 부문은 해외 NGO 조직이 중국 내에서 법률에 근거한 활동을 전개하기 위한 서비스를 제공해야 한다. 국무원 공안 부문과 성급 정부의 공안 기관은 관계 부문과 공동으로 해외 NGO 조직의 활동 영역 및 항목을 제정하고, 업무 주관 부문의 명칭을 공개한 뒤 해외 NGO 조직의 활동을 지도한다.

4) 홍콩 국가안전법 제정

1997년 중국으로 반환과 함께 시행된 '홍콩특별행정구 기본법'은 홍콩에 넓은 자율권과 특정한 권리를 보장하는 일종의 작은 헌법과 같다. '일국양제' 원칙에 따라 홍콩은 향후 50년간 사법적 독립성을 유지하고 홍콩 자체의 법률과 경제체제 등의 독립성을 보장받았다. 그러나 2020년 중국발 코로나19(COVID-19) 사태를 겪은 중국정부는 베이징에서 5월 22일 개막된 전국인민대표대회(전인대)에서 홍콩특별행정구의 국가안전법 제정을 5번째 논의 안건으로 포함시켰으며, 5월 28일 중국 양회(兩會·전인대와 정협) 폐막과 함께 전인대가 '홍콩 국가안전법 도입에 관한 결정' 안건을 찬성 2878표, 반대 1표, 기권 6표, 무효 1표로 통과 시켰다. 홍콩 국가안전법은 전인대 상무위원회의 법안 심의 후 2020년 하반기에 홍콩 정부가 관련법을 공포·시행할 것으로 예측된다. 홍콩 입법회의 법안 심의 과정은 생략되는데, 홍콩 기본법 제18조에 명시된 "중국법을 홍콩에 적용할 수 없지만, 전인대에서 이를 수정할 수 있다"는 내용에 근거한다. 법이 아직 구체화되지 않아 예상하기는 어렵지만 홍콩인들은 자유의 제한에 대해 우려하고 있다. 홍콩 국가안전법은 사회적 분열 조장, 중국 공산당 체제 전복, 조직적 테러 활동, 외부세력의 내정간섭을 금지하며 이를 위반하면 처벌할 수 있다는 내용을 담을 것으로 보인다. 동 법에 근거하여 홍콩 시민들은 중국 본토에서와 같이 베이징을 비판 하면 처벌받을 수 있다. 또한 자유롭게 집회를 갖지 못하게 되고, 홍콩에 설치된 중국의 비밀기구에 의해 민주화인사들을 '테러범'으로 구금하고 처벌할 수 있게 된다. 외국인이 홍콩에서 중국을 비판 하는 것도 제한된다. 중국의 홍콩 안전법 제정은 홍콩의 헌법인 기본법 23조가 반란을 선동하거나 국가안전을 저해하는 위험인물 등에 대해 최장 30년의 징역형에 처할 수 있도록 명시하고 관련 법률을 제정하도록 규정하고 있는데, 이 법률을 중국이 직접 만들겠다는 것이다. 중국이 홍콩 국가안전법 제정에 직접 나선 것은 지난 2003년 홍콩 정부가 안전법 제정을 추진했으나, 50만 명이 반대 거리시위를 벌이면서 무산된 것에 기인한다. 홍콩 정부는 2002년 9월 24일에 〈기본법 제23조 실시 자문문건(實施基本法第二十三條諮詢文件)〉을 공포하여 3개월간 홍콩사회의 의견을 수렴한 후 이를 반영하여 2003년 2월 26일에 〈국가안전(입법조문)조례초안(國家安全(立法條文)條例草案)〉을 입법회에 제출하여 심사를 받았다. 그런데 이 국가안보초안은 홍콩인들의 강력한 반발에 직면한다. 국가안보초안의 작성 과정에서 주민들의 의견을 충분히 수렴하지 않았고 정부에서 일방적으로 입법을 추진하였다는 점과 신설한 범죄

유형이 홍콩 주민들의 행동의 자유를 침해할 우려가 있다는 이유로 국가안보초안의 통과를 반대하였다. 홍콩 시민들은 국가안전법이 언론 및 표현의 자유를 제약하고 인권을 침해하는 등 정치적 탄압의 도구로 악용될 것을 우려했다. 그 내용은 보면, 홍콩 정부는 기본법 23조에 의거해 '국가안전법' 23개 항을 제정하려 했다. 홍콩기본법 제23조는 홍콩특별행정구는 중국 중앙에 대한 반역, 국가분열, 선동 및 반란, 또는 국가 기밀 누설 금지와 외국 정치단체의 홍콩 내 활동 금지, 홍콩 내 정치단체의 외국 단체와의 연계 금지에 관한 법률 제정의 필요성을 담고 있는데 홍콩인의 반중(反中) 행위를 단속하려 한 것이다. 홍콩인들의 반발 속에 중국 당국과 초대 행정장관 둥젠화가 입법화를 서두르자, 2003년 7월 1일에 대규모 입법 반대 시위가 발생했고, 홍콩 시민 50만 명이 거리로 나와 시위에 참여했고, 9월 5일에 당시 행정장관은 안전법 제정은 철회하였다.

일국양제(一國兩制, one country two system)

그 주요 내용을 요약하여 보면 다음과 같다. 첫째, 홍콩 지역은 중국 중앙정부에 직속되는 특별행정구(이하 특구)가 되며, 국방과 외교권을 제외한 모든 분야에서 고도의 자치권을 향유할 수 있다. 둘째, 특구는 독자적인 행정, 입법, 사법권을 부여하며 현존의 사법제도를 그대로 유지한다. 셋째, 특구의 대표는 현지 주민들에 의해 구성한다. 다시 말해서 선거 및 협의를 거쳐 선출하고 중국 중앙이 임명한다. 넷째, 현행의 경제제도 및 생활 방식은 존속한다. 다섯째, 현지 화폐는 그대로 통용한다. 여섯째, 중국 중앙은 세금을 징수하지 않는다. 일곱째, '홍콩 차이나'라는 이름 하에 국제조직과의 관계를 갖는다. 마지막으로 일국양제라는 제도는 50년 간 불변한다.

5. 그들에게 시민사회는 없다?

중화인민공화국 헌법 제35조에는 "중화인민공화국의 시민(公民)은 언론, 출판, 집회, 결사, 행진 및 시위의 자유를 가진다."고 명시되어 있다. 그러나 중화인민공화국 성립 이후부터 현재까지 헌법 제35조는 헌법 속에서만 존재했다 해도 과언이 아니다.[12]

1980년대 이후 전개되고 있는 선진 서방국가들의 신자유주의 개혁은 기본적으로 국가 영역을 축소하고 시장 혹은 시민사회 영역의 확장이라는 성격을 지닌 것으로서 결국 국가 권력의 약화라는 세계사적 흐름과 궤를 같이 하는 것으로 평가될 수 있을 것이다.

중국 시민사회는 정치적인 문제들에 대해서는 자율성이 취약하며, 매우 강한 민족주의와 국가주의적 경향을 갖고 있다는 특징이 있다. 시민사회가 서구 근대사회에서는 국가로부터 자유로운 독립적인 영역으로 간주되었다면, 현대에 와서는 국가뿐 아니라 시장으로부터도 간섭을 받지 않은 자율적인 영역을 중시하고 있다는 점에서 시민사회 역할의 확대에도 불구하고 중국 시민사회는 아직 반시민사회(semi-civil society) 기제로 작동하고 있다고 볼 수 있다.

중국 NGO는 동북아 시민사회의 국제협력 활동에서 주변부에 위치

---

12) 비정부기구인 '프리덤 하우스(Freedom House)'는 2016년 중국의 자유도를 15로 211개국 중 최하위권에 분류했다. 프리덤 하우스는 미국 워싱턴 DC에 자리한 비정부 기구로 세계 각국의 언론과 인터넷 자유도를 광범위하게 측정해 매년 보고서를 내놓는다. 평가 항목은 크게 세 부분이다. 자유로운 인터넷 접근 기회(25점), 콘텐츠에 대한 제약 여부(35점), 사용자 권리 침해 정도(40점)에 각각 점수를 매겨 100점에 가까울수록 높은 수준의 인터넷 자유를 누리고 있는 것으로 평가한다. 중국은 인터넷 자유도 조사에서도 최근 4년간 계속해서 최하위를 기록하고 있는데, 중국정부는 갈수록 인터넷 통제 강도를 높이고, 빈도도 늘리고 있다. 관련 기술 역시 점차 정교해지고 있다. 인공지능(AI) 시스템이 자의적으로 유해하다고 판단한 게시물들을 하루에 수차례씩 검열해 무더기 삭제하고, 자동으로 해당 계정은 영구 폐쇄하는 방식이 쓰이는 것으로 알려졌다.

하고 있어 외부에 의한 시민사회 변화도 크게 기대하기 힘들다. 시민 사회가 중국의 정치적 민주화에 영향을 미칠 것이라고 희망하는 학자들의 견해를 반박하듯이 제3세계 민주화 과정과도 차이를 보이고 있다.13) 특히 시진핑 집권기 들어 통제를 강화하고 있어 시민사회 정착에 한계가 있을 것으로 예측되는데, 신국가안전법, 국가정보법, 해외 NGO 관리법, 홍콩 국가안전법 제정 등은 중국 시민사회를 위축 시켜 시민사회 본연의 의무를 막을 가능성이 커지고 있다.

우한에서 발생한 신종 코로나19(COVID-19)의 세계적 확산은 중국의 시민사회 부재에서 찾는 분석도 이어지고 있다. 2008년 쓰촨 대지진과 베이징 올림픽에서 보여준 시민사회의 역할을 세계적 대재앙 앞에서는 찾아 볼 수 없었다는 것도 중국 특색의 시민사회를 어둡게 바라보게 되는 이유다.

중국은 그동안 하드파워의 성장과 동시에 소프트 파워(Soft Power)를 키우기 위해 많은 노력을 해 왔다. 중국정부는 소프트파워 육성에 연간 100억 달러를 투입했다. 소프트 파워의 개념을 제시한 조지프 나이 미국 하버드대 석좌교수는 소프트파워는 시민사회에서 발흥한다고 주장한다. 통제를 통해 시민사회를 억압한다면 소프트 파워의 발전을 기대하기는 어렵다는 것을 방증한다고 볼 수 있다.

지금까지 살펴본 바와 같이, 중국에서 시민사회는 자율적이지는 않지만 형식적으로는 존재한다고 볼 수 있다. 이런 형식적 시민사회가 국가를 발전시키는 동력으로 발전하기 위해서는 비판과 대안을 제시할 수 있는 내용적 시민사회로의 발전이 불가피 하다. 동아시아

---

13) 제3세계의 민주화 과정은 초기에 권위적인 국가에 대한 투쟁을 거쳐 민주화가 정치 영역을 넘어 사회, 경제, 문화 등으로 확장되는 공고화 단계에 와서는 국가뿐 아니라 시장에 대해서도 견제와 비판을 주도하는 시민사회의 역할에 크게 의존한다.

국가의 민주주의를 시민사회가 이끌었던 경험을 중국에 요구할 수는 없더라도 적어도 정의로운 사회를 위한 시민사회의 출현을 기대해 본다.

참고문헌

곽덕환 외, 『신안보연구』 189, 국가안보전략연구원, 2016년 겨울호.

권혁태 외, 『아시아의 시민사회: 개념과 역사』 아르케, 2003.

김윤권 외, 『중국의 사회조직에 관한 연구』, 대외경제정책연구원, 2017.

김태욱, 「중국의 국가와 시민사회」, 『미래정책연구』 2(1), 2017, 13~20쪽.

김태욱 외, 『중국 개혁개방과 지역균형발전』, 한국학술정보, 2019.

김태욱, 「해바라기 운동과 우산 운동에서 나타난 반중(反中) 시위의 정치
　　　적 함의」, 『지역과 장치』 2(1), 2019.

노영돈·최영춘, 「홍콩기본법에 관한 연구: 홍콩기본법상 고도자치권을 중
　　　심으로」, 『법학논총』 31(4), 2014, 91~114쪽.

박상필, 『국가·시장 비판』, 한울아카데미, 2010.

송의달, 「中도 '환경NGO 시대' 활짝'」, ≪조선일보≫, 2007.04.09, 19A.

유진우, 「전세계 인터넷 90%가 감시 당해… 中 인터넷 자유도 4년 연속
　　　꼴찌」, ≪조선일보≫, 2019/11/06.
　　　(http://news.chosun.com/site/data/html_dir/2019/11/06/201911060
　　　1560.html)

李秀峰·张丽·김윤권, 「중국 사회조직의 이해 및 동인과 제약에 관한 연구」,
　　　『행정논총』 56(1), 2018, 241~273쪽.

이장원, 「중국의 대외 정책결정과 시민사회단체」, KAIS 2013년 부산하계
　　　학술대회, 2013.

이장원·전가림, 「중국 '사회적 경제'의 민·관(民·官) 상호작용에 관한 연구」,
　　　『유라시아연구』 11(2), 2014, 103~121쪽.

이정남, 「중국 군체성 사건의 새로운 변화와 특징: 분절적 저항행위에서

　　　사회운동의 맹아적 형태로」, 『국가전략』 21(2), 세종연구소, 117~
　　　144쪽.

장호준, 「당대 중국의 동향상회와 지역 거버넌스」, 『중앙사론』 40, 331~
　　　362쪽.

張豪峻·姜美善, 「중국 사회조직의 발전 기제: 당대 길림성 동향상회 사례
　　　연구」, 『중국근현대사연구』 73, 중국근현대사학회, 2017, 133~
　　　167쪽.

조혜인, 『공민사회의 동과 서』, 집문당, 2009.

조효제·박은홍, 『한국, 아시아 시민사회를 말하다』, 아르케, 2005.

최대석 외, 『동북아 NGO 교류·협력의 인프라 개선과 NGO 네트워크의
　　　활성화 방안』(통일연구원 협동연구총서), 통일연구원, 2007.

하동혁, 「中 '보안법' 통과, 홍콩 '국가법' 가결… 시민들 '이중탄압' 강력
　　　저항」, ≪뉴데일리≫, 2020. 05. 29.

Brook, Timothy & B. Michael Frolic(eds.), *Civil Society in China*, Armonk:
　　　M. E. Sharpe, 1997.

He, Baogang, *The Democratic Implications of Civil Society in China*, London:
　　　Macmillan Press, 1997.

Liu, Xiaobo, "THE RISE OF CIVIL SOCIETY IN CHINA", *CHINA RIGHTS
　　　FORUM*, 3, 2003, pp. 16~21.

Whyte, Martin, "Urban China: a civil society in the making?", in Arthur
　　　Lewis Rosenbaum(ed.), *State and Society in China: The Consequences
　　　of Reform*, Boulder CO: Westview, 1992, pp. 77~102.

邓正來, 『國家与社會』, 北京大學出版社, 2008.

邓正來, 『國家与市民社會: 中國視角』, 格致出版社/上海人民出版社, 2011.

王名·刘國翰, 「公民社會与治理現代化」, 『开放時代』, 2014年 第6期, 2014,
　　　12~25面.

俞可平, 『中國公民社會的興起与治理的變迁』, 社會科學文献出版社, 2002.

Freedom house, 2017, "Freedom in the World 2017"
　　　(https://freedomhouse.org/report/freedom-world/2017/china)

公民社會(http://www.gmsh.org.cn)

公民社會研究中心(http://www.cuhk.edu.hk)

中國社會組織网(http://www.chinanpo.gov.cn)

中華人民共和國民政部(http://www.mca.gov.cn)

중국 건국 70년, 중국의 도시화 정책

박미정

1. 중국 도시화의 물결

중국은 2019년 10월 1일 건국 70주년을 맞이하였다. 1949년 중화인민공화국 건국 이후 중국정부는 대규모 공업화를 진행하였다. 기존 중소도시들은 공업화와 현대화 과정 속에서 급속히 정비되었고 신흥 공업도시들이 속속 출현하기 시작하였다. 개혁개방 전 중국 주민의 소비는 주로 의식주 해결에 집중되었다. 신중국 설립 초기 무역 구조의 경우 중국 수출품 총액 중 1차 생산 원자재 제품이 차지하는 비중이 80% 이상이었으며 투자 구조 역시 정부투자가 거의 대부분을 차지하였다. 등소평 정부집권 이후에 투자가 활발해지고 생산성과 수출 수요가 빠르게 증가하면서 주민생활 수준이 향상되고 다양한 방면으로 소비가 확대되는 추세를 보이기 시작하였다.

특히 2001년 세계무역기구(WTO) 가입 이후 투자와 수출의 경제 견인 효과가 뚜렷해지면서 소비 구조도 고도화 추세가 나타났고 투자 구조와 무역 구조가 최적화되는 양상을 보이기 시작하였다. 공업화 추진이 가속화되면서 도시화도 빠르게 진행되었다. 중국에서 도시화율의 상승은 농업 인구의 도시 이주 증가가 상승하였음을 의미한다. 1952년 당시 농업 부가가치가 중국 국내 총생산에서 차지하는 비중이 50.5%, 농업이 흡수한 취업 인구가 83.5%에 달하였으나 70년이 지난 현재 2019년 1차 산업 비중은 7.2%로 떨어진 반면 2~3차 산업 비중은 각각 40.7%와 52.2%를 기록하였다. 중국은 이제 더 이상 농업대국이 아닌 전 세계 최대 제조업 강국으로 거듭났다.

2. 중국 도시화 배경과 시기별 발전 단계

1) 도시화 개념

도시화란 일반적으로 소도시 이상의 도시의 수와 도시 상주인구의 비중이 증가하는 현상을 의미한다. 도시에 인구가 증가하고 그로 인해 도시의 생활양식이 확대되며 국가 전체의 산업 구조에 변화가 나타난다. 한 국가의 도시화 추세는 대체로 3단계로 구분한다. 먼저 도시화 수준이 매우 낮으면서 도시화율의 증가 속도도 매우 완만한 초기 단계, 도시화가 진행되는 가속화 단계, 도시화율의 증가 속도가 저하되는 종착 단계 등으로 구분한다. 선진국은 이러한 도시화 단계가 비교적 완만하게 나타나지만 개발도상국에서는 도시화의 속도가 상당히 빠르게 나타나는 것이 특징이다. 급격하게 도시화가 진행되어 농촌 지역에서 도시 지역으로의 인구 이동이 집중될 경우에 종주도시화 현상과 같은 도시 체계의 불균형을 가져오게 되기도 한다. 종주도시화란 상위 발전도시에 인구와 기능이 과잉 집중되는 현상으로 하위발전 도시보다 인구가 2배 이상 차이가 나타날 때 발생한다. 이러한 현상은 급속히 도시화가 진행되는 개발도상국에서 주로 나타난다.

중국의 경우 도시화 개념은 농업 인구가 비농업 인구로 변하는 과정, 농업 지역이 비농업 지역으로 변하는 과정, 농업활동이 비농업활동으로 변하는 과정으로 이해할 수 있다. 개혁개방 이래 중국은 기존의 인구 이동에 대한 통제를 점차 해제해 갔으며 이를 통해 많은 농민공이 도시로 이동해 왔고 도시화의 발전은 점차 가속화되었다. 도시화가 진행되면서 중국 특유의 도시군(都市群)이 형성되었고 서로 다른 규모와 유형의 여러 도시들이 하나 또는 수 개의 특대도시를 중심으로 도시체계를 형성하여, 일정한 자연환경과 교통조건을 기초로 도시간의 내재적 연계를 강화하면서 도시 간 연계를 형성·발전시켜 나간다.

도시군(都市群)이란 공간적으로 특정 지역에 집중하여 분포하고 있는 도시집합체를 의미한다. 신중국건립 이후 중국정부는 도시의 이미지와 제반 환경을 근본적으로 개선하기 위한 방침을 마련하였다. 첫째, 고도의 조직성을 갖추고 산업 간 유기적으로 연계 협력하는 경제적이고 생산적인 신흥도시 지역을 조성해 나가는 것, 둘째, 도시와 농촌의 발전 방향을 조정하여 도농 간 격차를 해소하는 것, 셋째, 범죄와 부패를 통제하고 빈부격차를 줄이며 실업 등 현대화 과정 속에 드러나는 사회 문제를 줄여나가는 것 등이 해당된다. 이로부터 중국의 도시 건설은 새로운 부흥 기회를 갖게 되었고 도시화 과정의 발전 단계로 진입하게 되었다.

도시 관련 개념 정의

도시(都市)	인구가 밀집해 있고, 사회적·경제적·정치적 활동 중심이 되는 장소
도시화(都市化)	도시에 인구가 증가하고, 그 결과 도시의 생활양식이 확대되며 국가 전체의 산업 구조에 변화가 나타나는 현상
도시군(都市群)	각종 기능을 가진 도시가 비교적 접근하여 군집한 무리
도시권(都市圈)	도시 간 경제·문화적으로 연결되어 있는 지역적 범위

2) 도시화 추진 배경: 2000년대 이후를 중심으로

(1) 수출에서 내수 중심의 경제구조로 전환

최근 세계 경제는 침체기를 겪으며 저성장세가 이어지고 있다. 그동안 수출 주도형 성장 전략으로 급속한 발전을 이룬 중국은 경제성장 한계에 봉착하면서 6%대의 중속성장시대에 진입하였다. 특히 금융 위기 이후 위안화의 절상 폭이 확대되고 제조업의 경쟁력이 약화되면서 수출 경쟁력이 떨어진 것이 주요 요인으로 작용하였다. 이러한 가운데 선진국의 수요 부진까지 겹쳐 중국정부의 우려가 커지고 있다. 이에 중국정부는 안정적인 경제성장을 위해 선진국에 의존적인 수출 중심의 경제구조를 내수 중심으로 전환하고 있으며, 이를 위해 도시화를 적극 활용하는 전략을 추진하려는 것이다. 특히 도시화의 일환으로 추진되는 지역개발 등의 투자 증가가 고용 증대 → 소비 개선 → 투자 확대의 선순환 구조를 형성해 내수 경기 강화에 일조할 것으로 전망하고 있다. 관련 정부 부서의 분석 자료에 의하면 도시화율이 1‰p 오르기 위해서는 최소 1조 위안의 인프라 투자가 필요하고, 이 경우 최소 1,000만 명의 농촌 인구가 도시로 유입될 것이라는 분석을 하고 있다.

(2) 분배개혁을 통한 샤오캉(小康) 사회건설

2000년대 들어서면서 중국정부는 장기 국가발전 전략으로 1987년 등소평이 제시한 '3단계 경제발전론'[1] 중 두 번째 단계에 해당하는 소강사회(小康社會) 건설을 목표로 설정하였다. 특히 대도시 중심의 지역개발, 토지의 집약적 이용 강화 및 호구제도개혁 등에 관한 도시화 정책을 통해 지역 간·계층 간의 소득격차를 해소하려는 계획을 추진하고 있다. 현 정부(習近平)는 2010년 기준 중국의 국내 총생산(39.8조 위안)과 도시(1만 9,109위안) 및 농촌(5,919위안) 주민의 1인당 평균소득을 2020년까지 두 배로 확대시킬 방침을 내놓았다. 지난 2011년 기준으로 도시와 농촌 간의 소득 격차는 3.1배로 지난 10년간 평균치인 3.2배에 근접하며 여전히 높은 격차를 유지하고 있다. 지역별로는 도시화가 가속화될 예정인 서부 지역과 개발 성숙 단계에 있는 동부 연안 지역 간의 소득 격차도 1.5배를 나타냈으며, 과거 5년간 평균치인 1.6배와 유사한 모습이다. 도시 계층 간 소득을 비교해 볼 경우에도 최상위소득 10% 가계의 소득은 최하위 10% 가계의 8.6배로써 지난 10년 평균인 7.9배를 상회하였다. 이러한 격차를 해소하기 위한 방안으로 도시화가 추진되고 있다.

도시화를 통해 도시와 농촌 간의 소득 격차를 완화하고 농민공의 소득 구조를 개선하며 소비 중심의 내수 경제를 확립하는 데 일조할 것으로 기대하고 있다. 1950년대 도입된 호구제도로 인해 농민공들은 다른 도시로 이주 시 해당 도시의 교육, 주택 구입, 사회보장 혜택에서

---

1) 덩샤오핑(鄧小平)은 의식주가 해결되는 '온포(溫飽, 1980~2000)' 단계를 시작으로 대부분이 넉넉한 중산층 정도의 삶을 사는 '소강(小康, 2001~2020)' 단계와 부유한 대국을 건국하는 '대동(大同, 2021~2050)' 사회로 경제발전 단계를 분류하였다.

제외되어 왔다. 향후 중국정부는 호적제도의 개혁을 통해 농민공에게 도시민과 같은 대우를 부여할 예정이라고 밝혔다. 중국정부 분석에 따르면 농민 한 명이 도시민이 될 경우, 1만 위안(180만 원)의 소비가 증가하는 것으로 추정됨에 따라 현재 7억 명인 농민 중 2억 명이 도시로 편입될 경우에는 2조 위안(360조 원)의 소비가 증가할 것으로 예상하고 있다.

(3) 산업구조 고도화 추진

개혁개방 이후 과거 40년 동안 저임금 노동력을 기반으로 한 제조업이 중국의 고성장세를 주도해 왔다. 2000년대 후반 이후 고령화, 임금 상승 등의 문제들로 인해 제조업 경쟁력이 점차 약화되고 있는 추세이다. 국제연합은 중국은 고령화로 인해 2017년부터 생산 가능인구(15~64세)가 지속적으로 감소하고, 2032년에는 고령사회(전체 인구 중 65세 이상 비중이 14~19%)에서 초고령사회(65세 이상 인구 비중이 20% 이상)로 빠르게 진입하면서 노동 집약적인 제조업의 경쟁력은 상당히 악화될 것이라는 전망을 내놓았다. 이에 따라 중국정부는 전체 산업구조를 서비스 및 고부가가치 산업 중심으로 전환하여 경쟁력을 제고해 나갈 계획이라고 발표했다. 서비스업을 고용과 소비를 촉진하는 산업으로 인식해 12차 5개년 계획(2011~2015년)에서 GDP 내 서비스업의 비중을 2010년 43%에서 2015년까지 47%로 늘리겠다고 발표하였다. 또한 신성장 산업으로 7대(에너지, 차세대 정보기술, 바이오 등) 고부가가치 산업의 육성을 강조하였다.

종합적으로 중국의 도시화는 정부의 산업구조 고도화 계획의 일부로써 도시화를 통해 유입된 새로운 노동력은 산업구조 고도화를 통해 창출된 일자리에 적극 활용되면서 향후 가계의 소득 개선과 내수 경제의 확대로 이어질 전망이다.

3) 시기별 발전 단계

중국의 도시화 과정을 시기별 6단계로 구분해서 정리하면 다음과 같다.

(1) 제1단계: 초입 단계(1949~1957년)

이 시기는 농촌인구가 도시로 이전하고 공업화의 급속한 발전과 더불어 도시화가 가속화된 시기이다. 1949년 중국의 도시인구는 전체 인구의 10% 정도에 지나지 않았으며 1952년 도시의 국유기업 종사자가 510만 명에 불과했다. 그러나 1958년 도시인구가 20% 증가하였고 국유기업 종사자도 2316만 명으로 증가하였다. 신중국 원년 중국 공산당 중앙위원회에서는 도시화 추진과 관련하여 도시의 생산을 복구하고 발전시키며 소비도시를 생산도시로 전환한다는 방침을 세웠다. 제1차 5개년 계획 시기에 156항의 중점사업이 시작되고 새로운 광공업 도시가 나타나기 시작하면서 도시화도 빠르게 추진되어졌다. 이러한 도시건설 계획은 당시 피폐했던 도시 경제의 빠른 복구와 원활한 공업화 추진에 긍정적 기여 효과를 낳았다.

대규모 공업화가 시작된 이후 중국정부는 도시 건설을 매우 중요하게 여기고 관련 지치이나 규정을 강화하였다. 관리기구를 설립하거나 개선하였으며 시(市)·진(鎭)제도를 정비하였다. 당시는 재정이나 물자, 기술 인력이 심각하게 부족했던 시기였으므로 도시건설 계획은 공업화를 중심으로 단계적으로 추진되었다. 신흥 공업도시들은 대부분 경제가 낙후된 북서부 지역과 내몽고 지역에 분포하였는데 이들 도시들은 기존의 공업설비와 공공시설이 상당히 뒤처져 있었다. 1957년 북경과 광주를 잇는 철도가 개통되면서 대규모 공업화가 추진되고 주위에 노동인력들이 거주하기 시작하며 공업도시들이 하나 둘 출현하였다. 이에 따라 전국적으로 시(市)규모 도시는 176개, 도시 인구는 6,900만 명, 현(縣)과 진(鎭) 인구까지 합하면 전체 도시인구는 9,950만 명에 달하여 신중국 건국 당시(2,786만 명)보다 38.9% 증가하였다. 또한 도시 건물과 주택도 함께 늘어나 도시 기반시설도 새롭게 건설되었다.

(2) 제2단계: 대변동 단계(1958~1965년)

1958년부터 1961년까지 이어진 대약진운동의 전개에 따라 처음엔 도시화가 급속히 진행되는 것 같았다. 당시 주석이었던 마오쩌둥(毛澤東)은 인민공사를 창설하고 철강사업과 같은 노동력 집중산업을 독려하는 대중적 경제부흥운동을 추진하였다. 대약진운동 초기에 공업화의 물결이 일었고 전국 2,195개 도시들이 일제히 공업도시 면모를 갖추기 시작하였다. 1958년부터 1960년 말 사이에 도시인구는 3,124만 명 증가하였고, 1965년 전국 도시의 수(數)도 208개 증가한 2,403개로 급증하여 신중국 건립 이래 최고점에 도달하였다. 일부 대도시는 위성도시들을 건설하였고 수도 북경시는 인민대회당 등 10대 공사를 준공하였다. 각 도시마다 주택과 공공시설이 급증하였다.

하지만 대약진운동은 국민경제에 심각한 부작용을 가져왔다. 급격한 공업노동력 수요로 농촌에서 과도한 인력을 강제로 끌어왔고, 이로 인하여 도시의 인구가 급격히 증가하여 필수품의 공급부족이 일어났다. 노동력을 잃은 농촌의 농업생산력은 급격히 저하되어 농업경제는 파탄을 맞게 된다. 이후 농업생산량의 부족, 자연재해로 인한 흉작과 구소련(러시아)과의 관계 악화로 인한 경제원조가 끊기면서 수천만 명의 아사자(餓死者)가 발생하였다. 이러한 악재들이 산재한 가운데 기술 개발은 없이 노동력만으로 과다하게 부흥시킨 중화학공업은 처음 설정한 경제지표에 못 미치는 성장 결과를 보이면서 대약진운동은 결국 실패로 끝났다. 실현 불가능한 목표설정, 지방정부의 업적 과대 과장 풍토, 맹목적 지휘 등 여러 가지 정책 오류로 인한 부작용은 향후 20년 간 국민경제에 침체기를 가져왔다. 도시 건설에 대한 투자 비율도 급감하여 전국적으로 노동자 1,887만 명을 감축하였고 도시 인구도 2,600만 명 감축되었다. 이에 따라 1961년 208개에 달했던 시(市)의 수(數)도 1964년 169개로 줄어들었다.

(3) 제3단계: 정체 단계(1966~1978년)

1966년부터 시작한 문화대혁명으로 인해 국내 경기가 침체되면서 동시에 도시화도 정체기를 겪게 되었다. 이 시기 도시 건설은 심각한 충격과 파탄에 놓여 관련 정부기관은 업무를 중단하거나 철수하였으며 업무를 맡았던 근로자 대부분 농촌으로 보내졌다. 중국정부는 1971년부터 도시건설 주관기관과 도시 계획을 재정비하며 경제 회복에 필요한 조치들을 내놓았다. 1973년에 도시유지비용의 조달 조항을 재규정하였으나 오랫동안 도시 지역에 대한 투자가 적었고 기존 부채가 많아 도시마다 난제가 산적해 있었다. 이후 20년간 도시 수와 도시 인구는 답보 상태를 보였고 도시화는 심각한 침체기에 놓이게 되었다.

같은 시기 도시화 발전은 공업화나 현대화의 진전과 비교하여 상대적으로 뒤떨어진 측면을 보였다. 중공업 우선 발전 전략 하에 농업이나 경공업, 중동업 간의 발전 정도가 불균형을 보이고 산업구조가 왜곡되는 현상이 나타났다. 또한 농업 및 농촌에 대한 엄격한 통제로 인해 소도시가 발전하지 못했으며 오히려 쇠퇴하기까지 하였다. 이는 도시와 농촌의 중간 수준에 해당하는 지역이 거의 사라지는 결과를 초래하였다. 중국 특유의 도시 문제도 나타났다. 도시 내 2차 산업의 기형적인 발전과 3차 산업의 심각한 위축, 국영기업의 심각한 관료주의 풍토, 열악한 서비스, 포화 상태의 도시 근로자수 등은 도시 발전을 후퇴시키는 원인이 되었다. 이러한 상황 속에서 도시가 주변 농촌 지역의 경제발전능력을 촉진하는 중심지로 발전하지 못하였고 인위적으로 연해도시에 대한 발전을 제한하는 결과를 초래하게 되었다.

(4) 제4단계: 급진전 단계(1979~1991년)

1978년 개혁개방이 시행되면서 공업화가 본격적으로 재추진되었고 바야흐로 중국의 도시화는 새로운 국면을 맞이하게 되었다. 도시에 건설 인력들이 복귀하고 도시 재건이 활기를 띠면서 도시화율은 1978년 17.92%에서 1984년 23.01%로 상승하였다. 도시와 농촌 시장이 개방되면서 대규모 도시 지역 임시 거주자들이 출현하였다. 농어촌 지역을 기반으로 한 향진기업(郷鎮企業)2)의 발전은 소도시(小城鎮)

---

2) 중국의 개혁개방운동에 따라 1978년부터 각 지역의 특색에 맞게 육성되기 시작한 소규모 농촌기업을 의미한다. 중국의 기업 형태는 국가가 소유하는 전민(全民)소유제, 지방자치단체 주민이 공동으로 경영하는 집체(集體)소유제, 개인 또는 합작·합자·외국인 단독 투자 3자(三資)기업 등 3가지 종류가 있다. (네이버 지식 백과 참조.)

의 발전을 촉진하였다. 중국정부는 도시 유지 및 건설을 위한 비용을 증가시키고 도시주택보조금으로 사용하도록 하는 조치를 취하였다.

도시와 농촌이 함께 발전한 시기이기도 하다. 농촌에서는 생산도급제가 보편적으로 시행되었고 정부는 농산물 매입가격을 대폭 인상하였다. 농촌은 고속성장을 지속할 수 있었으며 이러한 토대 위에 농촌의 비농업산업인 향진기업이 급성장하였다. 이전의 도시와 농촌에서 보였던 이원적 발전구도가 전환되어 도농 지역에서 동시에 공업화를 추진하게 되었다. 이 시기부터 농촌에 새로운 소도시들이 급속하게 발전하였다. 또한 대외 개방의 단계별 전략과 연해 경제특구정책의 본격 시행으로 동남 지역과 화남(華南) 연해 지역에 도시화가 이루어졌다. 당시 지방의 어촌 지역에 불과했던 심천(深川), 광동(廣東), 주해(珠海) 등의 도시들이 대도시로 발전하였다.

1984년 이후에 도시 지역을 중심으로 경제개혁이 이루어졌고 도시화 발전이 더욱 촉진되었다. 도시화율은 23.1%에서 27.63%로 연평균 0.58%씩 성장하였다. 개혁개방이 심화됨에 따라 다수의 소도시로 구성된 신흥공업도시지대가 나타났다. 정부는 소도시의 발전과 농촌에서 집진(集鎭)을 장려하는 정책을 시행하였다. 특히 4개 경제특구 설치에 이어 연해 지역 내 14개 도시를 개방도시로 지정하고 해남성(海南省)을 전면 개방하는 등 연해 지역의 도시화에 중점을 두었다. 이 시기에 농민들은 도시 건설 노동자인 농민공(農民工)3)이 되어 도시로 대거 진출하였다.

---

3) 농민공은 도시로 이주해 노동자의 일을 하는 농민을 가리키는 용어다. 이들은 도시와 농촌 주민의 구분을 엄격하게 규정한 중국의 주민등록제인 호구제도 때문에 임금·의료·자녀교육 등에서 큰 차별 대우를 받고 있다. 2019년 기준 농민공의 수는 약 2억 9,077만 명에 달한다. (네이버 지식백과 참조.)

(5) 제5단계: 안정적 발전 단계(1992~2011년)

1990년대부터 중국정부가 추진한 도시화는 개발구와 대도시 건설을 중심으로 하고 있다. 전국적인 전방위 대외 개방 추진과 함께 새로운 공업화 및 도시화가 전국적으로 추진되기 시작하였다. 향진기업은 수천만 개로 급증하였고 전국 각지에 널리 분포하였다. 향진기업이 농촌 잉여 노동력을 흡수하여 국민 경제에서 차지하는 비중이 1/3에 달하였다. 1992~1998년까지 도시화율은 27.63%에서 30.42%로 연평균 0.46% 성장하였다. 소성진(小城鎭) 발전 전략의 실시, 경제개발구의 건립 및 향진기업의 발전 등으로 인해 도시화가 급속하게 전개되었다. 이에 따라 잉여 노동력에 대한 도시 흡수력이 상승하였고 2차 산업의 취업 비중이 6% 감소한 반면 3차 산업 비중은 5% 증가하였다.

특히 1988년 토지개혁으로 중국의 도시화는 새로운 국면에 진입한다. 중국정부는 1988년 토지개혁을 통해 국가 소유 토지에 대한 장기 사용권 양도를 가능하게 하였다. 이 제도에 의하면 토지 사용권을 획득한 자는 지방정부에 토지세를 납부해야 한다. 이러한 토지개혁은 1994년 재정개혁 이전 세수 부족에 시달리던 지방정부에게 새로운 조세수입원이 되었다. 그동안 세수 부족으로 도시 주택 및 인프라 건설에 어려움을 겪던 지방정부는 늘어난 세수를 대규모 도심 재개발, 신규 주택 건설, 도심 외곽 지역의 공단건설 등에 투자하였다. 또한 1990년대 대다수 연안 지역 도시에 대한 외국인 투자도 지속되었으며, 이는 중국경제의 급속한 발전과 함께 부동산경기 팽창을 가져왔다. 이로 인해 대도시가 늘어나고 중소도시까지 발전하여 해당기간 중 중국의 도시화율은 25.8%에서 36.2% 수준으로 꾸준히 증가하였다.

제10차 5개년 계획 기간(2001~2005년)에도 도시화는 상당히 진전되었다. 2001년 WTO 가입 이후 전면적으로 개방되면서 도시화는 더욱 가속화되었다. 이 기간(2001~2011년) 중 중국경제는 내수 확대와 폭발적인 수출 및 외국인 투자 유입에 힘입어 연평균 10.4%의 고성장을 기록하였다. 특히 도시 지역 고정자산투자의 팽창은 고도의 성장으로 이어졌고, 급속한 도시 지역 개발 확대와 도시인구 급증을 야기한 핵심적 요소로 작용하였다.

2001년 이후 10년간 도시 지역 고정자산투자의 연평균 증가율은 무려 24.4%에 달했다. 이 시기에 도시인구는 2억 1,000만 명이 증가하여 6억 9,000만 명으로 늘어났고(44% 증가), 도시화율은 2001년 37.7%에서 13.6%p 상승한 51.3%까지 증가하였다. 이와 같이 10년간 도시화율 증가폭이 10%p를 상회한 것은 신중국 출범 이후 가장 빠른 도시화 과정을 겪은 것으로 평가할 수 있다. 한편 이 기간 중 중국정부는 대도시가 경제발전과 지속 성장에 기여하는 역할이 크다는 점을 인식하고 과거와는 확연히 다른 도시화 정책을 제시하였다. 이에 따라 중국정부의 도시화 정책은 과거 소도시 위주의 도시화 전략에서 벗어나 11차 5개년 계획(2006~11년)부터 '도시군(都市群)' 전략에 초점을 두기 시작하였다.

(6) 제6단계: 종합적 도시화 단계(2012~현재)

2000년대 들어서면서 대도시를 전략적으로 성장시키기 위한 도시권역 발전 전략이 추진되었다. 2000년대 중반 이후 도시군(都市群) 발전 전략이 시작되면서 공간적 범위의 도시화 확대정책이 추진되었다. 이에 따라 상대적으로 도시화 수준이 낮고 낙후된 지역을 권역별로 구분하여 발전시키기 위해 지역균형발전 이론에 입각한 권역별 지역 발전 전략이 마련되었다. 권역별로 2000년 서부대개발, 2003년 동북진흥, 2004년 중부굴기 등의 발전 전략이 차례대로 진행되었다. 2000년대 중반부터는 하나의 도시 발전에 그치지 않고, 거점 도시가 발전하는 과정에서 생산요소를 보다 원활히 공급하고 발전의 성과를 주변 도시로 파급하는 효과까지 고려한 도시군(城市群) 발전 전략이 시작되었다. 이후 2013년 '5+9+6' 형태의 20개 도시군이 '제13차 5개년 규획(13·5규획)'에 반영되어 현재까지 공식적인 도시군 정책으로 추진되고 있다.

도시군 전략이 중점적으로 논의되기 시작한 2006년부터 중국 공산당 17대(2007년), 18대(2012년), 19대(2017년) 전국인민대표회의(全國人民代表會議)에서 연속으로 도시군을 새로운 경제성장의 극(極)으로 천명하였고 지역경제발전과 도시화의 핵심 주체 범위로 강조하였다. 특히 2014년 승인된 '국가 신형 도시화 규획(2014~2020년)'에서도 도시화 과정의 주요 목표를 도시군으로 설정하여, 도시군 체계 내에서 핵심도시가 주변도시들을 견인하여 협조적인 발전을 도모하도록 하였다. 2016년 중국의 인구는 13억 8,271만 명으로 2012년보다 2,867만 명 증가하며 연평균 5%대의 증가율을 기록하였다.

3. 중국 도시화 현황과 주요 정책

1) 도시화 현황

신중국 건국 원년인 1949년 당시 69개(대만 포함)였던 도시 수가

2019년 672개로 늘어났다. 현재 중국정부 규정에 따르면, 상주인구수가 2만 명 이상일 경우 도시(城市)로 분류한다. 특히 그 중 비농업 인구수가 50%를 초과하면 집진(集鎭)도시로 분류하고 있다. 중국은 상주인구가 10만 명 이하는 소도시, 10~50만 명은 중등도시, 50~100만 명은 대도시, 100만 명 이상은 특대도시로 구분하고 있다.

지금까지 중국의 도시화는 공업화와 방향이나 속도를 같이 해 왔다. 인구 이동은 중부와 서부에서 동부로 이루어졌으며, 도시 별로는 규모가 클수록 인구 유입이 많은 양상을 나타냈다. 1995~2011년 사이에 인구 순유입이 가장 많았던 성(省)은 광동(廣東, 2,600만 명), 상해(上海, 919만 명), 절강(浙江, 801만 명), 북경(722만 명), 강소(江蘇, 492만 명), 천진(天津, 376만 명) 순이고, 인구 순유출이 많았던 지역은 사천(四川, 824만 명), 안휘(安徽, 748만 명), 하남(河南, 627만 명), 귀주(貴州, 578만 명), 광서(廣西, 521만 명), 호북(湖北, 398만 명) 순이다.

농민공의 유동 현황을 보면, 2010년 현재 지역별 농민공 유입 비중이 높은 지역은 광동(30.6%), 절강(23.6%), 강소(9.7%), 상해(9.5%), 북경(9.1%), 복건(福建, 4.3%) 등으로 이들 동부 6개 지역이 전체의 86.8%를 차지한다. 농민공 출신 지역은 안휘(15.9%), 사천(14.8%), 하북(10.1%), 하남(8.8%), 호남(7.7%), 귀주(7.6%) 등 중서부 6개 지역이 높은 비중을 보이며 전체의 64.9%를 차지한다. 도시 규모별 순유입 인구는 인구 규모에 비례하는 양상이 뚜렷하게 나타난다. 동부 직할시가 가장 높고, 동부 성회(省會),4) 중서부 성회, 동부 지급시(地級市),5) 중서부 지급시가 뒤를 잇는다.

---

4) 성회(省會)란 성의 행정 중심지를 말한다.
5) 중국 행정구역 중 하나로 인구가 대략 200만~300만 명 가량이다.

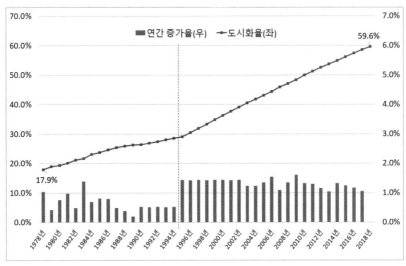

출처: 『중국 도시화 발전 40주년의 성과 및 전망』, KIEP, 2019.

〈그림 1〉 중국의 도시화율 추세 및 연간 증가속도(1978~2018년)

2008년 글로벌 금융 위기 이후 외지로 나갔던 농민공이 동부 지역 경제 부진과 중서부 지역의 일자리 증가로 귀향하여 정착하는 현상이 두드러지게 나타났다. 그 규모는 2009년에 가장 컸고, 2010년 감소세로 전환한 뒤 2011년 이후 다시 증가하고 있다. 주로 중경(重慶), 청두(成都), 무한(武漢), 정주(鄭州), 서안(西安) 등지의 중서부 중소도시들에 집중되고 있다. 특히 호북성은 과거 7년 간 지속된 인구 순유출 흐름에서 벗어나 2011년에 순유입이 증가세로 전환되었다. 반면 절강성(浙江省)은 과거 9년 간 인구 순유입 증가세가 꺾이며 2011년 6만 2,000명 순유출을 기록했다. 현재 지역별로 해당 지역 농촌 노동력의 5% 이하를 차지하는 귀향 인구 비중은 20년 뒤 15% 가까이 오를 것으로 전망되고 있다.

2) 도시화 주요 정책: 지방자치단체별·시기별

(1) 지방자치단체별 도시화 정책

① 소성진(小城鎭) 도시화 정책

중국의 소성진(小城鎭)6)정책은 1980년대와 1990년대에 도시화 정책의 핵심요소로 작용하였다. 특히 14기 3중 전회(1993년 11월)에서는 농촌의 3차 산업발전과 잉여 노동력 이전을 촉진하기 위한 소성진의 역할을 강조하였다. 중국정부는 1990년대 이후에도 중국의 도시화 정책에서 소성진정책의 중요성을 강조하였다. 농촌 노동력 과잉 해소, 농촌 산업구조 조정 촉진, 계획적인 농촌인구의 도시 이전, 조화로운 도시화 전략에 있어서 소성진정책의 필요성을 인식하였다.

② 직할시(直轄市) 도시화 정책

상해와 북경은 중국의 대표적 도시로서 외부 인구 유입 수요가 가장 높은 지역이다. 2012년까지 상해는 중국에서 도시화 수준이 가장 높은 도시였고 북경은 두 번째 도시였다. 2010년 이후 도시화 수준은 거의 비슷한 수준에 유지하였다. 상해와 북경은 도시화 수준이 높은 대도시이기 때문에 토지제도개혁보다 호구제도개혁이 더 중요한 문제였다. 2010년 8월 2일 북경 시정부가 발표한 「국가 중장기 인재발전 계획 요강 2010~2020(首都中長期人才發展規劃綱要2010~2020年)」에서 처음으로 천진과 북경 간 호구의 자유이동관리제도를 도입하였다. 북경

---

6) 중국에서 도시란 넓은 의미로 성진(城鎭)을 말하며, 좁은 의미로는 성진 중에서 도시화 수준이 높은 지역인 성시(城市)를 가리킨다.

은 고급인력을 위한 부가혜택으로 본인 및 배우자와 자녀의 호구를 북경으로 함께 등록할 수 있도록 하였다. 해외 고급인력도 호구, 주택, 의료, 자녀교육 등의 방면에서 혜택을 받을 수 있게 되었다.

2014년 2월에「수도도시화발전분석보고(首都都市化發展分析報告)」에 의하면 북경의 도시화 수준은 86.2%이며, 1200개 농촌이 신흥도시 수준으로 승격되었다. 이는 선진국의 도시화 수준에 해당된다. 2013년 7월 1일부터「상해시 거주증 관리 방법(上海市居住证管理办法)」의 발표에 따라 상해시는 중국에서 최초로 거주증 정착포인트제도를 실시한 도시가 되었다. 규정에 의하면 기존의 우수인재 거주증과 일반 거주증의 차별을 철폐하고 일제히 정착 포인트제도를 실시하며 포인트에 따라 거주증 소지자에게 공공서비스를 제공하도록 하였다.

③ 지급시(地級市) 도시화 정책: 성도·흑룡강성·온주

성도시(成都市)는 21개의 중점공업발전구역을 포함하고 있는 대도시다. 성도(成都) 중심에서 도시 외곽지대로 갈수록 도시화 수준이 낮아지는 특징을 보인다. 도심지대의 도시화 수준은 100%이나 도심 면적은 시 면적의 3.8%에 불과하다. 외곽지대는 전체 시 면적의 70.3%를 차지하는 데 비해 도시화 수준은 28% 정도에 그친다. 이는 성도시의 전면적 도시발전에 저해 요인이 되고 있다.

흑룡강성(黑龍江省) 정부는「흑룡강 신형 도시화 계획 2014~2020년 (黑龍江省新型城鎭化規劃2014~2020年)」을 발표하면서 4개 주요 도심구역 (主城區) 인구 규모를 통제하고 비도심구역(非主城區)의 호구신청조건을 완화하도록 하였다. 합법적인 직업과 안정된 주소, 도시사회보험 시한, 거주시간 등을 지표로 정착포인트(積分登陆)제도를 실시한다. 일정한 포인트를 얻은 외래인원의 부모, 자녀, 배우자도 같이 도시에 상주호구로 등록할 수 있도록 하였다.

하얼빈(哈爾濱)은 「도농공동발전과 도농경제사회 일체화발전을 위한 구조 형성에 관한 의견(关于統籌城鄉發展加快形成城鄉經濟社會發展一体化新格局的若干意見)」에서 도농 간 공동발전을 강화해 나갈 것이라고 지적하였다. 이에 따라 하얼빈 지역 내 도시와 농촌의 기초 인프라·시장·공공서비스·사회관리·산업발전 등 상생 발전을 구축하기 위한 조치를 마련하였다. 2019년 하얼빈의 도시화 수준은 65.30%를 기록하였다. 하얼빈은 송북구(松北區), 평방구(平房區) 등 주요 도시에서 출발하여 도시 주변의 오상시(五常市), 빈현(宾縣) 등 중심 구역으로 도시화를 진행하고 있다.

절강성(浙江省) 남부의 온주시(溫州市)는 호구제도개혁을 중심으로 도시화를 진행하였다. 2019년 상주인구는 925만 명이며 도시화율은 70% 수준을 기록하고 있다. 온주시는 개혁 추진의 기본 원칙으로 삼분삼개(三分三開)를 채택하고 있다. 삼분(三分)은 3개 구분을 말한다. 첫째, 농촌의 행정위원회와 농촌의 집체경제조직을 구분, 둘째, 비토지자산과 토지자산을 구분, 셋째, 호구와 주택의 소유 및 사용권을 구분하는 것이 해당된다. 삼개(三開)는 주식개혁, 농지개혁, 호구개혁을 말한다. 주식개혁은 향촌의 집체경제 하의 비토지자산(非土地資産)을 주식개혁을 통하여 현대 기업의 운임 방식에 따라 운용하도록 한다. 토지자산은 합작사를 통하여 집체(集體) 소유권을 유지할 수 있다. 농지개혁은 농지는 양도할 수 있도록 하고 농촌집체건설용지는 시장 운용 원리에 편입시킨다. 호구개혁은 거주지에 따라 호구를 등록하여 관리하는 제도를 말한다.

④ 현급시(縣級市) 도시화 정책: 장사현·남창현

장사현(長沙縣)은 호남성(湖南省) 장사(長沙) 근처에 있는 현(縣)으로 중국의 도시화 발전 모범 지역에 속한다. 18개 진(鎭)에 100만의 상주 인구가 거주하고 있다. 현대화된 농장 건설을 통하여 농업 현대화와 도시화 발전을 추진하였다. 해마다 빈곤한 농민들에게 무료로 1000만 위안의 구매권을 지급하여 소비 증가를 적극적으로 유도하고 있다. 토지의 집약적 이용을 중요 목표로 삼아 도시화를 3가지 방식으로 추진하였다. 첫째, 안치구(安置區)에서 높은 빌딩을 건설하는 것이다. 둘째, 토지 승포(承包: 경영권의 양도)를 통하여 토지 규모를 집중 경영 하는 것이다. 셋째, 경작지를 효율적으로 정리하여 경작지 면적 증가 와 농업생산조건을 개선하는 것이다.

성도시(成都市) 서북쪽 근처에 있는 비현(郫縣)은 상주인구는 76만 명 정도이며 이중 도시호적이 있는 인구는 51.9만 명이다. 2019년 비현의 도시화 수준은 70%를 기록하였고 주위 소도시 지역의 도시화 수준을 향상시키는 데 기여하고 있다. 또한 사회자원이 유입될 수 있도록 농촌 집체토지사용권을 보완하여 합작회사의 주식을 분배하 여 이익을 나누고 있다.

강서성(江西省) 중북부에 있는 남창현(南昌縣)은 인구 100만 명으로 도시화 과정에서 주택을 철거하여 이주하는 문제를 성공적으로 해결 하였다. 도시화 발전 과정에서 도농 간 사회보장의 균등화를 특별히 중시하였다. 농촌에서 도시로 거주지를 전환하는 주민에게 도시주민 과 같은 양로보험을 가입할 수 있도록 하고 농촌호구를 가진 농민에 게 자유로운 보험을 가입하는 권리를 주었다. 도농 간 공공서비스가 균등하게 실시되도록 27억 위안을 투입하여 농민이 도시인구와 동등 하게 취업, 입학할 수 있도록 하였다. 중국 최초로 실시된 51개 현대

농업 모범 지역 중의 한 곳으로 토지제도개혁을 실시하였다.

(2) 시기별 도시화 정책

① 1980년대

1978년 개혁개방 이후 중국 도시화의 가장 큰 특징은 등소평의 선부론(先富論)과 공동부유론(共同富裕論)을 이론적 근거로 한 도시발전 전략과 광역도시군 구축이라 할 수 있다. 이를 위해 도시발전의 입지 환경, 지역경제발전 및 발전 가능성, 해외 투자유치 및 대외 무역 등 경제발전에 영향을 미칠 수 있는 요소들을 종합적으로 고려하고 이러한 요소들을 수용할 수 있는 능력을 갖춘 도시를 우선 선정하였다. 선정된 도시가 도시화를 위한 우위를 선점할 수 있도록 각종 개발 특혜를 부여하고 집중 성장시킴으로써 주도적이고 전략적인 특대도시로 급속하게 발전할 수 있게 하였다. 이후 특대도시와 주변 주요도시들을 연결하는 철도망, 도로망, 항공망 등 도시 기반시설을 구축하여 도시 간 내재적 연계를 강화시켜 특대도시를 중심으로 주변도시들을 하나로 묶는 도시군(都市群)을 구축하였다. 구축된 도시군은 최적화된 일일생활권과 경제권을 형성하도록 하여 특대도시의 발전효과를 주변 지역으로 파급시키고 점차적으로 공동 발전하는 전략을 취해 나갔다.

해당 시기에는 농업의 생산성 향상과 2~3차 산업의 성장 기반구축 등에 따라 연해 지역의 대외 개방 거점도시를 중심으로 도시화가 추진되었다. 농업개혁에 따른 생산성 제고로 농촌의 노동력이 증가하고 산업 기반구축 및 외자 도입 등으로 도시 및 비농업 분야의 노동력 수요가 증대되면서 도시화가 시작되었다. 1979년 광동성의 심천(深圳)

및 주해(珠海), 1984년 동부 연해의 대련(大連), 영구(營口), 진황도(秦皇島) 등 14개 항구도시를 경제특구로 지정하였다. 주강삼각주(珠江三角洲), 장강삼각주(長江三角洲), 베이징-톈진-탕산(北京-天津-唐山: 京津唐) 등 3대 도시군을 중심으로 경제성장을 이루었다.

② 1990년대

1990년대 중반부터 농민의 대규모 이주와 소도시 육성정책이 발표되었으며 1990년대 후반에는 중소도시를 중심으로 한 도시화의 가속화정책이 시행되었다. 1995년 국가체제개혁위원회 등 11개 관련 부서가 공동으로 '중국 소도시 종합개혁 시범 지역 지도의견'을 발표하여 농촌 노동력의 도시 전입과 농촌 지역 내 소규모 도시 건설 등을 추진하였다. 상대적으로 발전 수준이 낮은 소도시의 향진(鄕鎭)기업을 발전시켜 도시개발체계를 갖추도록 하는 지원 방안을 마련하였다. 1998년에는 '소도시 건강 발전 촉진에 대한 약간의 의견'을 통해 호적제도 개편 및 인프라 투자 개방 등 도시화의 가속화 방안에 대한 정책이 추진되었다. 이 시기부터 중국 도시화의 주된 과제인 '농촌 인구의 도시민화'를 가속화하는 정책에 대한 논의가 본격적으로 시작되었다.

③ 2000년대

2000년대에 들어서면서 대도시를 전략적으로 성장시키기 위한 권역 발전 전략이 추진되었다. 2000년대 중반부터 도시군 발전 전략이 시작되면서 공간적 범위의 도시화 확장정책을 전개해 나갔다. 상대적으로 도시화 수준이 낮고 낙후된 지역을 권역별로 구분하여 발전시키기 위해 지역균형발전 이론에 입각한 권역별 지역발전 전략을 활용하였다. 2000년 서부대개발, 2003년 동북진흥공정(東北振興工程), 2004년

중부굴기(中部崛起) 등 권역별 발전 전략이 차례대로 추진되었다. 2000
년대 중반부터는 거점 도시가 발전하는 과정에서 생산요소를 보다
원활히 공급하고 발전의 성과를 주변 도시로 파급하는 효과까지 고려
한 도시군(城市群) 발전 전략이 마련되었다. 이후 2013년 '5+9+6' 형
태의 20개 도시군이 '제13차 5개년 규획(13·5규획)'에 반영되어 현재까
지 공식적인 도시군 정책으로 추진되고 있다.

　도시군 전략은 2006년부터 중점적으로 논의되기 시작하였다. 이후

〈표 1〉 중국의 주요 도시화 정책 및 특징

시기	정책 특징	주요 정책	비고
1978년	개혁개방, 도시화 정책 개시	• 1978년 도시건설 업무 강화에 관한 의견(關于加強城市建設工作的意見)	개혁개방 이후 도시건설 관련 최초 정책
1990년대	중소도시의 형성 및 농민 도시이주 추진	• 1994년 소도시 건설 강화에 관한 약간의 의견(关于加强小城鎮建設的若干意見) • 1995년 중국 소도시 종합개혁 시범지역 지도 의견(中國小城鎮綜合改革試点指導意見) • 1998년 소도시 건강 발전 촉진에 관한 약간의 의견(促進小城鎮健康發展 的若干意見)	
2000년대	권역 발전 전략 및 도시군 발전 전략의 추진	• 2000년 서부대개발 실시에 관한 약간의 정책 실행 통지(關于實施西部 大開發若干政策措施的通知) • 2003년 동북 지역 등 노후 공업기지 진흥 전략에 관한 약간의 의견(關于實實施東北地區等老工業基地振興電略的若干意見) • 2004년 중부 지역 굴기 촉진에 관한 약간의 의견(关于促進中部地區崛起 若干意見) • 2007년 '전국 도시 체계규획(全國城鎮 體系 規劃)'에서 13개 도시군이 최초로 제기	권역별 발전 전략 및 도시군에 관한 최초의 국가급 정책
2010~ 2015년	국가 차원의 도시화 정책 및 신형 도시화 규획 추진	• 2014년 국가 신형 도시화 규획(2014~2020년)(國家新型城鎮化規劃(2014~2020年))	도시화에 대한 종합적 개혁 방안
2016년~	신형 도시화의 질적 제고 및 인간 중심 도시화의 추진	• 2016년 신형 도시화 건설의 심화 추진에 관한 약간의 의견(关于深入 推進新型城鎮化建設的若干意見) • 2016년 1억 비호적인구의 도시 정착 추진 방안에 관한 통지(关于印發推動 1億非戶籍人口在城市落戶方案的通知)	

출처: 『중국 도시화발전 40주년의 성과 및 전망』, KIEP, 2019.06.

중국 공산당 17대(2007년), 18대(2012년), 19대(2017년) 전국인민대표대회(全國人民代表大會)에서 연속해서 도시군을 새로운 경제 성장축으로 천명하였고 지역경제발전과 도시화의 핵심 주체 범위로 강조하였다. 특히 2014년 발표된 '국가 신형 도시화 규획(2014~2020년)'에서도 도시화 과정의 주요 목표를 도시군으로 설정하여, 도시군 체계 내에서 핵심도시가 주변도시들을 견인하여 협조적 발전을 도모하도록 하고 있다.

2000년대 대도시 중심의 도시화 정책은 기존의 중소도시 중심의 도시화보다 집약적인 발전과 함께 지역균형발전을 추진하기 위한 것으로 이해할 수 있다. 당시 성(省) 간 인구이동의 제약으로 지역마다 대규모 인구 밀집 지역이 형성되어 있어 대도시 또는 도시군을 육성하지 않고서는 건전하고 균형 잡힌 도시화 발전에 한계가 존재했기 때문이다.

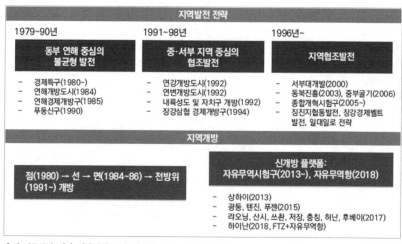

출처: 『중국의 대외 개방정책 40년 평가와 전망』, KIEP, 2018.

〈그림 2〉 중국의 시기별 지역발전 단계와 개방

④ 2010년대

2010년 이후 도시화의 질적 수준 제고를 가장 중요한 정책 목표로 설정하여 전면적이고 종합적인 신형 도시화 정책이 추진되었다. 중국의 신형 도시화는 우선 도시인구의 단순 확대가 아니라 도시유입 농민의 도시민화에 초점을 두고 있다는 측면에서 과거의 도시화와 구별된다. 건물을 짓고 도시를 확대하는 과거와 달리 사람을 핵심으로 하여 농업에서 비농업으로, 농촌에서 도시로, 농민을 도시민으로 전환시키는 것이다. 사람, 즉 농민의 도시민화가 바로 신형 도시화의 핵심이라고 말할 수 있다. 그 동안 추진해 온 중국의 도시화는 양적 측면의 커다란 성과에도 불구하고 많은 사회적 문제를 야기하고 있다. 그 중에서도 특히 도시유입 농민들이 각종 차별과 제약 요인으로 도시에 융화되지 못하고 주변인으로 전락하면서 심각한 사회 문제로 대두되고 있다. 뿐만 아니라 도시유입 농민들은 도시의 사회·제도·문화시스템에 제대로 융화되지 못하여 도시에서의 생활과 행동에 있어 제대로 된 지원을 받지 못하고 심리적 소외감과 이질감까지 느끼고 있다. 또한 그들은 줄곧 단순 취업자나 노동자로 취급받으며 하급 노동력시장에 국한되어 대부분 비정규직에 종사하고 있다. 이와 같은 도시유입 농촌인구의 반도시화 문제 발생 원인은 농민과 농민공의 유동이 도농 간 이원화된 호적제도, 도시 편향적 공공정책, 토지제도 등으로부터 제약을 받고 있기 때문으로 풀이된다.

또한 토지와 공간의 도시화가 인구의 도시화보다 빠르게 진행되면서 도시 용지의 비효율적인 활용이 문제가 되고 있다. 급속한 도시화로 인한 각종 부작용, 예를 들면 주택난·교통난·대기오염 등 일반적인 도시병 등이 날로 심각해지고 있다. 이것이 바로 중국이 과거에 추진해 온 도시화의 현주소이자 새로운 신형 도시화를 추진하는 배경이다. 2012년 12월에 열린 중국공산당 중앙경제공작회의에서 제시한 신형 도시화에 대한 인식과 정책 방향은 중국 내 신형 도시화에 대한 개념과 인식을 잘 포괄하고 있다. 도시와 농촌이 함께 발전하고 새로운 공업화 전략에 부응하는 '신형 도시화' 전략을 추진해야 함을 강조하고 있다. 이를 통해 중국정부가 새롭게 추진하는 신형 도시화는 과거의 도시화와는 달라야 한다는 것에 초점을 맞추고 있음을 알 수 있다. 신형 도시화는 그 이념과 원칙, 목적과 임무, 중점과 동력 등에서 과거의 도시화와 구별되어야 한다는 것이 중국정부뿐만이 아니라 학계의 공통된 인식이기도 하다.

2013년 12월, 중앙도시화 업무회의(中央城鎭化工作會議)에서 농촌 인구의 도시민화 및 도시 인프라 이용 효율 제고, 다원화된 도시 재원 확보 메커니즘 구축, 효율적인 도시 분포, 도시건설 및 관리 수준 제고 등이 논의되었다. 2014년 '국가 신형 도시화 규획(2014~2020년)'에서는 중국 특색의 신형 도시화 로드맵을 제시하면서 도시화율의 증가보다는 도시화 과정의 효율성과 도시 주민의 생활 수준 향상 등 도시화의 질적 성장을 강조하고 있다. 도시민화를 위한 호적제도 및 공공서비스개혁, 지역협조발전과 연계된 도시군 발전 모델 구축 등 기존 의제를 포함하면서 기초 인프라 시설 수준 및 자원환경 부문 등의 정량화된 목표를 설정하여 도시화의 질적 성장을 강화해 나갈 것을 명시하였다.

2016년 2월, '신형 도시화 건설의 심화 추진에 관한 약간의 의견'을 통해 ⅰ) 제도 개선을 통한 농촌 인구의 도시민화, ⅱ) 도시 기능 전면 개선, ⅲ) 중소도시 및 특색 소도시 건설, ⅳ) 견인작용을 수반한 신농촌 건설, ⅴ) 토지 이용 메커니즘 정비, ⅵ) 도시건설 투융자제도 정비, ⅶ) 도시 부동산제도 정비 등 총 36개 세부 정책을 추진하였다. 2020년

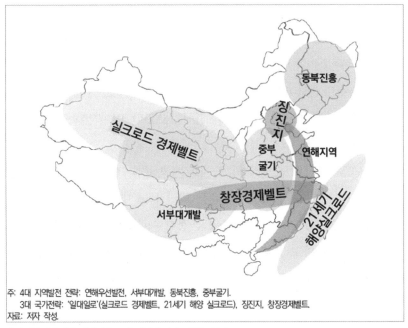

주: 4대 지역발전 전략: 연해우선발전, 서부대개발, 동북진흥, 중부굴기.
　　3대 국가전략: '일대일로'(실크로드 경제벨트, 21세기 해양 실크로드), 징진지, 창장경제벨트.
자료: 저자 작성.

출처: 『중국의 대외 개방정책 40년 평가와 전망』, KIEP, 2018.

〈그림 3〉 중국 4대 지역발전 전략과 3대 국가 전략의 지리적 위치

까지 호적인구 기준 도시화율 45% 달성을 목표로 하여 13·5 규획
기간 연평균 1,300만 명 이상의 비호적인구를 도시에 전입시킬 계획
을 발표하였다.

4. 중국 도시화 정책의 성과와 과제

도시화가 본격적으로 시행된 지난 40년간 중국의 도시화율은 1978
년 17.9%에서 약 41.7%p 상승하였고(2018년 59.6%), 도시 수도 크게
증가하였다. 도시 상주인구는 약 1억 7,000만 명에서 8억 3000만 명으

로 약 6억 6,000만 명 증가하여, 같은 기간 총 인구 증가세(4억 명)에 비해 훨씬 빠르게 증가하였다. 반면 농촌 인구는 2억 3,000만 명 감소 (7억 9,000만 ⇨ 5억 6,000만 명)를 나타내었다. 2019년 중국의 도시 수는 모두 672개로 1949년 132개 대비 540개 증가하였으며 그 중 인구 100만 명이 넘는 도시는 130개, 인구 1,000만 명이 넘는 대도시도 16개이다.

1995년을 기점으로 중국의 도시화는 가속화 단계에 진입하였다. 1995년 이전까지 중국의 도시화율은 매년 1%p 미만 수준으로 증가하였으나, 1995년 도시화율이 30%에 근접한 이후 매년 1~1.5%p 수준으로 빠르게 증가하고 있다. 현재 중국은 도시화율 안정화 단계의 진입 수준인 70%에 도달하지 못했으며 도시화 진행 속도는 여전히 빠른 편에 속한다.

현재 중국의 도시화 정책은 다양한 원인들로 인해 변화하고 있다. 인구 유입이 많은 곳은 취업기회가 많고 경제성장 속도가 비교적 빠른 반면, 인구 유출이 많은 지역은 동북 지역처럼 경제성장이 둔화되는 경향을 보인다. 고속철의 발전은 지역성장 구도에 변화를 가져왔다. 내수시장 점유율이 높아지면서 인구가 많고 시장규모가 큰 일부 지역은 발전에 유리한 상황이 조성되고 있다. 육해상(陸海上) 신(新)실크로드 건설인 '일대일로(一帶一路)'정책 추진으로 해양과 육지의 연동 개발이 진행되면서 중서부 지역의 개방형 발전을 위한 토대가 마련되고 있다. 하지만 중서부 지역은 상대적으로 발전이 더뎌 빠른 경제성장과 성장 방식의 전환을 동시에 해결해야 한다는 문제에 직면해 있다. 동부 연해 지역은 생산비용이 증가하면서 상대적으로 비용이 낮은 내륙 지역으로 산업기지가 이전되고 있다. 중국의 도시화는 이러한 다양한 상황 변수들이 얽혀 속도와 규모, 범위에서 시행착오를 거쳐 왔다.

중국정부는 상대적으로 낙후된 서부 지역 12개 성(省)과 중부 지역 6개 성(省)의 개발을 위해 서부대개발(西部大開發, 2000년)정책과 중부 굴기(中部崛起, 2006년) 등 개발정책을 추진하였다. 차츰 중서부 지역은 동부 지역보다 높은 성장세를 보였다. 2011년 연간 9.3% 경제성장률을 기록한 당시 동부 지역은 성장 동력이 약화되면서 8~9%의 성장률을 나타낸 반면, 투자 집중 및 내수시장 확대가 진행된 중부와 서부 지역은 12~13%대의 경제성장률을 기록하였다. 현재 중국 성시별 소득 수준을 비교해 보면 동부 지역이 절대적인 수치에서는 중서부 지역보다 앞서지만, 1인당 GDP 증가율은 중서부 지역의 잠재력이 훨씬 클 것이라는 분석이 나오고 있다. 게다가 중서부 지역의 소득 증가 속도가 동부 지역을 훨씬 상회하고 있어 구매력 증대에 따라 중서부 지역에서 큰 소비시장이 형성될 전망이다. 하지만 해결해야 할 과제도 상당 부문 존재한다. 현재 중서부 농촌에서 동부 도시로 이전한 많은 취업 인구가 현지 시민과 동등한 수준의 공공서비스를 제공 받지 못하고 있다. 아울러 동부의 자본, 기술 및 인재 등은 불완전한 사업 환경, 거래비용 등을 이유로 중서부 지역으로의 이동에 제한이 존재한다. 상대적으로 낙후된 지역에 속했던 중서부 지역이 새로운 소비시장으로 부상하면서 부동산 가격 및 임금 상승으로 기업 환경이 오히려 악화될 가능성도 있다.

중국정부는 지역 간 경제 요소의 자유로운 이동을 전제로 도시군, 경제벨트, 중점경제구 등의 기능을 명확히 하고, 합리적인 분업을 통해 지역 간 협력 발전의 장기적인 효과를 낼 수 있는 메커니즘을 완비해야 할 것이다. 이를 위해 통합된 시장시스템을 구축하여 인력 및 산업 요소의 자유로운 이동이 가능하게 해야 할 것이다. 지역협력발전에 주요 작용을 할 수 있도록 해야 한다. 국가 행정에서의 장벽 완화를 위해 기술 인력 자원 시장을 구축하는 일이 요구된다. 호적제 도개혁에도 속도를 내어야 한다. 기존 비(非)호적인구의 차별적 대우 문제를 해소하고 사회보장제도도 통합해야 할 것이다. 정부와 사회조직 및 기업 등 다양한 주체들이 제 기능을 발휘하여 다양한 영역에서 협력 네트워크를 구축해 나가야 한다.

도시화가 성공적으로 진행된다면 중국은 경제 전반의 체질개선과 소비 중심의 지속 가능한 경제구조를 형성하는 데 기여할 것이다. 아울러 중진국 함정7)에 봉착할 수 있는 중국에게 효과적인 성장 엔진으로 작용할 것이다. 따라서 향후 국내외 기업들은 중국의 도시화 진행 추세에 따라 더욱 뚜렷해질 지역별 특성과 성장 잠재성을 고려하여 시장 선점 및 차별화된 마케팅 전략을 구상해야 할 것이다. 중국은 각 지역마다 지역적 색채가 상당히 강하므로 미래의 거대 소비 시장을 겨냥하여 개별 도시에 적합한 전략 마련이 반드시 필요하다.

5. 중국 도시화의 미래

세계 경제는 2008년 금융 위기와 유럽 재정 위기를 거치면서 장기 저성장구조로 전환되었다. 중국은 장기적인 경기 침체 속에서 지속 가능한 경제발전을 위한 경제구조 조정과 경제성장 방식 전환의 중대한 시기를 맞이하고 있다. 지난 40여 년간 수출에 의존하여 높은 성장

---

7) 개발도상국이 초기에는 순조롭게 성장하다가 중진국 수준에 이르러 성장이 장기간 둔화되거나 정체되는 현상을 말한다.

세를 유지해 왔으나 대외 여건 악화로 인해 수출 주도형 경제가 한계에 봉착하였다. 도시화는 이러한 시기에 중국 경제의 새로운 성장 동력이 되고 있다. 향후 중국의 경제발전을 견인할 핵심 동력으로 인식하고 있으며 도시화를 통해 내수 중심의 성장 구도로 전환해 나가고 있다.

중국의 도시화는 단순히 도시 지역의 양적 팽창이 아닌 국가 발전 전략이라 할 수 있다. 무엇보다도 중요한 것은 정책을 추진하고 현실화하는 과정에서 소요되는 비용을 충당하는 것이다. 막대한 재정수요를 충족시키기엔 역부족일 가능성이 크다. 결국 이러한 재원부족과 재정조달 필요성은 외자기업을 포함한 기업들에게 준조세 압력과 기업의 사회적 책임 요구 증가로 이어져 이로 인한 각종 비용부담이 증가할 가능성이 크다.

한편 중국의 도시화는 우리경제와 기업에도 일정 부분 긍정적인 영향이 있을 것으로 기대된다. 중국의 도시개발 관련 시장은 규모가 클 뿐 아니라 관련 업종이 다양하다. 우리나라의 건설 시장이 포화된 상태에서 다소 제한적일지라도 중국 도시개발 시장에의 참여가 우리 업계에 활력이 될 수 있다. 특히 중국의 내수시장 활성화와 도시 인프라 건설 확대 및 관련 투자 증가는 중국 내 사업 기회 확대와 대중투자 및 수출에도 긍정적인 영향이 있을 것으로 판단된다. 그러나 중국의 도시개발 시장은 외자기업에 대한 진입장벽이 높은 만큼 전략적 접근이 필요할 것이다. 중국의 도시화 정책 변화로 인해 한중 협력에 미칠 영향을 파악할 필요가 있으며, 이를 바탕으로 한중 경제협력에 대한 종합적인 대응 전략을 마련해야 한다.

참고문헌

김수한·유다형, 「중국 국토 공간 개발 방향과 특징」, 『전국국토규획강요 2016~2030』, 인천발전연구원, 2017.

김수한, 「중국 베이징의 경제 산업 발전과 공간의 재편」, 『중국도시정보 20』, 인천발전연구원, 2017.

김수한 외, 「중국 환발해 지역발전의 주요 내용 및 특징」, 『환발해지구합 작발전요강(环渤海地區合作發展綱要)』, 인천발전연구원, 2016.

김수한 외, 「일대일로 권역별 거점도시 역량 분석」, 『중국도시정보 18』, 인천발전연구원, 2016.

경제인문사회연구회(김시중 외), 『중국경제의 구조 변화와 한국경제에 대한 시사점』(중국 종합연구 협동연구총서 16-49-08), 대외경제정 책연구원, 2016.

김현수, 「중국 공간·지역 발전의 키워드 도시군 연구 동향 특징」, 『인차이 나 브리프』, 2016.

김현수, 『중국 도시화 발전 40주년의 성과 및 전망』, KIEP, 2019.

대외경제정책연구원 북경사무소, 「최근 중국의 민관협력사업(PPP) 추진 현황 및 평가와 전망」, KIEP 북경사무소 브리핑 제17-01호, 2017.

양평섭 외, 『중국의 대외개방정책 40년 평가와 전망』, KIEP, 2018.

이문형 외, 『중국 동북 지역의 주요 산업별 진출 전략: 랴오닝성·지린성· 헤이룽장성 편-제2권 도시군, 교통·물류편』(경제·인문사회연구 회 협동연구 총서), 산업연구원, 2015.

이상훈 외, 「중국 13차 5개년 규획기간의 지역별 정책 방향: 동북 지역」, 『지역기초자료』 16(4), 대외경제정책연구원, 2016.

정성훈, 「중국의 지역별 산업고도화 추진 현황 및 시사점: 랴오닝성」, 『지역기초자료』 16(10), 대외경제정책연구원, 2016.

최지원, 「중국 동북진흥정책 평가 및 신정책 방향 분석」, 『지역기초자료』 17(4), 대외경제정책연구원, 2017.

홍면기 외, 『중국 동북 지역과 환동해 지역의 관계성』, 경희대학교출판문화원, 2017.

喬鶴鳴, 「論‘一帶一路’的經濟重心及其金融支撐機制」, 『中州學刊』 第4期, 2016.

國家發展改革委員會, 『推進東北地區等老工業基地振興三年滾動實施方案(2016~2018)』, 2016.

梁嶽, 「山東省戰略性新興産業與經濟成長的關係研究」, 靑島科技大學, 2016.

劉耀彬 外, 「中國新型城市化包容性發展的區域差異影響因素分析」, 『地域研究與開發』 第34卷 第5期, 2015.

李者聰, 「自由貿易‘新常態初探一帶一路’戰略發展的啟示」, 『國際研究』, 2016.

李靑, 「重慶經濟發展的區域經濟學分析」, 『管理縱橫』, 2017.

方創琳, 『2010中國城市群發展報告』, 科學出版社, 2011.

寶利, 「山東城市競爭力評價與提升對策研究」, 山東財經大學, 2015.

壽怡君, 「一帶一路背景下應對會展業新常態的轉變路徑」, 『企業技術開發』 第34卷 第14期, 2015.

楊雪星, 「新常態下中國綠色經濟轉形發展與策略應對」, 『福州黨校學報年』 總第152期, 2015.

吳江, 「重慶新型城鎮化推進路徑研究」, 西南大學, 2010.

王陽, 「新常態下促進東北老工業基地經濟發展政策研究」, 東北財經大學, 2015.

王志民, 「一帶一路戰略的地緣經濟政治分析」, 『對外經濟貿易大學全球化與中國現代 化問題研究所』, 2015.

周麗群, 「新常態下我國內貿通發展特點與政策建議」, 『中國流通經濟』 第3期,

2015.

周霞, 「經濟新常態下的未來經濟走向」, 『企業改革與管理』, 2015.

中共遼寧省委, 『關於制定國民經濟和社會發展第十三個五年規劃的建議』, 2015.

中共中央國務院, 『關於面振興東北地區等老工業基地的若幹意見』, 2016.

曾春水 外, 「京津冀城市職能演變特征研究」, 『經濟地理』, 2018.

鄧新立, 「'十三五'最大新動能是城鄉一體化」, 2016,
　　　　http://finance.sina.com.cn/meeting/2016-11-11/doc-ifxxsmic6025
　　　　823.shtml (검색일: 2019.12.02)

馬洪波 外, 「'一帶一路'戰略構想爲區域合作發展帶來新機遇」,
　　　　http://theory.people.com.cn/n/2014/0722/c40531-25313173.html.
　　　　(검색일: 2019.12.03)

王爽, 「習近平提戰略構想: '一帶一路'打開'築夢空間'」,
　　　　http://news.xinhuanet.com/fortune/2014-08/11/c_1112013039.htm.
　　　　(검색일: 2019.12.01)

魏後凱, 「新常態下中國城鄉一體化的格局與趨勢」, 『中國鄉村發現』, 2017,
　　　　http://www.ciudsrc.com/new_zazhi/fengmian/qiqi/2016-07-11/10
　　　　3106.html. (검색일: 2019.12.02)

秦中春, 「城鄉一體化發展: 面向未來的國家戰略」, 『芳草: 潮』 第6期, 2016,
　　　　http://www.drc.gov.cn/xscg/20160603/182-473-2890938.htm
　　　　(검색일: 2019.12.01)

中國百度百科, 「城鄉一體化」,
　　　　https://baike.baidu.com/item/%E5%9F%8E%E4%B9%A1%E4%B8
　　　　%80%E4%BD%93%E5%8C%96/1203848?fr=aladdin
　　　　(검색일: 2019.12.01)

건국 후 중국영화의 변천사

이강인

1. 1905~1949: 중국영화의 탄생과 항전 시기

1) 중국영화의 탄생

중국에서 영화의 명칭은 현재 베이징 표준어로는 '전영(電影)'이다. 이를 해석하면 '전기 그림자'라는 의미인데 현재 한국에서 사용하는 영화(映畵)와는 조금 다르다. 어쨌든 이 영화가 초창기에 중국으로 유입될 당시의 명칭은 '서양영희', 즉 '서양 그림자 극'이라고 불렀다.

1885년 11월 15일 저녁 상하이에서 한 유학생이 외국 풍경을 담은 '그림자 극' 한 편을 상영했다. 그러나 이때의 영화는 아직 진정한 의미의 영화가 아니었다. 단지 연속적으로 사진이 움직이는 슬라이드 형태의 영상이었다. 현재 공식적으로는 중국에서 최초의 영화가 상영된 것은 1896년 상하이로 보고 있다. 그 후에 영화의 상영은 점차 상하이, 베이징 등 대도시로 전해지며 많은 사람들이 이 '서양 그림자 극'을 보는 것을 즐겨하였다. 이 당시 영화 상영은 중국 전통 희극을 공연하는 공연극장이나 전통 찻집에서 많이 상영하였다.

1911년 이전의 영화제작과 상영은 대부분 외국인들에 의해 이루어 졌다. 간혹 영화를 보여주었던 상하이 등지의 극장들은 대부분 외국

인 소유였으며 최초의 영화 전 문관을 개장한 사람도 외국인 이었다. 그리고 영화의 제작도 제임스 리칼튼에 의해 처음으 로 시작되었다. 그는 1897년 에 디슨의 단편 영화를 중국으로

들여왔고 그해 에디슨 회사의 카탈로그를 위해 열 편 이상의 영화를 찍었다. 이 초기 작품들은 거의 기록영화나 뉴스 영화였다. 우리는 여기서 에디슨의 영화사업이 미국에 국한된 것이 아니라 중국에 까지 펼쳐졌다는 것에 놀라지 않을 수 없다. 세계 영화사에서 에디슨의 파워는 우리가 알고 있는 것 이상으로 대단한 것이었는데, 그의 영향 력이 중국에까지 펼쳐진 것은 더욱 놀라운 일임에 틀림은 없다.

다시 중국영화의 이야기로 돌아가면, 19세기 말 20세기 초기 당시 중국 내에서 상영된 영화들은 전부 외국에서 들여온 서양의 영화들이 었다. 그러나 대부분 무성영화였고 중국의 자막 처리가 되지 않아 중국 관객들은 당시 나누어준 소개서 정도로 내용을 이해할 수 있었 다. 그래서 이러한 점에 착안하여 중국의 내용을 담아 영화를 만들면 돈을 벌수 있을 것으로 생각하여 영화를 만든 사람이 있는데 그가 바로 런칭타이(任慶泰, 1850~1932)이다. 런칭타이가 자신의 사진관에서

촬영하여 만든 영화가 〈정군산〉(1905)이며, 이는 중국의 최초의 영화로 평가 받고 있다.

런칭타이는 베이징의 펑타이 사진관의 주인이며 다양한 사업을 벌여 큰돈을 번 사업가였다. 그는 '대관루 영화원'을 건립하였는데 베이징 최초의 전문 영화관이었다. 그는 영화 사업에 눈을 뜨고 어떻게 하면 영화로 많은 관객을 모을 수 있을까 생각하였다. 그러다 그가 자신의 사진 촬영 경험과 또 당시 희곡 공연이 잘되는 것을 직접 눈으로 보았기에 그는 경극 배우의 연기를 '활동사진'으로 찍으면 가능하겠다고 생각하고 직접 촬영으로 옮겼다.

그리하여 1905년 경극으로 유명한 탄신페이(譚鑫培)의 경극공연을 촬영한 〈정군산〉을 세상에 선 보였다. 이 〈정군산〉은 탄신페이가 가장 사람들을 많이 끌어 모았던 앵콜 공연 경극이다. 특히 중국정부는 2005년 중국영화 탄생 100주년을 기념해 기념우표를 발행했다. 우표 도안은 〈정군산〉의 배우 탄신페이가 주연한 황충의 사진이다.

이것은 고전 소설 〈삼국지연의〉의 제70회와 제71회에서 제재를 따왔다. 극의 줄거리는 촉나라 장수 황충의 전투 장면을 경극으로 공연한 것이다. 여기서 우리는 런칭타이의 사업가적인 기질을 발견할 수 있다. 즉 영화의 성공 원인을 잘 파악하고 있다는 것을 알 수가 있다.

첫째, 탄신페이의 유명성을 확보하였다는 것이며, 둘째 중국인들이 다 알고 있는 유명한 고사인 삼국지 고사를 확보하였다는 것이다.

이는 현재의 영화산업에서 추구하고 있는 것과 동일하다. 즉, 영화가 성공하려면 제일 먼저 고려해야 할 것이 스토리이다. 스토리는 관객의 마음을 잡을 수 있는 가장 큰 요인이다. 셋째, 유명 배우의 출연이다. 배우가 누구인가에 따라 영화의 흥행이 좌우되는 것 역시 현재의 영화산업의 생태이다. 따라서 과거 영화의 초기 출발 당시 이러한 점을 잘 알고 영화를 만든 런칭타이는 역시 사업가적인 기질이 있다는 것을 인정할 수밖에 없다.

2) 무성영화의 시작

중국 최초의 극영화는 1913년 정정추가 각색 연출한 무성영화 〈난부난처〉이다. 정정추(鄭正秋, 1889~1935)는 당시 희극 평론으로 유명한 사람이었는데, 장스촨(張石川, 1889~1953)이라는 외국 상사 직원과 함께 '아시아 영희공사'를 인수하였다. 이 회사는 미국의 자본이 중국자본과 합작을 한 회사로 당시 중국과 홍콩 등지에서 영화촬영을 한 적이 있는 회사였다.

이들이 처음으로 영화를 만든 것이 바로 〈난부난처〉이다. 이 영화는 정정추가 극본을 썼고 장스촨과 공동으로 감독을 맡아 진행하였다. 이 영화의 스토리는 당시 중국이 겪고 있는 봉건사상의 폐해를 희극적 필치로 담아낸 것으로 대중들의 공감을 많이 얻었다.

그런데 여기서 재미있는 것은 이 영화의 모든 배우들이 다 남자라는 것이다. 이는 중국 경극의 영향으로 보여 진다. 중국의 경극은 모두 남자가 하고 여자는 무대에 설 수 없었는데, 이 당시에서도 무대 위에 설 배우들이 모두 남자들만 있었고 여자 역을 맡은 배우가 없었을 가능성이 매우 높다. 따라서 비록 여자 역을 해야 할 배우가 남자가 맡아 역을 소화해 내었을 것이다. 또 여기서 새롭게 보아야 할 것이 서사, 즉 스토리텔링이 있느냐이다. 앞에서 살펴본 중국 최초의 영화인 런칭타이의 〈정군산〉은 경극의 공연 일부 장면을 영화로 찍어 촬영한 것일 뿐이지만, 이 〈난부난처〉는 극본을 작성하여 관객들에게 어떤 주제를 던져주는 스토리텔링을 하였다는 것이다.

1914년 제1차 세계대전이 일어나자 미국영화들이 대량으로 중국에 수입되었고 동시에 유럽의 영화들도 앞 다투어 들어왔다. 영화제작에 계속 관심을 가지고 있던 장스촨은 환선영화사를 창립하여 정정추와 같이 영화 〈아편의 제물〉이라는 장편영화를 제작하게 되었다. 이 영화의 내용은 중국의 부유한 명문가족의 도련님이 아편으로 몰락하는 과정을 그린 내용으로, 당시 세상에 많이 화제가 되었던 신극의 내용을 영화화한 것이다.

중국영화 초기에 제작된 대부분의 영화는 단편영화들이지만 이 영화는 장편의 영화이다. 이 영화 이후로 중국 극영화는 단편에서 장편으로 바뀌어 가는 과도기를 겪게 되었다. 그리고 이 둘은 또 단편영화 〈노동자의 사랑〉(1922)이라는 희극 영화를 제작하여 흥행에 성공하였다. 이 영화의 스토리 역시 어려움을 겪게 된 축(祝)의사와 미혼의 그 딸에게 한 젊은 목수 출신의 과일가게 사장이 다시 병원을 일으키게 하고 둘이 결혼에 골인한다는 극적 드라마를 만들어냈다는 것이다. 이 영화의 성공 요인은 여러 가지가 있지만 가장 중요한 것 역시 탄탄한 스토리라는 것이다. 정정추는 이 영화 촬영 전에 미리 극본을 준비하고 시나리오 제작에서 줄거리, 장면, 슈팅 스케일, 대화 등의 내용을 세밀하게 준비하였다는 것이다.

다음으로 이 둘이 함께 만든 영화가 〈할아버지를 구한 고아〉(1923)이다. 이 영화는 중국에서 처음으로 상업적으로나 예술적으로 큰 성공을 거둔 중국영화라는 것이다. 이 영화의 성공 요인 역시 사회적으로 공감을 얻을 수 있는 봉건 가족의 갈등과 해결이라는 스토리이다. 간단히 설명하면 남편이 일찍 죽자 과부로 남은 며느리가 돈이 많은 시아버지에 의해 아들과 집에서 쫓겨난다. 그러다 조카가 이 시아버지 재산을 노리고 죽이려는 것을 손자가 재치 있게 구하게 되고 그동안 맺혀 있던 원한이 풀어지고 할아버지-손자 3대가 다시 화해한다는 내용이다.

둘째로, 영화의 내용이 중국 정서와 맞았던 것과 함께 자막처리가 관객들에게 받아들여지기 쉬웠다는 것이다. 초창기 중국에서 상영된 외국 영화들은 자막이 아직 번역되지 않았다. 일반 관객들은 단지 설명서와 현장 해설을 통해서만 영화의 내용을 이해할 수 있었다. 그러나 이 영화에서는 내용을 쉽게 자막 처리하여 관객들이 쉽게 영화의 내용을 받아들여 영화의 몰입이 가능하였다는 것이다.

중국 최초의 민족자본 영화사는 1918년에 설립된 상무 인서관의 '활동영희부'이다. 이들은 많은 단편영화들을 제작하였는데, 그 중에 메이란팡(梅蘭芳)이 출연한 경극들을 영화로 제작하였다. 이들이 메이란팡이 공연한 경극을 영화화한 것도 역시 극본 기술이 없는 것과 함께 이미 메이란팡이 관중들에게 사랑을 받은 극이었기에 흥행을 보장받는다는 입장에서 영화화하였다.

한편, 장스촨이 설립한 밍싱(明星)에서 제작한 〈고아 구조기(孤兒救祖記)〉(1923)의 흥행에 성공을 거두며 영화사 설립의 붐을 일으켰다.

1922년에서 1926년 사이에 175개의 영화사가 문을 연 것으로 알려져 있다. 1925년에는 톈이(天一), 1930년에는 롄화(聯華) 등의 주요 영화사가 설립되면서 중국영화는 새로운 전성기를 열어간다. 이 때문에 상하이는 당시 동방의 할리우드라는 별칭이 붙게 되었다. 이 시기 최대의 히트작은 단연 무협연작시리즈 〈불타는 홍련사(火燒紅蓮寺)〉(1928)로 통속영화에 불을 지피며 영화를 대중적 오락으로 거듭나게 했다.

3) 유성영화의 발전

중국의 유성영화 등장은 1931년 장스촨이 공동 제작한 〈여가수 홍무단(歌女紅牡丹)〉이 시초이다. 여기서 재미있는 것은 중국에서 유성영화의 등장이 흥행을 하지 않았다는 것이다. 앞에서 살펴보았듯이 미국에서 처음으로 유성영화가 나왔을 때 사람들은 열광을 하였다. 워너 브라더스사가 존폐 위기에서 기사회생하게 만든 것처럼 대단한 일이었다.

그러나 중국에서는 처음에는 오히려 중국 영화산업을 궁지로 몰아넣었다는 것이다. 그 이유는 초기의 유성영화 작품들이 그 당시 영화 제작기술이 수준 이하인 것도 있겠지만 더 큰 이유는 중국 각 지방의 수많은 방언 때문에 관객들에게 영화의 내용을 제대로 전달할 수 없었기 때문이다. 이는 중국만의 독특한 언어 문제로 볼 수 있기도 하다.

1930년대 중국의 영화는 이렇게 무성영화에서 유성영화로 전환되는 시기였지만 그래도 30년대 초기에는 무성영화의 시기가 좀 더 존재하였다. 이후 영화 기술의 발전과 시대 상황의 변화에 따라 상하이를 중심으로 점차 중국의 영화산업을 빠르게 발전하여 유성영화의 시대로 변모하게 되었다. 또한 자생적으로 구축된 영화산업 인프라를 바탕으로 할리우드를 답습한 멜로드라마와 코미디에서 뮤지컬 영화에 이르기까지 다양한 장르의 영화가 제작되어 양적으로나 영상예술의 측면에서도 높은 역량을 과시하며 중국영화의 황금기를 열었다. 그러나 이 시기에는 오락적인 상업영화 외에도 당시의 현실을 반영한 사회성 짙은 영화들이 많이 제작되었다. 의식 있는 감독들은 국내 정치적 혼란과 일본의 침략으로 인한 국가의 위기 상황에서 영화를 통해 일반 대중을 각성시키고자 노력하였다.

1932년 일본군이 상하이를 점령한 이후로 상하이의 스튜디오 절반이 파괴되었고 극장도 70% 가량 파괴되었다. 그러나 이러한 일본의 탄압에도 불구하고 항일 열기에 힘입어 항일 영화가 활발하게 제작되는 결과도 나타났다. 다시 말해서 상업성이 짙은 시대극이나 멜로극을 벗어나 민족적이면서 대중적인 사실주의 영화를 많이 제작되기 시작했던 것이다.

4) 항전 시기

이 시기는 1930년대에서 1949년까지의 시기를 말한다. 이 시기는 일본의 중국 침략 시기로 항일운동 시기와 맞물려 리얼리즘이 중국문화계에 성행하게 되고 리얼리즘의 항일문학과 항일영화가 형성되는 시기이다. 특히 이 시기는 서구 문물의 급속하게 유입되는 시기로 베이징보다는 상하이를 중심으로 서구 문물의 유입과 영화산업이 성장하는 시기이다. 상하이는 대도시로서 전국의 인력들뿐만 아니라

영화인들이 대거 몰리는 도시로 발전하였다. 당시 가장 큰 영화사로
는 렌화공사가 중심이 되었고 1930년대 리얼리즘 영화와 애국영화를
발전시키는데 큰 영향을 끼쳤다. 1937년 이후에 접어들면서 민족적인
항일 영화가 속속 등장한다. 1940년대 초에는 항일 무장 투쟁과 내전
으로 인해 미래를 위한 투쟁을 표현한 영화들이 제작되었다.

1930년대에는 일본군이 상하이를 점령하여 많은 스튜디오가 파괴
되었고 극장도 약 70% 정도 파괴될 정도로 영화산업은 피폐할 정도였
다. 그러나 오히려 민족적인 항일 영화가 많이 제작되는 경향도 생겨
났다. 1930년대 초 중반에 몇 편의 작품이 제작되었는데 그 중에 정정
추가 감독한 〈두 자매〉(1933)가 초기 무성영화의 대표작으로 꼽힌다.

이 영화는 소박하고 섬세하게 묘사하여
현대와 전통의 서로 다른 특징을 잘 대비
시켰다는 평을 받았다. 그리고 연속 상영
을 하게 되어 당시 중국영화 중에서 매표
수입으로 최고기록을 경신하였다.

청부가오의 〈봄누에〉(1933)와 우용강
의 〈신녀〉(1934), 쑨위의 〈대로〉(1933), 위
안무즈의 〈거리의 천사〉(1937) 등의 작품
이 그 당시 리얼리즘의 대표적인 영화로
손꼽힌다.

2. 1949~1966: 건국 이후와 문화대혁명 이전

1) 중화인민공화국 건국 시기

이 시기에는 기존 사회에 대한 전면적인 개혁을 통해 사회주의적 리얼리즘을 구현하는 데 힘을 쏟았다. 그리고 이 시기에는 전통적, 봉건적 지주 대 새 인물, 공산당원의 대립이 주를 이루는 영화들이 많이 제작 되었다. 시대적으로 보면 1945년 일본의 패망으로 일본의 중국 침략과 제2차 세계대전이 종식되었고 국민당과 공산당의 긴 내전도 막을 내렸다. 1949년 중국 공산당이 이끄는 중화인민공화국이 건국되고 새로운 중국을 건설해야 하는 당면 과제를 갖게 되었다. 그리고 중국은 무엇보다 파괴된 경제를 부흥하기 위해 1958년에 대약진운동을 전개하였다. 이 때문에 중국의 영화는 '열성적인 사회주의 인간형 창조'라는 이데올로기가 자연스럽게 주입되게 되었다.

중국정부는 영화산업을 적극적으로 장려하여 영화의 제작조건이 크게 개선되었다. 공산당은 기존의 영화 스튜디오를 인수하며 공식적 국가 예술의 기틀을 마련하여 대중을 고양시켜 사회주의 건설에 이바지하겠다는 뜻으로 영화를 선전도구로 사용하였다. 이 당시 영화는 철저하게 사회체제의 우월성을 선전하는 혁명영화가 주류를 이루었고 모든 영화는 당의 지시에 따라 제작되고 내용은 도식화되었다. 이렇게 이 당시의 영화는 질적인 면에서 퇴보를 가져오게 되었다.

2) 이 시기 활동한 감독들

(1) 셰진 감독

셰진 감독은 1923년 10월 23일 저장성  상위에서 태어났고 2008년 10월 18일에 세상을 떠났다. 그는 1947년 난징국립연 극전문학교 연출과를 졸업한 뒤 1953년 에 〈여자 농구선수 5번〉으로 감독을 데뷔 하였다. 그는 40여 년 동안 약 20여 편의 영화를 만들었으며 중국 고전영화와 뉴 웨이브 영화를 연결하는 3세대 감독의 대 표적 감독으로 평가받고 있다. 셰진의 대 표작은 〈홍색낭자군〉(1961)이다. 이 영화는 광동성 하이난 섬에서 지 주에게 억압받던 여인이 탈출하여 홍군에 가담했다가 여인부대를 이 끌고 대항한다는 내용으로 1930년대 홍군을 그린 영화이다.

셰진 감독은 화면 운용면에서 근거리 장면을 많이 활용했고, 세부 묘사 장면은 인물 내심의 격정을 잘 반영하였다. 특히 인물 묘사에 있어서 인물의 눈길과 표정을 부각시켜 두드러지게 표현한 것이 특징 이다. 그리고 이 영화는 최초로 구어체로 만든 영화로 평가 받고 있다. 이후 그는 1986년에 〈부용진〉을 만들어 문화대혁명을 비판하였고, 1997년에는 〈아편전쟁〉으로 중국의 과거를 통해 새로운 중국을 만들 겠다는 장편역사극을 제작하였다.

(2) 수이화

수이화는 1916년 11월 23일 난징에서 태어났고 1995년 12월 16일 세상을 떠났다. 그의 대표작으로는 1950년에 만든 〈백모녀〉와 1959년에 만든 〈임씨네 가게〉가 있다.

〈백모녀〉는 동명의 신가극 작품을 신가극형식을 취하여 영화화한 것이다. 중국의 영화사에서 1950년대 초반 영화중에 내용과 형식면에 있어서 선전영화의 전형으로 뽑힌다.

이 영화는 1930~40년대를 배경으로 한 소녀의 이야기를 그리고 있다. 이는 허베이성 푸핑현 일대에 전해지는 백발선녀의 전설을 바탕으로 한 반봉건적 부녀해방을 주제로 삼았다. 소녀는 지주의 마수에서 벗어나기 위해 동굴에서 숨어사는 바람에 머리가 하얗게 되어버렸다. 그러나 중국의 팔로군에 의해 구출된 후 그녀는 공산주의 해방운동에 참여하며 마침내 자신을 억압한 지주들을 징벌하고 혁신된 인민 공동체로 돌아오는 것으로 한다. 그리고 선악구도의 사회적 연관 관계 속에 처한 개인이라는 전통적 표상을 형상화하고 있다는 점에서 전통적 시각과 도덕관념을 드러냈다. 그리고 사회주의 리얼리즘을 중국식으로 변형시키고 마오쩌둥의 이데올로기 선전을 전통양식과 잘 접목시켰다는 평가를 받고 있다.

1959년에 제작된 〈임씨네 가게〉는 중국 5·4문학 작품을 영화로 만든 것 중 최고로 뽑히는 작품이며 그의 대표작으로 평가 받는다. 원작은 마오둔의 〈임가포자〉로 1930년대를 배경으로 외국기업의 횡포 때문에 경제적 어려움을 겪는 임씨 집안을 그리고 있다. 이 작품은 일본이 중국을 침략한 1931년 상하이의 임씨 상점이 무대이다. 사채업자는 터무니없는 높은 이자를 요구하고 부패한 관리는 재물을 번번이 탈취해 간다. 게다가 경찰국장은 임씨의 딸마저 요구하고 결국 임씨는 점포를 닫고 딸을 데리고 도망을 간다. 감독은 이 영화에서 사회전반에 만연된 부패의 실상을 고발하려고 하였다.

당대 최고의 소설가 마오둔과 '신중국영화'의 선구자 수이화(水華), 그리고 중국영화의 개척자로 불리 우는 희곡작가 샤옌의 만남은 '신중국영화'로서뿐만 아니라 중국영화 100년사의 작품들 중에서도 단연 돋보이는 작품을 탄생시켰다. 영화 〈임씨네 가게〉는 1983년 '제12회 포르투갈 국제영화제'에서 심사위원 대상을 수상했고, 1986년 홍콩에서 '세계 클래식영화회고전'에서 유일한 중국영화로 선정되었다. 그러나 아쉬운 점은 10년 후 문화대혁명 시절에 〈백모녀〉와 〈임씨네 가게〉는 5·4문학과 사회주의 이데올로기의 갈등 때문에 큰 논란을 일으키기도 했고 혁명 이념에 위배된다는 불명예를 안고 당의 비판을 받기도 했다.

참고: 마오쩌둥의 〈옌안(燕安) 문예강화〉

(1) 배경

1940년대에 확립된 옌안 해방구의 예술정책은 1930년대에 있었던 홍군의 대장정 시절로부터 다양한 경로를 통해 확립되기 시작한다. 국공내전이 종료되고 옌안은 공산당 활동이 요추 도시가 되었다. 공산당의 문화예술에 관한 주제는 이 옌안 시기에 토대가 확립되었다. 그것은 〈신민주주의 론〉으로 정리되었고 5·4문화운동에 대한 비판적인 성찰과 혁명문예의 성격, 임무, 특징, 방향성을 제시했다.

옌안은 작가들이 그리던 혁명의 성지였다. 그런데 작가들은 사회와 경제상황에 대한 불만뿐만 아니라 공산당 지도 방식의 평등성, 문학의 자율성에 대해서 의견을 내놓기 시작했다. 이에 대한 당권파의 대대적인 반격으로 1941년부터 옌안에서 '문예정풍운동'이 일어났다. 마오쩌둥은 문학예술의 성격과 목적을 규정하여 〈옌안문예강화〉를 연설하였고 이는 문학예술을 선도하는 가장 영향력이 있는 주제가 되었다.

(2) 내용

1942년 혁명 근거지인 옌안에서의 문화 좌담회 때 행한 연설이다. 마오쩌둥이 1942년 5월 소집된 3차례의 옌안의 문인들과 공산당 간부와의 좌담회 석상에서 발표한 내용이다. 좌담회의 내용을 요약하면 다음과 같다.

1) 문학은 인민대중을 위해 봉사해야 한다. 그 인민대중은 구체적으로 노동자, 농민, 군인, 소자산계급이라는 4계급임을 밝힌다.
2) 문학이 인민대중을 위해 봉사하는 방법을 제시하였다. 무엇보다도 우선 대다수 인민이 글자를 모르기 때문에 문자교육부터 시키면서

문학을 알게 해야 한다고 하였다.

3) 문학과 정치의 상관 관계를 규정하였다. 문학과 예술은 정치의 하위에 속하기 때문에 반드시 정치적 목표에 따라 활동하여야 함을 규정하였다.

4) 비평의 표준을 설정하였다. 비평의 표준에는 정치적 표준과 예술적 표준이 있는데 정치적 표준이 당연히 앞서야 하며, 예술적 표준은 그 다음이어야 한다고 하였다. 따라서 문학과 예술의 내용은 적의 암흑을 폭로하되 우리 편의 암흑은 덮어주어야 하며, 적의 좋은 면을 찬양하거나 우리 편의 단점을 들추어서는 결코 안 된다는 것을 명시하였다.

5) 인민대중을 위한 문학을 이해하지 못하는 부르주아 작가들의 정신 개조와 공산당의 학습의 필요성을 제기하였다.

원칙적으로 예술에 대한 적대적 입장을 취하며 지식인에 대한 불신을 드러낸 것이다. 공산주의적, 애국적 정치활동을 위한 문예 지침을 전달하고 교훈의 역할을 강조한 예술의 정치적 기능만을 중시하고 예술적 측면은 무시한 것이다. 이는 한편으로는 중국에서 전통적으로 내려온 기능미학, 또 다른 한편으로는 고정된 유교 윤리라는 토대 위에 구소련의 스탈린주의를 받아들여 절충시킨 중국의 독특한 예술이론으로서 마오쩌둥이 사망한 이후에도 아직도 중국 문화계에서는 여전히 일정한 영향력을 행사하고 있다. 그 예로 다음에 살펴볼 주선율 영화와 중국 문화산업에서 알 수 있다.

3. 1966~1976: 중국 문혁의 영향과 모범극영화

1) 모범극 영화란

중국 영화사에서만 볼 수 있는 독특한 영화가 있는데 바로 모범극 영화이다. 모범극 영화는 문화대혁명 시기에 나타난 중국 특색의 영화이다. 1960년대의 문화대혁명 시기는 모든 것이 정치적 판단에 따라 규정되는 시기였다. 영화도 예외는 아니었다. 따라서 일반적으로 중국 영화사에서는 이 시기를 구체적으로 언급하지 않는 경우가 많다. 그러나 쑨위(孫瑜) 감독의 〈무훈전(武訓傳)〉을 둘러싼 비판으로 촉발된 사상 논쟁이 문화대혁명의 시발점이 되었던 사실과 비록 이 시기에 제작된 영화가 정치적 선전에 치우쳐 영화의 예술적 자율성이 말살되긴 했지만 영화를 선전매체로 적극적으로 활용했다는 점에서 볼 때 이 시기의 영화가 지니는 역사적 의미를 되돌아볼 필요가 있다.

문화대혁명 시기의 영화는 시대적 상황이 증명하듯이 극히 제한적으로 제작되었다. 1968년 만들어진 다큐멘터리 형식의 〈위대한 성명〉을 제외하고 1970년까지 제작된 극영화는 거의 찾아보기 힘들 정도로 제작이 제한되었다.

양판희, 달리 말하면 모범극은 1967년 5월 23일 마오쩌둥의 〈옌안문예강화(延安文藝講話)〉 발표 25주년 기념 공연에서 선보인 8대 양판희로서 경극 〈홍등기(紅燈記)〉, 〈사가병(沙家浜)〉, 〈지취위호산(智取威

虎山)〉, 〈기습백호단(奇襲白虎團)〉, 〈해강(海港)〉과 발레극 〈홍색낭자군
(紅色娘子軍)〉, 〈백모녀(白毛女)〉 그리고 교향악 〈사가병(沙家浜)〉을 가
리킨다.

모범극은 문화대혁명을 주도
했던 장칭(江靑)이 제가한 연극
개혁 방안에서 비롯되었다. 그
녀는 새로운 문화주제를 담은
모델을 제시함으로써 기성의 문
화체제를 부정하려 하였다. 그

녀가 모델로 제시한 8개의 공연작품은 위에서 살펴 본 것과 같이 크게
경극을 개혁한 현대 경극과 서구의 발레에서 서사극을 접목한 발레
극, 교양악극 등 3가지 스타일에 한정된다. 당시에는 극단적으로 외래
문화를 배척했지만 모범극에서는 서구의 양식이 중국의 전통양식보
다 더 많이 수용되었다.

이 8편의 양판희는 장칭의 지시에 따라 더 수정되어 1970년부터
1972년 사이에 최종 완결본으로 정리되었고, 영화로 제작되어 보급되
었다. 그러나 혁명 모범극 영화는 진정한 의미의 영화에 포함시키기
에는 영화적 가치가 있다고 보기에는 힘든 것들이다.

〈기요(記要)〉를 통해 선포된 문화대혁명의 문예규범

1. 근본임무론: 사회주의 문예의 근본임무는 공농병 영웅인물을 빚어내
   는 것이다.

2. 삼돌출론: 모든 인물 중 긍정적 인물을 부각시키고 긍정적 인물 중에서
   도 영웅적 인물을 부각시키고 영웅적 인물 중에서도 가장 영웅적 인물
   을 부각시켜야 한다.

3. 주제 선행론: 창작 시 주제사상을 먼저 정한 뒤 인물과 이야기를 선택하여 주제사상을 표현해야 한다.

2) 모범극에 대한 평가

문혁 시기 극좌 노선의 충실한 반영물에 불과하며 관중들의 타 희곡에 대한 감상 선택권이 없었기 때문에 대중의 호응은 강제적이거나 문혁의 왜곡된 대중운동의 기억에 의한 것이므로 비판받아야 할 대상이라 여기는 부정적 견해들이 있다. 또한 화극의 체제에 창을 접목시켰을 뿐 경극이라 인정할 수 없으며, 권력의 감독 하에 기획되고 창작되면서 문혁의 영향으로 마오쩌둥의 어록이나 표어가 지나치게 많이 인용되어 있어 정치 선정성이 강할 뿐 문학성은 존재하지 않는 다는 비판적 평가들이 있다.

이에 반해 긍정적 평가로서는 모범극 영화는 정치, 사회적 환경 아래 보편적으로 형성된 관중의 이원 대립적 사유모식과 전통적으로 추구되어 온 영웅 숭배와 대단원 추구라는 심미 모식으로 잘 파악하고 적용한 것이므로 관중의 확대는 자연스러운 결과라고 주장한다. 화극의 수법을 도입하였으나 공, 농, 병의 현대생활을 사실적으로 묘사하는 것에 제한된 것이고, 창, 넘, 작, 타의 연기수단이나 음악 방면은 전통의 기초인 정식을 계승하고 개조하여 정식으로 현대화시킨 것이므로 경극의 현대화라고 할 수 있다고 보는 경향이 있다.

또한 모범극 영화는 이전 시기의 유연했던 경극의 극본체계를 고정시키고 전통적 영웅전기를 계승하여 현대적으로 발전 시켰으며 대사들 또한 서정적이고 대구나 비유 등 형식미를 갖춤으로서 문학성을 가지고 있다는 긍정적 평가들이 있다. 그러가 하면 모범극은 기존

문예와는 완전히 구별되는 문혁 문예의 성과라는 문혁주도 세력의 주장을 반박하며 작품 가운데 대다수는 문혁 이전에 이미 여러 가지 형식으로 존재하던 것을 개작한 것이므로 개작되기 전 문예의 가치만 인정하는 시각과 모범극은 경극 현대화 과정을 통해 이미 만들어졌으며 장칭이 그것을 저취한 것일 뿐이라며 모범극 가치를 부분적으로 인정하는 주장도 있다.

4. 1976~1989: 반사와 전통 그리고 현대

1) 과거 역사에 대한 반사

1976년 10월, '4인방'이 물러나고 1978년 12월 공산당 1대 3중 전회가 열릴 때까지 중국영화는 배회의 단계를 거쳤다. 1978년 12월 중국 공산당 11대 3중 전회의 개최는 시대의 획을 긋는 위대한 의의가 있으며, 계급투쟁을 요강으로 삼았던 노선이 종결되고, '사상해방, 두뇌개발, 실사구시, 일치단결 하여 전방으로 향하자' 라는 방침을 제출하여 많은 문제들이 점차 해결되었고, 개혁·개방과 사상해방운동은 문예계의 해방을 대대적으로 촉진시켰다.

영화 예술가들의 창작 열정도 봇물처럼 쏟아져 1979년 이후 짧은 몇 년 동안, 중국영화는 거대한 변화가 일어났다. 단일 유형의 영화(희극식 영화)에서 다미학, 다형태, 다풍격 영화로 분화되었다. 한 가지 유형의 영화(정치예술영화)에서 예술영화, 선전영화, 상업영화, 실험적 영화 및 다원교차 영화로 분화되었다. 3세대 감독은 2세대의 학생들이었고 그들이 빛을 발하던 시기는 중국의 50·60년이다.

4세대 감독은 대부분 '문혁' 전에 베이징영화학원(또는 상하이영화학교 및 영화촬영소 자체배양)을 졸업했으며 그들은 오랫동안 원로감독의 조수를 했다. 문혁의 '4인방'이 물러난 후, 70년대 말 80년대 초에 비로소 독립하여 영화를 찍을 수 있는 기회가 주어져 자기의 예술적 재능을 보여주었다. 예를 들어 장누안신, 우텐밍, 씨에페이, 황지엔중 등이 있다.

이들은 그들의 선배들인 3세대 감독들이 사회주의 리얼리즘을 확립시키며 중국영화를 이끌어 갈 무렵 4세대 감독들은 소련에서 초빙해 온 교수 밑에서 연출, 연기지도를 받게 되었다. 그러나 그들은 1966년부터 1976년까지의 문화대혁명이라는 시련 앞에서 그들의 꿈을 접을 수밖에 없었고 다음을 기약해야 했다. 그러나 그 기나긴 기다림이 끝난 직후에 다시 새로운 생각을 갖고 나타난 젊은 세대인 5세대 감독과 동일선상에서 영화를 만들 수밖에 없었기에 그들을 비극적인 세대라고 부르고 있다.

4세대 감독들이 그려낸 작품들을 보면 인간 관계의 모순, 새로운 결혼제도의 폐해, 세대 간의 단절 그리고 문명과 전통의 충돌, 억압받는 여성 등을 그려냈다. 제4세대 감독들은 하나의 창작군으로서 매우 분명한 공통점을 지니고 있다. 그것은 곧 그들의 서로 다른 풍격의 작품에서 모두 사람에 대한 관심을 분명하게 표현하고 있다는 것이다. 이전의 영화감독에 비해 그들은 정치 주제에 대한 열정을 직접적으로 표현해 내지 않고 간접적인 방식을 더욱 많이 채용하여 표현하였다. 주제를 배경으로 바꾸어 인생에 대해 전방위적인 발굴과 표현을 하는 데 착안점을 두었다.

이들이 이렇게 사람, 즉 사람에 공통된 주제를 다루는 것은 다음과 같은 이유라고 볼 수 있다. 4세대 감독의 대다수는 신중국 성립 이후에 성장하여 성인이 된 사람들이다. 중국 건국 후 진보적 방향을 향해 발전하려는 적극적인 분위기가 그들의 세계관, 인생관, 가치관을 형성하는 데 아주 큰 영향력을 끼쳤다. 그들은 비록 10년간의 문혁을 겪으면서도 이전의 1950년대가 그들에게 남겨준 찬란한 이상, 굳건한 믿음, 진지한 추구, 청년의 낭만주의적 색채 등등은 오히려 그들의 마음속 깊은 곳에 뿌리를 내리게 되었다. 그리고 그들은 기본적으로 치열한 전쟁 시기는 직접 경험하지 못했다. 이 때문에 3세대와는 달리 작품 속에서 영웅 정서를 품고서 시대의 영웅주의를 그다지 표현하지 못했다. 그들은 시대를 원경으로 삼고 보통의 소인물을 전경에 두고서 세세한 곳으로부터 인간, 인성 그리고 따뜻하고 아름다우며 건강하고 적극적인 면에 관심을 두었다.

중국영화는 4세대에 이르러서야 비로소 사회계급과 계급투쟁을 드러내는 외부 형태를 핵심으로 삼는 거대한 서사구조로부터 벗어날 수 있었으며 일찍이 금지구역에 들어 있던 인간의 영혼, 개인의 운명, 정감, 욕망, 인성의 깊은 함의에 관한 주제들을 발굴 하고 표현하기 시작하게 되었다. 그러나 그 반면에 사회 및 인생의 추악한 면에 대한 발굴은 오히려 충분하지 못한 면도 있다. 이 때문에 그들의 작품은 역사에 대한 심각하고 절실한 정도가 약한 편으로 평가받고 있다.

4세대는 중국 영화사에서 계승과 전승의 역할을 한 세대라고 할 수 있다. 그들의 황금시대는 주
로 1980년대에서 1990년대까지
였다. 소수의 감독들을 제외하
고는 대부분 이미 주목할 만한
작품을 거의 창작하지 못하였
다. 하나의 감독군으로서의 제4세대는 이로부터 중국영화의 역사 무
대에서 사라지게 되었다.

이 시기 활동한 대표적 감독은 우텐밍은 5세대 감독들의 대부로
평가받고 있다. 그는 5세대들이 데뷔하기 전 짧은 기간 동안 중국영화
를 이끌었던 4세대 감독 가운데 한사람이다. 4세대 감독들은 60년대
에 영화교육을 마쳤지만 문화혁명의 여파로 데뷔할 기회를 얻지 못하
다가 뒤늦게 감독이 되었는데, 사회주의 리얼리즘영화의 미학과 양식
을 집중적으로 교육받았지만 서구 영화를 접할 기회는 별로 갖지 못
한 감독들이기도 하다.

1979년 데뷔한 우텐밍은 70년대 말에서 80년대 초까지 〈부표 없는
강(沒有航標的河流)〉(1982), 〈인생(人生)〉(1984), 〈낡은 우물(老井)〉(1984)
등의 영화를 찍었고 이 중 〈부표 없는 강〉은 중국문화부 선정 최우수
작품상을 타기도 했다. 또한 〈낡은 우물〉은 도쿄영화제 그랑프리를
수상한 4세대 영화의 대표작이다. 그러나 그는 감독으로서의 성과를
올리는 데 집착하기보다 새로운 미학을 주창하며 동시대에 등장한
5세대 감독들에게 기회를 주고 지원하는 일에 관심을 쏟았다.

우텐밍은 1983년에 시안스튜디오 소장에 선출되면서부터 열악한
스튜디오를 개선하고 젊은 작가를 발굴하는 작업을 시작했다. 그는
중국영화에 새로운 바람을 몰고 올 감독들을 차례로 시안 스튜디오로
불러 모았다. 그들이 바로 다음 세대를 이어갈 후배들인 5세대 감독들

이다. 첸카이거와 장이머우가 1985년 〈황토지〉를 만들었고, 1986년 시안 스튜디오는 톈좡좡의 〈말도둑〉을 제작했고, 1987년 첸카이거에게 〈아이들의 왕〉의 연출을 하게 하였다.

우텐밍은 자신의 영화 〈낡은 우물〉의 촬영을 신참인 장이머우에게 맡기는 한편 이듬해 장이머우의 데뷔작 〈붉은 수수밭〉이 나오도록 힘썼다. 5세대 감독들이 우텐밍을 자신들의 대부로 받드는 이유가 이런 데 있다. 그러나 중국정부는 그를 그다지 좋아하지 않았다. 우텐밍은 1989년 천안문사태 이후 5세대 감독들에게 반정부적인 영화를 만들게 했다는 이유로 문책을 받게 되고, 마침내 미국으로 쫓겨 가다시피 하였다.

그로부터 5년 만에 홍콩 쇼브러더스와 베이징 청년영화스튜디오의 합작으로 만든 영화가 〈변검(The King of Mask)〉(1995)이다. 이 영화는 순식간에 얼굴가면을 바꿔 쓰는 변검술로 평생을 살아온 한 광대의 파란만장한 삶을 보여주는데, 그는 이 영화를 통해 그 자신이 겪어온 중국 현대사의 숨결을 고스란히 담아내고 있다.

2) 전통과 현대

1976년 마오쩌둥이 사망하자 중국의 모든 예술 장르는 부활하기 시작하였다. 그 이유는 1966년 5월에 그가 내린 강령이 문화대혁명의 시작을 알렸고 이를 기회로 전국의 학생들은 자신의 배움터로서 학교가 아닌 삶의 현장을 찾게 될 수밖에 없었기 때문이다. 문화대혁명의 시대에 청소년, 청년기를 지냈던 4세대, 5세대 감독들은 이렇게 10대에 가졌던 '마오이즘'에 대한 환상이 환멸로 끝나는 것을 목격했던 세대이며, 그들이 기대하는 공산주의의 영광이 어쩌면 무의미한 것일 수도 있다는 개인적 체험을 하였다. 또 그들은 학업을 해야 했던 시기에 당대의 농촌, 공장 지역의 실상을 직면했던 까닭에 그들의 사회인식은 책에서 가르치는 것 이상의 강한 느낌으로 남아 있게 된 것이다.

한편 5세대 감독은 베이징 영화학교 78학번들이다. 문화대혁명으로 인해 1966년에 휴교령에 들어갔던 베이징 영화학교가 덩샤오핑의 개혁개방정책에 힘입어 1978년 다시 문을 열게 되었고 그 1982년 졸업생들을 일컬어 5세대 감독이라고 한다. 연출, 각본, 촬영, 디자인, 연기의 5학과로 나뉘어 있는 이 학교는 삶의 현장에서 청소년기를 보내야 했던 20대 초반의 학생들을 받아들여 전문적인 영화 인력의 충원을 시작했다. 그동안 영화를 만들 수 없었던 30세 전후의 젊은이들도 대거 영화산업에 유입되었다.

젊은 영화 학도들은 선배들의 영화를 보며 영화를 공부했으며, 자신이 자라난 시대와 사회를 영화에 담고자 노력했다. 이들이 세계 영화제에서 주목 받기 시작한 시기는 1985년 첸카이거가 감독을 맡고 장이머우가 촬영을 맡았던 〈황토지〉가 스위스에서 열린 로카르노 영화제에서 입상하면서부터이다. 중국정부는 이 영화에 대해 불만을 표시했었지만 영국의 에딘버러와 로카르노에서 일구어낸 있단 성공을 목격하면서 '이해할 수 없는 일'이라며 난감한 표정을 지울 수밖에 없었다. 세계 영화인들은 이 영화에 깜짝 놀라며 첸카이거라는 감독

의 이름을 기억했고 비로소 중국영화의 존재를 인식했다.

당시 중국정부는 〈황토지〉의 성과가 일회성으로 그칠 것이라고 믿었다. 하지만 첸카이거를 비롯한 장이머우, 톈좡좡 등의 기세는 대단하였다. 〈대열병〉이 몬트리올에서, 〈붉은 수수밭〉이 베를린에서 성과를 올리면서 세계 영화계는 중국영화의 전성시대가 개막되었다. 불과 5년 사이에 세계 유명 영화제를 휩쓴 중국의 젊은 감독들을 사람들은 중국의 5세대 감독이라고 일컬었고, 첸카이거의 〈패왕별희〉가 칸의 황금종려상을 수상하면서 그들에 대한 관심은 절정에 이르렀다.

중국의 5세대 감독들은 각자 개성을 가졌다. 그들이 영화계에 입문한 시기와 세계무대에서 두각을 나타낸 시기가 비슷할 뿐, 하나로 묶을 수 있는 영화 이론적 토대나 작품이 갖는 공통점을 꼬집어 말하기란 매우 곤란하다. 다만 이미 존재해오던 소재와 주제에 대한 불만, 영화 윤리와 형식 및 표현력의 차이, 중국의 관객들이 익숙하던 전통적 스타일에 대한 거부를 통해서 5세대 감독들은 신선하고 당돌한 느낌마저 주는 새로운 형식미를 갖춘 작품을 계속 내놓았다.

그들의 영화는 완결된 이야기 구조나 전통적인 양식에 함몰되지 않고 자신들의 의식이 드러나는 영상에 집착하였다. 또한 중국인의 민족성과 중국문화의 전통을 주로 다루었고 정치현실에 민감한 주제를 언급하는 것을 피하였다.

서구의 영화인들은 중국의 이러한 새로운 감독군을 가리켜 '중국의 선봉파'라고 부르기도 한다. 그러나 1920년대 프랑의 '아방가르드'나 1958년에서 1960년대의 누벨바그, 1970년대 독일의 새로운 영화들과 달리 그들은 어떠한 '선언'도 한 적이 없다. 그들을 한데 모을 수 있는 공통점은 '혁명 후의 사회 현실을 직시하고 과거를 반성하는 것'이며, 이와 더불어 역사적인 상황에 의해 좌절되는 인간상, 여성의 지위

향상 문제, 세대 간의 갈등, 사고 방식과 생활 방식의 변화, 그리고 그 변화의 절실한 필요성 등을 담아내었던 것이다.

이러한 소재와 표현 기법에 있어서 이 시기, 이 시대의 작품들에는 제작 주체 자신들의 현실 감각에서 비롯되는 사실적인 묘사가 주를 이룬다. 첸카이거의 〈아이들의 왕〉같은 영화  들은 일상생활의 세밀한 그 무엇을 아주 담담하게 담고 있는 작품들이다. 이 일상의 연결에서 관객들은 비일상의 핵 혹은 시간의 축적에서 우러나는 발견, 변화의 순간을 포착하게 되는 것이다.

이미 있던 소재나 모티브, 그리고 이야기 구조에 대한 이들 세대의 공통된 불만은 그들로 하여금 전통적 스타일—예를 들면 서사 형식과 연결성을 중시하는 이야기 전개, 유형화한 인물이미지, 전형성에 기초한 인물의 과장된 몸짓이나 말 등—을 비껴 나가거나 거기에 정면으로 도전하게 만들었다. 그리고 그들은 자신의 작품에 관객들에게 당혹감과 신선함을 주고 불가해하다는 느낌을 갖게 만드는 것에 의식적으로나 무의식적으로 쾌감을 느끼게 되었다.

5세대 영화감독들의 공통되는 특징들은 기교가 없는 화면의 관계와 균형을 느낄 수 없는 공간 구도도 이 세대 영화들의 특징이다. 그전 세대들의 영화는 유연한 편집 기술에 구애되어 몽타주에 있어서의 연결성-비가시적 편집에 사로 잡혀 있었다. 그래서 작품의 시공간적 내용이 숏의 연결에 결정적인 기준이 되었다. 그리하여 화면구도, 조명, 렌즈의 원근조작을 위한 선택도 모두 이에 따랐다.

그러나 이 새로운 세대의 감독들은 구도조형에 나타나는 불균형을 두려워하지 않으면서 박진성을 더하기 위해 다소 모순되는 듯한 일상을 구하는 것이었다. 광선과 색채의 독특한 도입도 이 세대 감독들의 특징이다. 그들은 이미 언급했듯이 전통적인 이야기 서술 방식에 의존하지 않는 시청각적 표현을 개발, 적용시켰다. "종래의 영화는 항상 화면이 너무 밝다"라고 말하는 촬영감독 출신의 감독 장이머우의 말처럼, 이 세대는 지난 세대들이 무의식적으로 따랐던 영화적 관행과 인습들에 대해 근본적인 의문과 비판을 가하였다. 그래서 인물이 잘 보이지 않을 정도의 어두움도 과감히 작품 내에 수용하였고 또 색채에 있는 어떤 의미도 이끌어 내었다. 〈황토지〉의 갈색, 〈붉은 수수밭〉의 붉은 색등은 영화 자체 내에서 고유한 의미로 되살아나는 것이다.

일반적으로 1989년 천안문 사건까지를 5세대 영화의 존속기간으로 평가한다. 이들의 영화는 외국에서는 높은 평가를 받았지만 정부의 탄압을 받아야만 했다. 또한 천안문 사태 이후 중국의 역사와 풍경을 이국적으로 보이게 만드는 오리엔탈리즘이라는 비판도 받아야 했다. 제5세대 감독들은 천안문 사건 이후 대부분 외국 자본에 의해 영화를 만들었다.

5. 1990~2000: 현대의 또 다른 새로운 시도

1) 현대의 또 다른 새로운 시도

6세대라는 말은 사실 5세대라는 개념에 대응하여 성립된 말이다. 그리고 6세대 간의 창작상의 공통점은 5세대보다도 더 일관되게 말하기는 어렵다. 군이 특징을 지어 말하자면 5세대가 과거의 유산을 영화

의 토대로 삼은 데 반해, 이들은 주로 자기 시대의 도시 삶을 배경으로
하였다는 것이다.

　이들의 영화서사는 5세대보다 내면화되고 인간의 심리는 더 중요
하게 취급되었다. 일상의 보통사람이 아닌 주변인물들이 주로 영화의
주인공들로 내세웠다. 이 때문에 5세대가 어느 정도 현실 문제를 덮어
두었던 데 비하여 이들은 선배들보다 더 뚜렷하게 현실에 다가갔다.
그리고 이들의 이야기는 당대의 중국사회를 가감 없이 드러낸 매우
사실적인 풍속도를 보여준다. 6세대의 영화에 와서 현실사회에 대한
사실적인 기록은 인물의 심리묘사와 함께 더욱 중요시되는 경향을
보여주고 있다.

　5세대의 영화에 등장했던 계몽적인 배역들은 6세대의 영화에서는
찾아보기 어렵다. 주인공들은 5세대 영화의 인물들보다도 더 깊이
자아 안에서 방황한다. 또한 5세대 영화의 상징처럼 등장했던 욕망은
그들의 영화 속에서는 탐색과 방랑의 모티브로 대체되었다. 6세대에
와서야 비로소 진정한 모더니즘의 세계를 찾아내게 되었던 것이다.
그들은 이성과 집단주의에서 벗어나 더욱 내면화된 자아 중심의 모더
니즘 세계 속에서 영화를 만들었다.

　6세대는 지금도 다각도로 활동 중에 있기 때문에 그들의 존재 의미

를 단정적으로 말하기는 어렵다. 그들은 중국영화의 미래를 짊어지고 있는 중요한 영화인들임에는 틀림없다. 이들의 영화예술에 잠재된 세계성은 2000년대 들어 국제 영화제에서 눈부신 약진을 보이고 있다. 그러나 한편으로는 벌써부터 이들의 한계를 지적하는 비판도 나오고 있다. 우선 6세대는 소재주의에 집착하고 있다는 한계이다. 즉 현대 중국의 정체성을 모색하는 가운데 주로 특정 소재, 특저의 계층에만 몰두함으로써 5세대와 성격은 다르지만 같은 차원의 소재주의의 한계에 봉착했다는 것이다.

그들이 영화 속에서 보여주는 비판성도 모호하다. 사회 문제에 대한 비판적 시각은 5세대보다는 직접적이지만 그 서술의 양상은 여전히 우회적이고 상징적이며 개인화되어 있다는 것이다. 그들은 태생적으로 5세대에 비해 사회적 영향력이 미미하며 그런 까닭에 비주류성향이 강하고, 제작된 영화의 사회적 영향력도 상대적으로 크다고 할 수 없다는 것이다.

게다가 영화산업의 흐름에 따라 쉽게 제도권 안으로 진입할 가능성도 크다는 것이다. 6세대는 변경에서 중심으로 신속하게 자리를 이동하고 있는 중이다. 이들 앞에는 산업화와 탈산업화의 모순적인 과제를 동시에 안고 있는 중국사회를 어떻게 바라볼 것인가, 상존하는 정치적 한계를 극복하고 중국의 정체성을 영화 속에서 어떻게 표현해 낼 것인가 하는 무거운 문제들을 안고 있다. 그러나 6세대는 제작비와 여러 여건으로 인해 영화 외적인 일도 마다하지 않고 드라마 제작에 참여하는 등 1990년대 후반부터 자국의 영화자본을 통해 주류영화시장 안으로 들어가기 시작했다.

그리고 또 하나 눈여겨볼 그룹이 있다. 이들은 6세대의 반항적인 서사문법과는 거리는 있지만, 대중성에 보다 가까이 있는 비슷한 나이의 작가 그룹이다. 여기에 속하는 감독
들은 해외보다 중국 내에서 보편적인 지
지를 받고 있다. 6세대의 가장 큰 한계로
지적되는 대중적 영향력은 이 그룹의 젊
은 감독들에게는 매우 낙관적으로 전망
된다. 이들의 영화에서 도시에 사는 젊은 여인들의 사랑은 중요한
소재가 된다. 대표적인 감독으로는 〈애정 마라탕〉(1997), 〈목욕〉(1999)
등을 감독한 장양과 그 외 몇 몇 소수 감독들이 있다.

5세대 감독 중에서도 비슷한 성향의 감독이 있는데, 대표적인 사람
이 휘첸치 같은 감독이다. 그의 대표작으로는 〈산중의 우편배달부〉
(1999), 〈놘〉(2003) 등은 농촌을 근간으로 서정적인 휴머니티를 펼쳐보
였다. 영화의 배경은 유사하지만 1980년대에 5세대가 보여준 욕망의
내러티브와 크게 차이가 있는 것으로 대중적 정서가 가미되어 있다.

2) 주류를 벗어나고자 하는 시도

1990년대의 중심에 서있는 6세대 영화는 주인공들이 평범한 소시
민이며 소도시의 주변인들을 대상으로 하고 있다. 기존의 영화들은
주인공들이 영웅적이거나 아니면 매우 특출한 능력을 지니고 있는
현실과 어느 정도 괴리되어 있다. 6세대 감독들은 주인공을 무직이나
소도시의 주변부인물, 또는 깡패, 소매치기 등의 내력이 모호하거나
부유하는 인물들을 중심으로 스토리를 전개하고 있다. 이러한 의도된
주인공 설정은 관중들로 하여금 영화의 주된 스토리의 전개보다는
극인물 자체의 심리나 변화, 또는 주변 상황에 초점을 맞추어 세상보
기를 시도하고자 하는 것이다. 그리고 주인공들을 둘러싸고 있는 주

변부는 중국의 전통적인 아름다운 장면이 아니라 삶을 영위해 나가는 실재적인 장면들을 보여주면서 중국에 대한 주관적 의식 개입을 차단하고 객체화시켜 진정한 중국의 모습을 보여주고자 하는 의도도 숨어 있다.

이렇게 보면 이들의 영화적 특성의 또 다른 하나는 내러티브에서 일정한 클라이맥스나 결말이 없다. 이들 감독들은 의도적으로 시간 순서를 따르지 않거나 심지어는 시간 흐름의 방향을 알 수 없게 장면들을 배치하여 의도적으로 관객의 의식적 개입을 차단하고 일반화된 서사의 거부의 표현이기도 하다. 따라서 이들 6세대 감독들은 영화를 보는 동안 영화가 지루하다든지, 불편하다든지 하는 느낌을 강제적으로 느끼게 하여 지금의 현실이 환상이 아니라 그 자체가 진실이라는 것을 느끼도록 한다.

이들은 5세대 감독들이 자주 활용하였던 롱테이크 기법을 선호하는 경향이 있다. 롱테이크는 하나의 쇼트를 길게 촬영하는 것을 말한다. 일반적으로 우리가 접하는 영화들의 쇼트는 10초 내외인데, 이에 비해 이들은 1~2분 이상의 긴 쇼트를 편집 없이 진행하고 있다. 이는 영화를 보는 동안 자연스러운 흐름의 방식을 보여주고자 하는 것이며 끊지 않고 긴 호흡으로 사실감 있게 표현하려는 감독의 의도를 보여주는 영화적 효과를 추구하고 있기 때문이다.

이렇다 보니 6세대 감독들은 환상적이거나 판타적인 초현실적 요소들을 제거하고 롱 테이크와 불편하게 하기를 함으로써 진실에 가까이 가고자 하였으며, 중국영화가 이전에 추구하였던 영화의 교육적 기능과 정치적 상징, 주류의식의 지배로부터 벗어나고자 하였다.

6. 2001~2019: WTO 가입 후와 건국 70주년 해

1) WTO 가입 후의 중국영화

중국영화는 사상적, 이념적 문제로 인해 수많은 굴곡을 겪으며 그 역사의 절반 이상을 정치적 수단으로 사용되어졌다. 이로 인해 중국 영화는 상대적으로 소외된 존재였으며 문화대혁명을 거치며 문화 예술적 분야로 더더욱 그 가치를 절대적으로 인정받지 못하였다. 1980 년대 들어 5세대 감독들의 해외 영화제 수상은 서구에 중국영화의 존재를 알리는 계기가 되었지만 사실상 이들의 영화는 오리엔탈리즘을 전파하는 매개체에 그쳤다는 평가가 영화계에서 일어나기도 하였다. 또한 자본주의 노선에 들어선 이후 그 어떤 기존의 개발도상국보다도 경제 성장에만 치중했던 중국이 과연 영화를 하나의 산업으로 인지하고 그 중요성을 인식할 수 있을 것인지에 대한 기대감은 그리 낙관적이지 않았다.

하지만 2001년 WTO 가입을 계기로 중국영화는 산업으로써의 역할을 시작했고, 우연찮게도 2005년 중국영화 탄생 100주년을 맞이하여 정부의 다양한 정책들과 지원들이 쏟아지며 이후 폭발적인 성장세를 거듭하고 있다. 원선제의 도입과 여러 민간자본과 해외 자본의 투입, 다양한 형태의 합작을 통해 발전해 왔으며 이는 중국 시장이 가진 거대한 구매력을 바탕으로 성장해 왔다.

1989년 천안문 사건 이후 영화정책도 냉각 기류로 접어들어 1993년 이후 실질적으로 제작에 투자되는 국가 자본은 대폭 줄어들었으며 그러한 자본도 그나마 정부 선전영화인 주선율 영화에만 투자되었다. 1990년대 들어 중국 영화산업은 급격히 몰락하기 시작하여 2001년 WTO 가입 이전까지 매우 위축되어 있는 상태였다. 하지만 2001년 WTO 가입 이후, 문화 전반에 산업 개념을 본격적으로 도입하면서 영화산업에 대한 지원정책이 개방을 필두로 변화한 것과 더불어 국영 스튜디오들의 노력과 민간영화사의 활발한 활동, 해외 자본의 적극적인 유치 등으로 현재까지 꾸준한 상승세를 보이고 있다.

이러한 꾸준한 성장은 멀티플렉스 상영관의 등장으로 중국 국내 영화산업의 실질적 수입 증가와 마케팅센터의 설립을 통한 시장 확대로 이어졌다. 이러한 양적인 성장만큼이나 중요한 부분은 질적으로의 성장이 얼마만큼 함께하고 있는가 하는 것이다. 문화라는 분야의 특성상 정책이나 경제적 논리로써의 접근만으로는 질적인 성장이 힘들며, 이것은 곧 양적인 성장에도 영향을 끼치게 된다. 개혁개방 이후 중국의 이데올로기 상실은 전통으로의 회귀를 추구하는데, 이는 〈영웅〉을 시작으로 〈황후화〉, 〈야연〉, 〈적벽대전〉, 〈무극〉, 〈연인〉 등 다양한 무협 대작의 제작이 현저히 증가되고 있는 것으로 입증되고 있다.

하지만 이러한 대작의 증가는 상대적으로 독립 영화나 다큐멘터리 등의 저예산 영화 제작의 감소 추세로 이어지며 문화의 다양성 문제로 이어진다. 이러한 문제들로 인해 중국영화는 주로 6세대 감독들의 창작으로 이어지며 소외된 계층의 다양한 목소리를 수용하는 영화들이 나

오고 있다. 문화라는 분야의 특징은 정책적인 방법만으로는 성장에 어느 정도 한계가 있으며, 공감대를 형성할 수 있는 감성적 접근을 간과해서는 안 되는 것이다.

2) 중국 영화정책의 변화

중국 영화산업정책에 있어서 공산당과 정부의 권력 개입은 여전히 중요한 요인으로 작용하고 있다. 중화인민공화국 건립 이후 중국의 영화산업은 계획경제체제로 제작에서 배급, 상영에 이르기까지 철저히 국가주도로 이루어져왔다. 1990년대에 들어 당 차원에서 문화산업의 산업화, 시장화가 표방된 후 중국산업도 본격적인 개혁작업에 착수하게 되고 1993년 40년간 계획경제 하에서 실시되어 온 영화의 일괄 구매 일괄 배급 및 제작, 배급, 상영체제의 단계별 불합리함과 중국영화사(中國電影公司, China Film)의 독점으로 인한 문제점들이 언급되었다.

이후 1994년 각 국영 영화 스튜디오의 자체 배급권 인정과 1995년 성급(省級) 스튜디오 영화 제작권 인정 등을 통해 영화 제작 편수와 배급을 자율화했으며, 1997년에는 '기관, 기업, 사업 단위와 기타 사회 단체'뿐 아니라 '개인이 협조하거나 투자하는 형식'으로도 영화의 제작 참여가 가능해짐에 따라 국유 영화 제작 단위에 대한 보호가 사라지고 민간영화사들의 영화산업 진입 장벽도 낮추게 되었다.

2000년대에 들어 나타난 중국 영화산업정책의 가장 큰 변화는 영화 자체를 '산업'으로 인식하기 시작했다는 점이다. 1990년대에 사상 교육과 선전의 도구, 민족 산업으로써 정부가 주도하고 관리해 나가야 하는 대상으로 인식되었던 영화가 2001년 WTO 가입으로 인해 산업으로 인식되면서 여러 정책들이 논의, 합의되었다. 2004년에 들어서는 비국유 제작사라 할지라도 영화를 두 번 이상 제작하게 되면 국유 영화 단위와 동일한 대우를 받게 되는 등 외부 자본에 대한 각종 장벽을 낮추었다. 또한 외국 자본이 중국과 합작하여 영화관 신축 및 개조에 참여할 경우 지분을 49% 이상 소유할 수 없다는 규정을 개정하여 베이징, 상하이, 광저우, 청두, 시안, 우한, 난징 등 7대 시범도시의 경우 최고 75%까지 차지할 수 있도록 하였고 최소 투자액도 1000만 위안에서 600만 위안으로 하향 조정하였다.

2005년에는 판권보호와 홍콩, 마카오 자본과 비공유 자본의 참여 장려 등의 영화산업 및 시장 진흥을 촉진하는 각종 정책을 실시하였다. 특히 원선제의 개혁을 통해 원선의 합리적인 분리와 합병으로 기존 원선제의 문제점들을 해결하려는 움직임이 시작되었다. 이후 원선제의 통폐합으로 인한 경쟁력 강화와 멀티플렉스 극장의 개건축 등의 장려로 중국의 영화시장은 질적으로나 양적으로 가파른 성장세를 보이고 있다.

2017년 3월 중국 영화산업촉진법은 세금 혜택, 부지 지원, 지식재산권 담보대출 등을 통하여 영화제작을 지원함과 동시에 제작활동의 사상과 창작원칙을 분명히 하였다.

- 제3조 "영화활동에 종사할 경우 인민을 위해 복무하고 사회주의를 위해 복무 (…후략…)" - 국제합작과 대외 교류를 권장하면서도 당국의 규제 가능성을 명시
- 제14조 "중국의 명예와 이익을 침해하고 사회 안정에 해를 끼치거나 민족의 감정을 손상하는 등의 행위를 유발하는 해외 단체와 협력할 수 없다."

3) 중국 영화산업의 변화

영화 관객층도 빠르게 증가하고 있는데 그 중에서도 90년대 생이 주요 관객층으로 등장하고 있다. 지난 몇 년간의 중국영화 관객 연령층 분포를 살펴보면, 19~40세 관객이 전체 관객의 87%를 차지했고, 그 중 19~30세 관객이 절반 이상을 차지하며 주요 관객층으로 자리를 잡았다. 학력 분포를 보면 대학 본과·전문대가 80%로, 고학력 직장인이 중국의 핵심영화 관객층으로 떠올랐다. 영화에 대한 이들의 소비와 수요가 주요 관객층의 의견을 대표하고 있다. 그리고 중국영화의 새로운 힘이라 할 수 있는 신진 및 타 분야 출신 감독들의 작품과 시사성 강한 영화나 팬덤 영화들이 눈에 띄게 증가했다. 고정된 방식에서 벗어난 이들 영화들은 젊은 주류층과 주요 관객층의 사랑을 받았다. 핸드폰의 발달로 관객들이 접할 수 있는 콘텐츠와 정보가 많아지면서 관객의 영화 콘텐츠에 대한 요구가 명확한 방향성과 세분화 추세로 갈 것이다.

미디어 회사 인수합병 열풍, 경계 확장과 인터넷화가 이루어지고 있다. 미디어 회사와 인터넷의 결합은 크로스오버와 인터넷화로 요약될 수 있다. 그 중 화이 브라더스가 가장 폭넓게 인터넷화를 진행하고 있다. 산업사슬 중 콘텐츠 제작과 핸드폰, 파생상품 부분에 대한 인터넷화가 주로 이뤄지고 있다. 예를 들어 2014년 화이 브라더스는 비공개주식 발행으로 36억 위안의 자금을 알리바바와 텐센트 등으로부터 조달했다. 이를 통해 화이는 알리바바 전자상거래와 텐센트의 SNS·엔터테인먼트 자원에 접근하게 된 것은 물론 맞춤형 프로젝트 합작과 계획 실행이 가능해졌다. 게임, 애니메이션, 드라마를 주로 해 온 유쭈닷컴(遊族網絡), 알파 애니메이션(奧飛動漫)은 콘텐츠 IP를 토대로 영화

프로젝트를 개발하며 영화산업에 진출했다.

미디어 회사의 탈경계 움직임은 산업사슬의 세부 영역에서 진행되고 있는데, 수익모델이 명확한 모바일 게임이 많은 미디어 회사들의 주요 투자 대상이 되고 있다. 홍보마케팅은 인터넷의 영향을 가장 직접적으로 받았기 때문에 미디어 회사들이 산업사슬 융합에 있어 가장 신경 쓰는 부분이다. 대외 인수합병과 제품 개발 등을 통해 온라인 예매 관련 사업을 커버하고 있다.

최근 들어 중국 영화산업은 소득 수준 향상과 영화산업촉진법 시행 등으로 높은 성장을 보이고 있다. 중국의 일인당 연간 영화관람 횟수는 '15년 0.9회로 아직까지 소득 수준에 비해 적은 편이며, '15~21'년 소득증가율이 연평균 7.9%로 전망되는 만큼 높은 성장잠재력 보유하고 있다. 그리고 중국의 영화티켓 매출액은 '10~14'년간 연평균 25% 증가하였다.

또 하나 중국의 경제발전과 더불어 중국의 문화와 문화산업을 전 세계적으로 전파하고자 하는 정책이 이어져 오고 있다. 그 중에 하나가 영화산업인데, 최근에는 주선율 영화가 기존의 패턴을 벗어나 새로운 시도를 하고 있다. 경우에 따라서는 주선율 영화와의 구분이 모호한 주선율의 요소를 가미한 영화가 만들어지기도 한다. 그 특징을 보면 크게 세 가지로 나눌 수 있다.

첫째, 영화의 내용면에서 당과 정부정책을 수용하면서도 다양한 소재와 재미를 추구한다는 것이다. 둘째, 주선율 영화도 막대한 자본을 들여 블록버스터 형태로 제작되고 있다는 것이다. 끝으로 지명도 있는 감독들과 배우들을 캐스팅하여 주선율 영화의 관념을 깨고 새로운 형태의 정부정책 영화로 만든다는 점이다. 2000년대를 넘어서는 대표적인 주선율 영화로는 〈건국대업〉, 〈공자〉, 〈건당위업〉 등이 있다. 또한 중국의 주선율 영화 즉 중국의 혁명 이데올로기를 표현하는 영화가 더욱 상업적 요소와 결합하여 많은 호평과 실적을 올리고 있다.

2017년 우징(吳京) 감독이 만든 영화 〈특수부대 전랑2〉는 중국의 박스 오피스 수입인 56억 8천만 위안을 올리는 놀라운 결과를 만들어 내었다. 중국과 영국이 공동으로 주최하는 제5회 중영 국제영화제에서 최우수 감독상과 조직위원회 특별 공로상을 수상하기도 하였다.

이후 2019년에는 영화 〈유랑지구(流浪地球)〉는 류쯔신(劉慈欣)의 단편 소설을 토대로 제작한 것으로, 2월 5일 중국 본토에서 상영되었다. 상영되자마자 관심이 집중되었으며, 시간이 흐를수록 박스오피스를 나날이 갱신할 정도로 큰 인기를 끌었다. 이 영화는 중국 공상 과학 영화의 역사적인 한 획을 그었으며 중국영화의 새로운 전환점이 된 '중국 최초의 하드 코어 SF 영화'로 알려졌다.

중화인민공화국 건국 70주년을 맞이하여 1905년 중국영화의 탄생 시기부터 1949년 건국 시기의 영화적 특징, 그리고 2019년까지의 중국영화를 시대적으로 살펴보았다. 건국후의 중국은 지속적인 경제발전으로 인해 중국인들은 이전과 다른 문화 수준과 라이프스타일을 지니고 있다. 특히 21세기 IT산업이 급속하게 발전하면서 중국의 문화 수준과 문화 소비에 대한 욕구는 이에 맞춰 급속하게 요구되었고 영화산업과 모바일 산업으로 문화콘텐츠가 활발히 활성화되고 있다.

과거의 중국의 문화산업과 영화산업은 중국 소비자들의 요구와 열망에 부흥하

지 못하는 편이었다. 그러다 1990년대와 2000년대 초반을 중심으로 그 변화의 물결이 상당히 크게 일어났다. 이 변화의 물결의 중심에는 일명 5세대라는 거장들이 포진하면서 중국의 영화산업이 크게 발전하게 되었으며, 세계 영화시장에 큰 영향력을 발휘하게 되었다. 그리고 6세대를 거치면서 성장세와 안정화를 이루어 가고 있다.

최근의 중국영화의 변화는 블록버스터영화와 애국주의 영화가 큰 흐름을 보이고 있는 것 같다. 중국에서 건국 70주년 기념일(10월 1일)을 맞춰 애국주의 영화들이 한꺼번에 스크린에 올랐다. 〈나와 나의 조국〉과 〈중국 기장〉, 그리고 〈등반자〉 등 3편이 동시에 개봉하였다. 시진핑 중국 국가주석은 2019년 중앙정치국회의에서 "애국주의는 중화민족 정신의 핵심"이라고

강조했을 정도로 중국 내 애국주의의 분위기는 상당한 것으로 보인다. 중국의 경제적 파워가 커지면서 중국 내의 단결과 단속이 어느 정도 필요로 하는 시점에서 보이는 하나의 현상이기도 하다.

중국의 건국 70년 이후 앞으로 전개될 10년 동안의 중국영화가 보여주는 현상들이 어떻게 전개될지 관심 있게 지켜볼 일이다.

참고문헌

강계철 외, 『현대중국의 연극과 영화』, 보고사, 2003.

김양수, 「중국 '5세대 감독'의 영화와 오리엔탈리즘」, 『현대중국연구』 4, 1996.

루홍스·슈샤오밍, 김정국 옮김, 『차이나 시네마』, 동인출판사, 2002.

마이클 라이언·더글라스 켈너, 백문임·조만영 옮김, 『카메라 폴리키카』 (상), 시각과언어, 1996.

박병원, 「세계화 시대, 중국영화비평 속의 '중국' 독해」, 『중국연구』 37, 2006.

박종성, 『정치와 영화』, 인간사랑, 1999.

박진숙, 「오리엔탈리즘을 넘어: 킹스턴의 '여인무사'와 영화 '뮬란'에 나타난 뮬란의 변이」, 『현대영어영문학』 50, 2006.

백문임, 『줌-아웃』, 연세대학교 출판부, 2001.

요아킴 패히, 임정택 옮김, 『영화와 문학에 대하여』, 민음사, 2002.

육소양, 정옥근 옮김, 『세계화속의 중국영화』, 신성출판사, 2005.

이종철, 『중국영화, 르네상스를 꿈꾸다』, 학고방, 2006.

이지연, 「동아시아 영화의 서구에서의 순환과 오리엔탈리즘에 관련된 문제들」, 『문학과 여상』, 2007.

이희승, 「중국영화에 나타난 탈사회주의적 징후에 관한 연구」, 『한국방송학보』, 2002.

인흥, 이종희 옮김, 『중국영상문화의 이해』, 학고방, 2002.

임대근, 「중국 영화 둘레 짓기」, 『중국연구』 28, 2005.

임대근, 「중국영화 세대론 비판」, 『중국학연구』 31, 2005.

정영호, 『중국영화사의 이해』, 전남대학교 출판부, 2006.

정우석, 「중국 문예정책의 변화와 영화」, 한국외국어대학교 대학원, 2002.

조혜영, 「사실의 시인, 영화의 '민공' 지아장커가 그린 중국의 현대화」, 『중
국학연구』 36, 2006.

한국중국현대문학학회, 『영화로 읽는 중국』, 동녘출판사, 2006.

현실문화연구 편집부, 『지아장커, 중국영화의 미래』, 현실문화연구, 1999.

후이지 쇼조, 김양수 옮김, 『현대중국, 영화로 가다』, 지호출판사, 2001.

https://m.post.naver.com/viewer/postView.nhn?volumeNo=20668527&mem
berNo=12175785&searchKeyword=%EC%98%AC%EB%A6%BC%
ED%94%BD%20%ED%8C%8C%ED%81%AC&searchRank=1224
(검색일: 2019.6.14)

http://korean.cri.cn/580/2008/01/15/1@113217.htm (검색일: 2019.6.14)

https://movie.daum.net/person/main?personId=31801 (검색일: 2019.6.14)

http://mn.kbs.co.kr/news/view.do?ncd=3629215 (검색일: 2019.6.14)

http://m.biz.khan.co.kr/view.html?artid=200801111834241&code=100100&
med_id=khan (검색일: 2019.6.14)

https://m.post.naver.com/viewer/postView.nhn?volumeNo=20668527&mem
berNo=12175785&searchKeyword=%EC%98%AC%EB%A6%BC%
ED%94%BD%20%ED%8C%8C%ED%81%AC&searchRank=1224
(검색일: 2019.6.14)

https://m.post.naver.com/viewer/postView.nhn?volumeNo=20668527&mem
berNo=12175785&searchKeyword=%EC%98%AC%EB%A6%BC%
ED%94%BD%20%ED%8C%8C%ED%81%AC&searchRank=1224
(검색일: 2019.6.14)

https://m.post.naver.com/viewer/postView.nhn?volumeNo=20668527&mem

berNo=12175785&searchKeyword=%EC%98%AC%EB%A6%BC%

ED%94%BD%20%ED%8C%8C%ED%81%AC&searchRank=1224

(검색일: 2019.6.14)

https://www.yna.co.kr/view/AKR20190927075600083 (검색일: 2020.5.11)

중국의 경제발전과 진화 과정

서선영

1. 중국의 건국과 지도자

중국의 오래된 시가집 중 『詩經』에 "父兮生我 母兮鞠我 哀哀父母 生我句勞 欲報深恩 昊天罔極"이라는 시가 있다. 간단히 해석하면 "아버지 날 낳으시고, 어머니 날 기르셨으니 애달프다. 부모님 날 낳아 기르시느라 애쓰고 수고하셨다. 깊고 넓은 은혜 보답하고 싶지만 높은 하늘처럼 끝이 없다"의 뜻을 가진다. 중국은 마오쩌둥이 낳고, 덩샤오핑이 길렀다고 해도 과언이 아니다.

건국 이후 중국의 GDP는 1960년 59.716십억 달러에서 2018년 13조 608억 달러로 성장하였고 오늘날 세계 제2위의 경제규모를 자랑하고 있다. 이렇듯 중국은 건국 이후 70년을 맞이한 오늘까지 눈부신 경제 성장과 발전을 거듭하였다. 그리고 이러한 성장 뒤에는 사회주의 혁명부터 강국부흥까지 중국의 지도부가 존재한다.

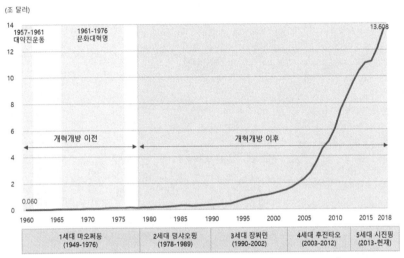

자료: world bank의 GDP 자료를 활용하여 저자 작성(검색일: 2020.5.4)
〈그림 1〉 건국 이후 중국의 GDP 변화

　중국의 지도자는 건국 이후 지금까지 크게 5세대로 구분된다. 먼저
1세대(1949~1976년) 마오쩌둥은 마르크스-레닌주의를 바탕으로 노동
자가 아닌 농민을 주요한 혁명으로 주체로 삼는 마오쩌둥주의를 이념
으로 삼았다. 2세대(1978~1989년) 덩샤오핑은 흑묘백묘론(黑猫白猫論)
을 중심으로 한 덩샤오핑 이론으로 개혁개방을 통한 시장경제체제를
도입하고 중국 특색의 사회주의를 건설하였다. 3세대(1990~2002) 장쩌
민은 중국공산당의 선진 생산력, 선진 문화, 인민의 근본 이익 등을
대표하는 삼개대표(三個代表)론을 통해 자본가들을 공산당원으로 수
용하였다. 4세대(2003~2012년) 후진타오는 조화사회와 인본주의를 강
조한 과학적발전관을 통해 빈부격차로 인한 사회적 갈등 해소와 지역

균형발전을 위한 조화사회 건설을 추구하였다. 5세대(2013~현재) 시진핑은 강국부흥을 목표로 소강사회 확립, 개혁 심화, 의법치국, 종엄치당 등 4개 전면 전략을 시행하고 있다.

〈표 1〉 건국 이후 중국의 지도자와 성과

집권 시기	지도자	이념	목표	주요 성과
1세대 (1949~1976)	마오쩌둥 (毛澤東)	마오쩌둥주의	사회주의 혁명	• 중화민족의 독립과 중화인민공화국 건국 • 중국 독자적 대중노선 추구
2세대 (1978~1989)	덩샤오핑 (鄧小平)	덩샤오핑 이론	성장 우선주의	• 개혁·개방을 통한 시장경제체제 도입 • 중국 특색 사회주의 건설
3세대 (1990~2002)	장쩌민 (江澤民)	삼개대표론	발전 우선론	• 고도 경제성장과 중국 강대국화 • 노동자, 농민, 지식인 외에 선진생산력(자본가)도 공산당원으로 수용
4세대 (2003~2012)	후진타오 (胡錦濤)	과학적 발전관 (사회주의 조화사회)	조화사회	• 사회갈등(빈부격차) 해소와 조화사회 건설(균형발전) 추구 • 성장 위주에서 지속 가능한 질적 성장 추구
5세대 (2013~현재)	시진핑 (習近平)	4개 전면(4個 全面), 두 개의 100년 (兩個一百年)	강국부흥, 중국몽	• 4개 전면(4個 全面)으로 소강사회 확립, 개혁 심화, 의법치국(법에 따른 국가 통치), 종엄치당(엄격한 당 관리) 등 민족부흥을 위한 전략적 포석 • 공산당 창건 100주년인 2021년과 신중국 건국 100주년 2049년에 맞춰 중국몽 실현

주: 마오쩌둥 이후 국무원 총리였던 화궈펑(華國鋒)이 1976년 9월 9일부터 1978년 12월 22일까지 집권하였지만, 집권 시기가 짧고 마오쩌둥주의의 이념을 유지함
자료: 저자 작성

세계적으로 중국의 경제발전은 '기적'이라고도 불리는 중국의 경제발전 방식과 그 과정을 살펴보기 위해, 건국 이후 중국의 경제체제는 크게 개혁개방 이전과 이후로 나눌 수 있다. 먼저 건국 이후 개혁개방까지의 과정을 살펴보고, 개혁개방 이후 정책의 주요 내용을 농업구조의 개혁, 국유기업개혁을 통한 사기업의 성장, 대외 개방, 호구제도

개혁 등으로 구분하여 살펴본다. 그리고 개혁개방의 주요 성과 및 문제점을 알아본다.

2. 건국 이후 개혁개방까지

중국 항일전쟁1)에서 일본의 패망 후 1945년 8월부터 약 4년간 제2차 국공내전이 벌어졌다. 이때 장제스(蔣介石)의 중국국민당군과 마오쩌둥의 중국공산당군이 전 중국대륙의 패권을 차지하기 위해 싸웠고, 결과는 마오쩌둥의 승리로 1949년 10월 1일 중화인민공화국이 건국되었다. 마오쩌둥은 건국 이후 토지개혁을 통해 전국을 장악하고, 정부주도의 사회주의 정권수립으로 계획경제체제를 실시하였다. 일명 '공산주의'로 하나의 정치세력으로 활동하는 마르크스-레닌주의를 채택한 것이다. 공산주의 원칙을 내세워 인구이동을 법적으로 금지하고, 호구제(戶口制)2)를 통해 인민이 소속된 호구를 벗어나 다른 지역에서 경제활동을 하면 불이익을 받게 하였다.

마오쩌둥은 농업과 공업을 육성시켜 높은 경제성장을 달성하여, 중국을 국제사회에서 경제강국으로 만들고자 하였다. 이에 중화학공업 중심의 자본투자와 집단농장을 중심으로 한 농업 투자가 집중적으로 이루어졌다. 또한 1958년 농촌 인민공사(人民公社)를 조직하여 대규모 집단농장을 통해 농업의 집단화를 시도하였다. 이러한 시도는 당

---

1) 일본의 중국대륙 침략으로 시작된 전쟁으로 1937년 7월부터 1945년 9월까지 계속된 대규모 전쟁임.

2) 호구제는 신분제도로 농촌지역을 벗어나 도시에서 직업을 갖는 농민공에게 농촌에서 도시로의 이주를 억제하며, 각종 사회보장서비스 혜택이 제공되지 않음. 특히 농민공들은 저임금 노동시장에서 제대로 된 임금 및 노동자의 권리를 보장 받지 못함.

시 중국이 직면한 공업과 농업의 문제를 동시에 해결하기 위한 것으로 농민에 대한 의존이 매우 높았다. 그러나 말은 농업의 집단화라고 표현했지만 실질적으로는 인민공사(정부)가 생산수단을 소유하고 분배하였다. 이를 통해 공산주의적 생산체제가 공고히 되었다. 이러한 체제는 일을 해도 수익이 없고, 국가 소유의 토지는 결국엔 내 것이 아닌 남의 것이라고 생각을 고조시켜 농민들로 하여금 열심히 일을 할 경제적 유인을 잠식시켰다.

마오쩌둥과 중국 공산당은 식량의 자급자족과 철강산업의 증산 등을 목표로 미국, 소련, 영국, 프랑스 등을 따라잡기 위한 경제성장 계획으로 1958년~1960년 대약진운동(大躍進運動)[3]을 주도하였다. 대약진운동은 중국의 고속발전을 추구하는 전략으로 모든 가치를 '많이', '빨리', '잘하고', '절약하자' 등에 두었지만, 당시 대규모 기근으로 4,500만 명[4]의 인민이 굶어 죽으며 대실패로 막을 내리게 된다. 이후 중국 공산당 내부의 분열이 시작되고 1966~1976년 문화대혁명(文化大革命)[5]이 벌어졌다. 이는 표면상으로는 시장정책 문화를 비판하고 새로운 공산주의 문화를 창출하자는 데 있었지만, 사실상 자본주의를 제거하고 공산주의를 보다 굳건히 하는 것이 목적이었다. 10년에 걸친 문화대혁명은 국가와 인민들에게 건국 이래 가장 큰 손실로 기록

---

3) 대약진운동은 혁명의 주체가 도시 노동자가 아닌 농촌의 농민들로써 농촌이 주체가 된 혁명이 핵심으로, 마오쩌둥의 정책이 너무 급진적이라는 우려가 나오자 마오쩌둥이 "그럼 약진하라"고 대답한 것에서 비롯되었다고 함(나무위키, 2020.3.20 검색). 당시 내건 슬로건이 '10년 만에 영국을 따라잡고, 15년 만에 미국을 이기자!'였음.

4) 대약진운동으로 사망한 사람에 대한 수치는 정확하지 않음. 1980년 후야오방(胡耀邦)은 2,000만 명이라 발표했고, 양지성(楊繼繩)의 저서 『묘비(墓碑)』에는 3,600만 명, 1979년 중화인민공화국 자체 조사에서는 4,300~4,600만 명, 공안부 내부에서는 5,500만 명설이 제기되기도 함.

5) 문화대혁명의 공식명칭은 무산계급문화대혁명(無産階級文化大革命)임. 중국에서 영화 〈인생〉으로 제작되기도 함.

되고 있으며, 이 시기 심각한 정치적 혼란과 절대 빈곤 및 빈부격차의 확대가 심화되었으며, 심각한 경제 침체를 겪었다. 오늘날 마오쩌둥의 대약진운동과 문화대혁명은 중국 전체의 문화적·경제적 수준을 20년 이상 퇴보시켰다고 평가받고 있다.

3. 개혁개방과 정책의 주요 내용

마오쩌둥 이후 1978년 덩샤오핑이 집권하면서 사회주의 이념을 고집하기보다는 침체된 경제를 살리기 위해 일정 부분에서 자본주의 체제를 도입을 해야 한다는 실용적 자세를 취하면서 사회주의 시장경제체제6)로 전환하였다. 덩샤오핑의 대내외 개혁개방정책은 흑묘백묘론(黑猫白猫論)과 선부론(先富論)으로 정리된다. '흑묘백묘론'은 검은 고양이든 흰 고양이든 상관없이 쥐만 잘 잡으면 된다는 것으로, '공산주의'든 '자본주의'든 상관없이 인민의 생활 수준을 향상시켜 잘 살게 하면 된다는 의미를 담고 있다. 이는 오늘날 중국경제의 성장을 이끈 정책으로 자본주의적 시장경제체제를 도입하여 생산성을 향상시키는 것을 우선으로 하였다. '선부론'은 '부유해질 수 있는 사람부터 먼저 부유해져'라는 뜻으로 능력이 있는 엘리트가 먼저 부유해지면, 이들이 가난한 사람을 돕고 그러면 모두가 잘사는 사회가 된다는 것이다. 지역적으로는 지리적 위치를 고려했을 때 상대적으로 무역이 쉬

---

6) 덩샤오핑은 자본주의 국가에도 계획경제가 존재하고, 사회주의 국가에도 시장경제가 존재할 수 있다고 주장하며 사회주의 시장경제체제를 도입함. 경제적으로 시장경제체제를 도입하더라도 정치적으로는 사회주의 체제를 유지하여 공산주의의 기본 정신을 지키고 지도력을 유지함.

운 동부 연안 지역의 경제특구들이 먼저 성장하여 부(富)와 번영을 내륙까지 확대시키면 모두가 잘 살게 된다는 것이다. 이에 따라 동부 연안 지역에 외국자본 유치를 비롯한 많은 경제적 특혜가 주어졌고 이후 10% 이상의 경제성장을 달성하였다. 그러나 경제발전을 이룬 지역과 사람들이 부(富)를 낙후된 지역과 가난한 사람에게 공유하지 않아 부의 재분배는 이루어지지 않았고 이에 따라 지역경제 및 빈부 격차가 확대되고, 관료들의 부정부패가 보다 심각해지는 등 다양한 사회적 문제를 야기하였다. 그럼에도 불구하고 덩샤오핑의 이론은 오늘날 중국 공산당의 주요 이념으로 자리 잡고 있다.

1) 농업구조의 개혁

중국의 국토면적은 959만 7천 km²로 남한 면적의 100배 해당되며, 남한과 북한을 합친 면적의 43.2배에 달한다. 그러나 이렇게 넓은 면적에도 불구하고 중·서부 지역의 3분의 2가량의 면적이 산악지형, 구릉지형, 사막, 황토고원 등으로 사람이 살기에 부적합하다고 평가된다. 또한 중국의 인구는 세계 인구의 18.1%(2019년 기준)이지만 경작지 면적은 9,497만 ha로 세계 경지 면적의 7% 수준에 불과하여 토지생산성이 낮고, 인구 대비로 보더라도 중국은 경지면적이나 자원부존량 등 여러 측면에서 세계 평균에 한참 못 미치는 빈국이었다.

이에 중국의 개혁개방은 경제개혁을 최우선으로 하면서 인민공사를 해체하고, 첫 단계로 토지개혁을 비롯한 농업구조개혁을 단행하였다. 당시 중국은 철저한 농업 기반의 국가로 중국 인구의 80% 이상이 농민으로 인구의 대다수가 농촌에 거주하고 있었지만, 상대적으로 농업생산 환경은 매우 낙후되어 있었다. 이 때문에 식량의 자급자족이 매우 어려웠으며 대부분의 사람들이 배고픔에 시달렸다. 따라서 경제개혁의 성공 여부는 농업구조개혁과 직결되었다.

과거 집단노동체제로 농업의 생산성은 정부에 귀속되었으며, 계획경제체제 하에 어떤 농작물을 생산할지, 얼마나 생산할지, 어떻게 배분할지 등이 정부에 의해 철저하게 통제되었다. 즉 농사를 짓는 농민에게는 선택권이 없었으며, 생산된 농작물은 정부가 매수해 갔고, 열심히 일을 해도 정부에 의해 배분되는 방식이라, 굳이 열심히 일을 해야 할 동기가 없어 근로 의욕을 상실시켰으며, 이는 다시 생산성 저하라는 위기를 가져왔다.

이러한 악순환이 반복되던 어느 날 농촌 지역 중 안후이성의 일부 농가에서 정부의 공유지를 각 농가가 나누어 경작을 하고, 생산된 농작물에서 정부에 납부할 세금을 제외한 나머지 생산물을 각 농가가 나누어 갖기로 비밀협약을 체결한다. 이 비밀협약은 다시금 농민들로 하여금 열심히 일을 하여 생산성을 증가시키고자 하는 동기를 부여하였으며, 결과적으로 큰 성과를 거두자 순식간에 전국으로 확산 되었다. 이에 정부는 계획경제의 비효율성을 인정하게 되고, 집단농장체제를 해체하고 본격적으로 농업생산책임제[7]를 도입하여 국가 소유의 농지를 농민들에게 빌려주고 책임지고 농사를 짓도록 하였다.

또한 농업생산책임제 하에 생산된 농산물 중 일부는 정부에 세금으로 납부하고, 잉여 농산물을 시장에서 자유롭게 사고 팔수 있도록 하였다. 그러자 빈농, 고농이 농촌의 주인이 되었으며 농산물은 빠른 속도로 생산성이 증가하였고 농촌의 소득 증가로 농민의 생활 수준은

---

7) 중국식 표현은 '가정연산승포책임제(家庭聯産承包責任制)' 또는 '農家請負生産責任制'로 과거 집단경작체제를 가족단위로 전환시킨 것으로 가계는 국가 목표수매량 초과분에 대한 처분권을 보유하게 됨.

안정을 찾아갔다. 1952~1977년 집단농장 해체 이전까지 농업 생산액은 연평균 4.1% 증가하는 정도였지만, 집단농장 해체 이후 1978~1995년까지 연평균 14.9%로 성장했다. 이러한 농업의 생산성 증가는 농민의 소득 증가로 이어졌고, 나아가 국가경제 전체의 성장으로 연결되었다.

또한 중국의 공업 발전으로 농업에 필요한 새로운 농기계와 기술이 도입 역시 농업생산량 증가에 기여하였다. 즉 농가 생산책임제에 힘입어 농업의 생산성이 급격히 향상되었고, 농업 이익의 증가가 다시 공업 발전을 위한 실물투자로 연결되었다. 뿐만 아니라 이 시기는 제6~7차 5개년 경제개발 계획이 시행된 시기로 농촌개혁의 성공 여파가 도시 지역의 기업 부문으로 확산되었다.

이외에도 농업 부문을 시작으로 경제 전반에 걸쳐 시장의 가격 기능을 중심으로 한 시장메커니즘이 확대되었다. 이러한 중국의 농업개혁은 과거 농산물을 수입하던 국가에서 오늘날 세계 경작지의 7%로 세계 인구의 22%가 먹을 농산물을 수출하는 국가로 성장시켰다.

2) 국유기업개혁을 통한 사기업의 성장

중국의 국유기업은 소유권은 국가에 있으나 경영권은 독립한 경영실체로 정의되며,[8] 1993년 헌법 개정에 따라 과거 국영기업에서 국유기업으로 수정되어 통용되고 있다. 개혁개방 이전의 사회주의 체제 하에 기업은 중앙 및 지방의 국가기관이 소유하고 운영하는 체제였다. 당시

---

[8] 문진영·김병철(2012), 「중국 국유기업 개혁의 내용과 그 한계점」, 『국제노동브리프』, 2012년 3월호, 78쪽.

중국에서는 개인 소유의 사영기업(민간기업)이 존재하지 않았으며, 존재할 수 없었다. 이 시기 정부는 국유기업을 통해 대규모 투자를 함으로써 산업화를 추진하였는데 당시 전력, 철강, 석탄 등의 공업과 교통 및 통신사업 등이 국영경제체제로 개편되었다. 정부 소유의 국영경제체제에서는 국유기업의 자율성을 빼앗고, 기업의 모든 이윤이 정부에 귀속된다. 즉 중국은 기업의 이윤을 정부가 모두 국가에 환수시켜 중앙의 재정수입으로 운영하였으며, 별도의 지방재정은 부재하였다.

1978년 개혁개방 이후 국유기업의 개혁은 크게 4단계 과정으로 추진하였다. 먼저 1단계(1978~1992년)에서는 1979년 9월 국무원이 국유기업의 경영자율권 확대를 추진하였다. 이는 국유기업이 중앙정부의 통제를 벗어나 기업의 목표인 이윤을 추구하고, 시장경쟁에 참여할 수 있도록 토대를 마련한 계기가 되었다. 또한 1983~84년 이개세(利改稅)제도의 시행으로 기업의 이윤 중 일부를 기업에 주고, 그 대신 이윤상납제를 적용하여 이윤에 세금을 납부하도록 하였다. 이러한 정부의 노력은 국유기업에 대해 중앙집권적이던 정부의 규제를 완화하고, 잉여 생산물에 대한 시장 거래를 허용하기 위함이었다.

2단계(1993~2002년)에서는 국유기업의 현대적 기업제도를 수립하도록 추진되었다. 이는 시장경제체제에 부합하는 재산권 확보, 정부와 기업의 분리 등의 방침에 따라 일부 기업을 대상으로 시험적으로 추진하였다. 또한 1995년 조대방소(抓大放小) 방침에 따라 효율성이 낮은 작은 국유기업은 합병, 매각, 임대경영 등의 방식으로 운영하되, 효율성이 높은 대형 국유기업 활성화에 주력하였다.

3단계(2003~2012년)에서는 국유기업에 대한 중앙과 지방 간에 혼재되어 있던 권한 및 책임에 대해 국무원 직속의 국유자산감독관리위원회가 설립되었다. 이는 국유기업의 자산 통합, 관리·감독 등을 통해

〈표 2〉 개혁개방 이후 단계별 국유기업의 개혁

구분	주요 내용
1단계 (1978~1992)	• 국영공업기업의 경영 자주권 확대 • 1979년 9월: 이윤유보제 도입, 시장 경쟁 참여 유도 • 1981년: 기업의 경제책임 강화를 위해 기업경영을 공장장 책임 하에 둠. 「국영공업기업 유동자금 전액대부 실행에 관한 장정규정」 공포, 공업, 교통 운수업에 경제책임제 실시 • 1983~1984년: 이개세제도 실시(국유기업의 경영책임 및 자주권 확대) • 1985년: 주식제 시범 시행(소유자의 국유자산에 대한 책임 강화, 생산요소의 합리적 유통 및 배치) • 1987년: 기업 소유권과 경영권 분리(독립된 기업체로 전환)
2단계 (1993~2002)	• 현대 기업제도 확립 • 1993년: 국유기업의 재산권 구조의 다양화(소유권 구조 혁신을 통한 재산권 강화) • 1994년: 현대 기업제도 확립을 위한 시(市)와 자치구에 시범기업 100곳 지정 • 1995년: 조대방소 방침 채택(대형 국유기업에 집중, 효율성 없는 중소형 국유기업의 합병, 매각, 임대경영 등) • 1997년: 국유기업 지원 계획 실시 • 1998년: 대규모 기업에 감사특파원 파견(관리·감독 강화) • 1999년: 국유기업의 전략적 개편 실시를 통한 효과적인 지배구조 구축, 주식보유제도(대·중형 국유기업을 주식회사로 전환, 전략산업 제외)
3단계 (2003~2010)	• 국유자산관리감독기구 특설 • 2003년: 국유자산감독관리위원회 특설9)되었으며, 2004년 각 성에도 유관부서 설립(소유자 권익 보호, 국가자산가치 보증 및 상승) • 2005년: 「민간기업 지원을 통한 비공유제 경제발전 방안」(신36조) 발표(2010년 5월 시행됨. 이를 통해 민간자본의 투자 허용 및 유도, 국유자본의 투자범위 제시, 명확한 세부 조치 등)
4단계 (2011~2015)	• 국유경제의 전략적 조정과 국유자본의 합리적 유동체제 강화 • 2011년: 대형 국유기업의 혼합소유제 주식시장 상장 추진, 정부 공공관리 기능 및 국유자산 출자 기능 분리, 국유자산관리 및 국유기업관리감독체제 구축, 국유기업의 새로운 분류 및 관리, 국유자본의 경영예산 및 소득분배제도의 합리적 운영

자료: 저자 정리

국유자산관리체계를 개선하는 것이 목적이었으며, 이를 통해 소유자의 권익을 보호하고 국유자산의 가치 보증과 상승을 실현하였다.

---

9) 국유자산감독관리위원회는 2003년 제16기 3중 전회에서 「사회주의 시장경제체제 정비 문제에 대한 결정」을 통해 국유자산관리감독체제 건설, 국가 공공관리 임무와 출자인으로 서의 임무 분리, 국유자산관리기구는 권한 위임을 받은 국유자산에 대해 법에 따라 출자인 역할 수행, 소유권자 권익 보호, 시장 주체로 기업의 법적 권리 수호, 기업의 국유재산

4단계(2013~현재)에서는 국유기업의 혼합소유제 발전으로 다양한 소유제의 공동발전을 추진하였다. 이는 국유지분을 국유자본, 집체자본, 비공유자본의 교차 지배 등으로 국유지분을 사회 및 민간에 매각하여 다원화된 경영 방식을 추구하기 위함이었다. 또한 혼합소유제는 실적이 부진한 국유기업에 민간자본의 활용을 통해 국유기업의 부채를 감소 측면에서 정부가 중점을 둔 정책이다. 이를 위해서 정부는 민간자본이 시장경쟁에 참여하는 것을 허용하고, 법적으로 이를 보호하는 조치를 마련하여 추진하였다.

이러한 국유기업은 정부지분의 비율, 경영목적, 관리·감독기관, 활동업종 등에 따라 다양한 형태로 분류되고 있다.

〈표 3〉 국유기업 개혁의 주요 내용

구분	주요 내용
국유기업 분류 개혁	• 해당 산업 특성에 따라 공익형 기업과 상업형 기업으로 분류 • 상업형 국유기업은 기업공개(IPO)를 추진 • 공익형 국유기업은 사회 공공서비스 제공 등 정책 집행
혼합소유제10) 개혁	• 국유기업 지분의 일부 또는 전부를 민간에 매각(상업성 기업의 지분은 전부 민간에 매각) • 전략산업(전력자원개발, 통신 등)은 지분의 일부만 매각
국유기업 합병	• 주요 전략산업 기업 간 합병을 통해 글로벌 경쟁력 제고
증시상장	• 국유기업 주식시장 상장 적극 추진 • 국유기업의 불투명성과 폐쇄성, 비효율성 개선에 대한 의지
기업경영 선진화	• 이사회에 경영진 선출 권한 보장 • 경영진의 인사권 보장 • 성과연동형 임금체계 도입
국유기업관리체제 개혁	• 국유기업 관리할 독립 외부기관 설립 • 국유자산관리감독위원회(출자기관), 국유자본투자운영공사(자본운영), 국유기업(기업경영) 등 3단계 관리체계 구축

자료: 저자 정리

증식 장려, 국유자산 유실 방지, 국유자산 경영예산제도와 경영 실적 평가체계 구축 실시 등의 역할을 담당하기 위해 특설됨.

중국의 국유기업은 고도의 경제성장을 견인하였지만 반면 부작용도 많이 존재한다. 첫째 국유기업의 독과점에 따른 비효율이 성장 둔화 요인으로 작용하였다. 중국 경제 내에서 국유기업들은 부여된 지위로 많은 혜택을 영위하였을 뿐만 아니라, 이를 이용한 독점적 지위를 누려왔다. 특히 전력, 통신, 석유·석탄·가스, 항공, 금융 등의 산업에서 독점경영이 심화되었다. 이러한 독점산업은 해당 산업에 대한 진입장벽이 높으며, 자원의 효율적 배분의 제약 요인이 된다. 또한 대다수 독점산업은 시장지배력으로 높은 요금, 낮은 품질 및 서비스, 부정부패 등으로 많은 사회적 불만이 야기되었다.

둘째 1990년대 후반 국퇴민진(國退民進)정책에 따라 국유기업의 비효율 개선을 위해 진행 과정에서 국유자산 유실과 대량 해고에 따라 실업률이 증가하였다. 이에 2004년 이후 국진민퇴(國進民退)정책으로 국유화를 추진하였지만, 민간투자가 위축과 수출 부진, 정부의 지원 및 보호로 인한 국유기업의 관리 능력 약화 등이 발생하였다.

셋째 국유기업의 비중은 줄어들고 있지만 중앙정부가 국유기업에 미치는 영향력은 여전히 적지 않으며, 뿌리 깊은 관료적 기업문화와 비효율적인 경영 방식 등이 여전히 문제가 되어 경영의 효율성을 떨어트리고 있다. 이처럼 중국의 국유기업개혁에는 여러 부작용도 존재하지만, 국유기업의 개혁은 다방면으로 실시되었고, 그 결과 기업의 경영 자주권이 확립되고, 기업의 이윤 증대 및 생산성 향상을 통한 국가경제 성장에 기여하였다. 또한 지난 수년간 중국에서 가장 빠르게 성장한 기업은 민간 부문이다.

중국은 개혁개방 이후 국유기업의 효율성 제고를 위해 지속적인

---

10) 일종의 공기업 민영화로 볼 수 있음.

노력을 해 왔다. 이후 중국은 전면적인 민영화보다는 기업의 효율성과 경쟁력을 높이는 데 초점을 맞추어 점진적인 국유기업개혁을 지속할 전망이다. 2019년 말 중국공산당 중앙위원회와 국무원이 '민영기업 개혁발전 의견'을 통해 공정한 경쟁의 시장 환경 최적화, 정확하고 효과적인 정책 환경 정비, 평등하게 보호되는 법치환경 완비, 민간기업의 개혁혁신 유도 격려, 민영기업의 건전한 발전규범 촉진, 친청정상(親淸政商) 관계 구축, 조직보장 등 7개 분야의 가이드라인을 제시하였다. 이는 기존에 제기되었던 부작용에 대한 완화 조치로 정부의 민간 경제 활성화를 위한 의지를 나타낸다.

3) 대외 개방

중국의 대외 개방은 크게 지역 개방, 외국인 투자, 해외 직접투자, 자유무역협정, 지방분권으로 구분할 수 있다. 먼저 지역발전을 위한 지역 개방은 동남부 연해 지역을 개방을 시작으로 3대 경제권역과 서부대개발, 동북3성 진흥 계획, 중부굴기에 이르기까지 광범위하게 추진되었다. 이후 일대일로로 육상과 해상을 잇는 신(新)실크로드로가 시행되고 있다. 또한 부족한 자본과 시장확보를 위해 적극적인 외국인 투자유치와 외자기업들의 수출시장을 활용한 경제성장을 시도하였다. 중국의 자유무역협정은 해외 시장의 개척과 교역국과의 협력 강화 등 경제적 접근을 통해 중국을 중심으로 국제질서를 구축한다는 정치적 목적을 달성하기 위해 추진되었다. 마지막으로 중국은 전형적인 중앙 중심으로 권력 구조를 갖춘 공산국가이지만 지방분권화를 추진하였다. 지방분권은 중국의 지역발전 및 격차를 완화하기 위해 지방의 특성을 가장 잘 파악하고 있는 지방정부에 일정 수준의 경제력, 정치력 등의 자율성을 보장해줌으로써 대외 정책의 지방화를 도모하여 경제성장에 크게 기여하였다.

(1) 지역발전과 지역 개방

개혁개방 이후 중국의 지역 발전 전략과 지역개방은 동부 연해 지역 중심의 발전 단계, 중서부 지역의 협조 발전 단계, 지역협조발전 실시 단계 등 크게 3단계로 구분되어진다. 먼저 중국의 지역개방은 1979년부터 광둥성의 선전, 주하이, 샨터우, 푸젠성의 샤먼(아모이), 하이난성 등 5곳을 경제특구로 지정하여 제조업을 중심으로 세제혜택, 보조금, 임대료 우대 등의 인센티브 제공과 외국인 투자 유지, 선진 기술 도입을 통한 발전을 시도하였다. 그리고 이 경험을 통해 검증된 정책들을 점차 확대시켜 나갔다.

이후 1984년에는 다롄, 톈진, 칭다오, 상하이 등 14개의 연해 도시를 개방하였는데, 중국의 경제개방 지대는 이처럼 주로 동부와 남부 연해 지역을 중심으로 확대되었다. 1985년 이후에는 장강 삼각주, 주강 삼각주, 환발해 지구 등 3대 경제권역을 중심으로 지역발전정책이 시행되었다. 이들 지역은 내륙 지역에 비해 상대적으로 우수한 인프라와 대외 개방 조건을 갖추고 있었고 그 결과 국내외 투자를 이끌어 낼 수 있었다.

연해 지역을 중심으로 한 개방도시의 자주권 확대, 외환 사용한도 및 대출 확대, 세금우대와 외환관리상 혜택, 경제기술개발구 설치 등 개방정책은 중국 경제성장의 중추 역할을 담당하고 성장을 견인하였지만, 한편으로는 동남부 연해 지역과 중서부 지역의 경제격차를 확대시켜 지역경제발전의 불균형을 가져왔다.11) 이에 지역간 불균형 해결을 위해 중서부 지역의 대외 개방이 속도를 내기 시작하였으며, 정부가 나서서 중서부 지역에 외국인 투자를 장려하였다.

이후에는 서부대개발(西部大開發), 동북3성 진흥 계획(東北三省振興規劃), 중부굴기(中部崛起) 등의 정책 하에 지역통합 및 지역경제의 협조 및 발전을 통한 균형발전과 자유무역시험구가 추진되었다. 서부대개발(2000년)은 동부 지역에 비해 낙후 지역인 서부 지역의 경제발전을 위해 교통, 건설 등 산업 분야의 인프라를 구축하는 전략으로 지역균형발전과 내수부진 문제 해결 및 서부 지역에 거주하는 소수민족의 생활환경 개선을 통한 정치적 안정 등을 이유로 장기사업으로 추진되었다. 동북진흥 전략의 배경은 과거부터 동북3성 지역은 중공업이 발달하였지만, 개혁개방 이후 지역발전정책이 3대 경제권역을 중심으로 진행되면서 상대적으로 경기침체를 맞이하였다. 이에 정부는 동북진흥 전략을 통해 동북 지역의 비교 우위산업 육성을 도모하였다. 이러한 동북3성 진흥 전략(2003년)은 중국 동북 지역에 위치한 랴오닝성, 지린성, 헤이룽장성에 노(老)공업기지의 노후 설비, 국유기업 중심의 비효율적인 사업구조 조정, 침체된 지역경제에 선진기술과 시장친화적 시스템을 갖춘 차별화되고 경쟁력 있는 신흥 산업기지로 만드는 것을 목표로 추진되었다. 중부굴기(2006년)는 지역균형발전을 위해 서부대개발과 동북3성 진흥 계획이 순차적으로 시행되었지만, 상대적으로 소외되었던 중부 지역의 발전 전략이 필요하다는 주장에 따라 자력갱생 원칙 하에 시행되었다. 당시 중부 지역에는 중국 인구

---

11) 중국의 민족은 한족을 포함한 56개 민족으로 분류되며, 전체 인구 중 한족 91.6%, 소수민족 8.4% 비중을 차지함. 소수민족은 문화적 민주주의는 허용되지만 정치적 독립은 허용되지 않으며, 개혁개방 이후 지역의 경제적 격차는 지역격차뿐만 아니라 중국에 존재하는 수많은 소수민족의 상대적 박탈감을 심화시킴.

의 28.1%에 해당하는 3억 6,100만 명이 거주 중이었으며, 농업 인구는 2억 4,400만 명에 달하였다. 즉 중부 지역은 농업 인구가 많은 지역으로 인민의 대부분이 가난하였고, 경제 역량이 전국 평균 수준에 미치지 못하였다. 이에 중부 지역의 경제발전 수준을 제고하기 위해 농업 지원 강화, 현대 공업화, 도시화 등을 통해 중부 지역 산시, 허난, 후난, 후베이, 장시, 안후이 등 6개 성의 농업경쟁력을 향상시키고 첨단기술을 기반으로 2, 3차 산업을 발전시켜 나갔다.

시진핑 정부가 집권하면서 지역개방정책은 지역협조발전의 실시 단계로 보다 명확한 목표 설정을 통해 이전보다 구체적인 발전 계획을 제시하였다. 이는 뉴노멀과 3대 지역협조 및 합동발전 전략(일대일로 건설, 징진지 협동발전, 장강경제벨트 건설)의 연계로 지역개방에 대한 수준 제고를 통한 정부의 강한 의지를 나타낸다. 일대일로(一帶一路) 건설은 내륙과 해상의 실크로드 경제벨트를 지칭하는 것으로 중국 주도의 신(新)실크로드 전략이다. 이 전략은 중국 중서부, 중앙아시아, 유럽을 경제권역으로 하는 육상실크로드 경제벨트(Silk Road Economic Belt)와 중국 남부, 동남아시아의 바닷길을 연결하는 21세기 해상실크로드(21st Century Maritime Silk Road)를 통해 아시아의 경제 공동체 건설을 목표로 하는 장기간 대규모 프로젝트이다. 징진지(京津冀) 협동발전은 베이징, 톈진, 허베이(옛명칭: 지저우)의 3개 지역을 묶은 거대도시 육성 프로젝트로 메가시티를 건설하는 프로젝트이다. 징진지 협동발전의 주요 목표는 혁신적인 수도경제권을 건설하고, 도시 형태별 지역발전모델 개발과 환경보호 및 경제발전의 조화, 지역발전의 시너지 제고 등의 내용을 담고 있다.

<표 4> 징진시 협동발전의 지역별 발전 전략

지역	목표	주요 전략
베이징시	국제 대도시 건설	정치, 문화, 국제교류의 중심지, 과학기술혁신의 중심지, 현대 서비스업, 문화콘텐츠산업, 첨단기술, 연구개발 등
톈진시	국제 항구 건설	북방 경제 중심지, 국제 해상운송의 거점 도시, 현대 물류 중심지, 세계 현대 제조업 기지 등
허베이성	지역별 역할 조성	녹색산업 및 첨단산업, 중화학공업 및 장비제조업, 신재생에너지, 전자정보산업, 전략적 신흥산업 및 일반 제조업 육성 등

자료: 저자 정리

특히 베이징과 톈진 지역의 성장 동력을 이들 지역과 인접하지만 상대적으로 낙후된 허베이 지역까지 확산시켜 허베이성의 도시화 촉진을 통해 경제·개방 수준을 향상하고자 하는 지역균형발전 전략이다. 장강경제벨트 건설은 해당 권역의 경제발전을 추진하기 위해서 중국 중서부 지역의 신형 도시화와 내륙 개방협력 및 지속발전 가능한 사회의 건설을 추진하는 전략이다. 주요 내용으로 도시와 농촌의 일체화 발전, 사회간접자본 시설의 상호연결, 산업 간 협동 발전, 생태문명 건설, 역내 공공서비스의 공유 수준 제고, 대외 개방 심화 등을 추진하는 것이다.

(2) 외국인 투자

중국의 해외 투자는 인진라이(引進來)와 저우추취(走出去) 전략으로 구분된다. 인진라이는 외국의 선진기술과 자본을 적극적으로 수용하는 외국인 투자유치를 기반으로 하는 성장 말하며, 저우추취는 중국 기업의 대외 투자 등을 통한 해외 진출을 말한다.

개혁개방 이후 중국은 부족한 자본과 시장 확보를 위해 외국인 투자유치 및 외자기업의 수출시장을 활용한 인진라이 전략에 의한 성장을 시도하였다. 이러한 외국인 투자정책은 크게 4단계로 구분된다.

1단계(1978~1991년)는 외국인 투자 기본 법규 제정 단계로써 경제특구를 중심으로 동부 연해 지역에 외국인 투자유치를 위한 관련 법규를 신설 및 제정하였다. 과거의 외자 이용은 주로 교통, 통신 등의 인프라 구축과 에너지 분야 등에서 차관 형태로 활용이 되었지만, 관련 법규의 재정비와 지역개방을 통해 외국인 투자를 확대하였다.

2단계(1992~2001년)는 산업정책과 외국인 투자의 연계 단계로써 전면적인 지역개방을 통한 외국인 투자가 성장하였다. 특히 외국인 투자의 환경 개선으로 4연(연해, 연강, 연선, 연변)의 개방과 성도의 개방 등 지역개방이 확대되었으며, 외국인 투자유치정책의 강화와 지역별 불균형 문제 해결을 위해 중서부 지역에 대한 외국인 투자가 장려되었다.

3단계(2002~2012년)는 내수시장 개방 및 외국인 투자의 질적 고도화 추진 단계로써 중국의 WTO 가입(2001년) 이후 외국인 투자가 급격히 증가하지만, 과도한 투자로 인한 공급과잉 및 중국기업의 발전 저하, 외국인 투자기업의 무역 흑자로 인한 통상마찰 등으로 부정적 여론이 확대되었다. 이에 이 시기에는 정부가 신기술, 첨단산업 등의 투자 장려와 외국인 투자에 대한 선별정책 강화 등 질적인 고도화가 중시되었다. 또한 2008년 기업소득세법 개정으로 외자기업에 대한 우대혜택이 폐지되면서 중국기업과 외자기업의 소득세가 통일되었다.

4단계(2013~현재)는 네거티브 리스트(positive list)[12]제도의 실험 단

---

12) 외국인 투자의 금지 업종, 분야, 업무 등을 명시하고 이를 제외한 나머지 업종, 분야, 업무에 대해서 외국인 투자를 허용하는 방식으로 2013년 11월 18기 3중 전회 이전에는 '내국민대우'의 포지티브 리스트(positive list)제도를 채택해 왔으나, 이후 '진입 전 내국민대우'의

계로써 2013년 상하이 자유무역시험구(FTZ)[13]를 지정하여 시범 지역으로 외자유치를 활성화하고, 이후 2015년 4개 지역을 대상으로 확대하여 시행하였다.

중국의 외국인 투자는 투자환경 개선을 위해 대외 개방 확대, 외국인 투자의 권익 보호, 외자 진입의 규제 완화를 위한 일부 산업 개방, 외국인 투자의 안전심사제도, 지식재산권 보호 등 다양한 조치 및 시도를 추진해 왔다. 이러한 노력에 힘입어 외국인 투자의 범위는 확대되었으며, 제조업은 외자유치의 주요 업종으로 대중무역 발전에 기여하였다. 또한 외국인 투자의 환경 개선을 통해 산업구조의 발전과 더불어 기술 진보를 촉진하는 데 기여하였으며, 나아가 국민경제 발전측면에서도 중요한 의의를 갖는다. 그럼에도 불구하고 국내외적 경제상황이 변함에 따라 성장의 주요 동력이었던 외국인 투자정책에 대한 전환의 필요성이 확대되었다.

(3) 해외 투자

중국은 외국인 투자유치에 의존한 성장 전략인 인진라이정책이 한계에 이르고 지속 가능한 경제성장을 위한 자원 확보와 새로운 해외시장개척 및 첨단기술 획득 등의 필요성에 의해 저우추취 전략으로 선회한다. 저우추취에 의한 해외 투자는 대체로 해외 기업의 지분을 인수하는 방식으로 추진되었다. 즉 해외 기업 중 기술 및 브랜드는 있지만 자본이 부족한 우량기업을 인수함으로 기존에 낮았던 중국기

네거티브 리스트(negative list)제도가 시행됨.

13) 중국정부가 비즈니스, 투자, 무역 환경을 국제 수준으로 향상시키기 위해 지정한 경제특별지대를 의미함.

업의 이미지를 탈피함과 동시에 기술과 브랜드뿐만 아니라 신규 유통 시장 개척시 시간 및 비용을 절감할 수 있었다. 특히 하이테크 산업 육성시 정부는 중국이라는 거대한 시장을 이용하여 외국기업의 기술과 자본을 유치하였다.

저우추취는 중국정부의 해외 투자장려정책에 의해 시행되었지만, 그 이면에는 중국 내수시장의 성장 한계, 중국 기업의 부족한 역량 보완, 글로벌 기업에 대응 등 여러 측면에서 시행 이유가 존재하였다. 이러한 해외 투자는 2001년 중국이 WTO에 가입을 하면서 급속하게 성장하였는데, 그 결과 2003년 미국을 제치고 세계 최대의 외국인 직접투자(FDI: Foreign Direct Investment) 유치국으로 부상하였다.

중국의 해외 투자는 1990년 이전까지는 주로 농업과 광업에 집중되었으며, 2000년대에는 제조업이 압도적으로 높은 비중을 차지하였다. 이후 서비스 시장의 점진적 개방에 따라 교통·운수업, 금융업, 부동산업, 의료서비스업, 여행업, 요식업, 유통업, IT 등으로 다양화되어 현재 거의 모든 산업 분야에 걸쳐 이루어지고 있다. 최근에는 중국 내 산업 고도화 전략에 따라 신에너지, 선박 설계 등과 같은 기술 집약형 산업과 R&D 분야에 대한 규제 완화로 적극적인 외국인 투자유치에 나서고 있다.

이러한 대외 개방을 바탕으로 2019년 기준 중국의 명목 GDP는 14조 1,401억 달러이며, 글로벌 순위는 2위로 경제대국의 자리를 지키고 있다. 1978년부터 2019년까지 1인당 GDP는 156.40달러에서 10,099달러로 무려 64.5배가 증가하였는데, 중국의 1인당 GDP가 처음으로 1만 달러를 넘어선 것이다. 2014년 실질구매력기준 GDP에서 미국을 제치고 세계 1위의 자리를 차지한 이후 줄곧 경제 대국으로 불리고 있다.[14] 과거 중국은 자본 부족 국가였으나 개혁개방 이후 고도의 성장으로 세계 최대의 외환보유국가로 성장하였다. 중국의 외환보유액은 2011년 사상 최초로 3조 달러를 돌파하였으며, 2019년 12월 말 기준 3조 1,080억 달러로 단연 세계 1위의 자리를 지키고 있다.

〈표 5〉 개혁·개방 이후 중국의 명목 GDP 변화

	1978년	2019년
국내 총생산(GDP)	1,495억 달러	14조 1,401억 달러
실질구매력기준(PPP) GDP	-	27조 3,808억 달러
글로벌 순위	10위	2위
세계경제 비중	1.8%	16.2%
1인당 GDP	156.40달러	10,099달러
외환보유액	1억 6,700만 달러	3조 1,080억 달러

주: 2019년 세계경제 비중은 IMF 추정치임
자료: IMF(International Monetary Fund)

(4) FTA(Free Trade Agreement: 자유무역협정)

중국은 2001년 WTO 회원국 가입을 계기로 국제무역 거래가 크게 확대되면서 세계시장의 중심국가로 대두되었다. 국가경제 성장을 위해서 세계화와 지역경제협력이 필수적이라는 인식 하에 FTA 등 지역협력(혹은 지역통합) 추진을 주도하는 세력으로 전환되었다. 중국의 FTA는 대외적으로는 해외 시장의 개척, 글로벌경제로 통합, 교역국과의 경제협력 강화 등에 이었으며, 대내적으로 국내 개혁을 가속화하여 새로운 도약의 발판을 마련하는 데 있었다.

중국의 FTA 추진은 다른 국가들에 비해 상대적으로 늦게 시작되었지만, 그 속도는 매우 빠르게 진행되었다. 이를 위해 중국이 추진한

---

14) 구매력기준 총생산은 물가상승을 반영한 것으로 명목 GDP와는 차이가 있음.

기본 전략은 핵심 전략으로 역내 주변국과의 FTA를 체결하고, 기반작
업으로 개발도상국과의 FTA 체결, 중요사항으로 경제대국과 FTA를
체결하는 방안으로 전개 되었다. 따라서 초기에는 인접한 지역인 홍
콩, 마카오, 대만 등 중화경제권을 시작으로 접경국가인 아시아 국가
와 FTA를 체결하였으며, 이후 대상국의 범위를 넓혀 BRICS(브라질,
러시아, 인도, 중국, 남아프리카), 선진경제권(아이슬란드, 스위스, 한국, 호
주 등)으로 글로벌 네트워크를 확대시켜 나갔다.

중국의 FTA는 경제적 접근을 통한 정치적 목적을 달성하는 데 있
다. 경제적으로 경제·산업구조의 상호보완성을 고려하고, 기술성장
을 통한 산업경쟁력 제고 및 저비용 경제개혁의 실천, 지속 가능한
성장을 위한 부족한 자원 문제 해결 등에 있으며, 정치적으로 경제
강국인 미국과 일본의 영향력에 대응하고 중국을 중심으로 새로운
국제질서를 구축하는 데 있다.

또한 중국은 다자무역체제를 보완하고 용이한 수입성장을 위해 양
자간, 지역 FTA를 지속적으로 확대하고 있으며, 최근 FTA 협정 내용
은 중국이 과거 보수적인 입장을 취해 왔던 투자, 서비스, 노동, 지적
재산권 등에 대해 일괄 타결하는 포괄적 형태의 협상이 주를 이루고
있다. 그 결과 오늘날 중국은 미국을 비롯한 130여 개의 국가들에
최대교역국으로 성장하였으며, 전 세계 대부분의 나라에 'Made in
China'가 없는 국가를 찾기 힘들어졌다. 또한 전 세계 다국적 기업들
이 중국을 수출을 위한 또 다른 수출거점지로 활용하고 있다.

(5) 지방분권

1949년 건국 이후 1978년 12월까지 중국은 사회주의 계획경제체

제를 유지하였다. 중국은 전통적으로 중앙집권이 강한 국가로 모든 경제체제 및 권한이 중앙에 집중되어 있었으며, 이를 바탕으로 획일적 정책결정 및 집행이 이루어졌다. 이후 개혁개방을 통해 1990년대 초까지 재정 및 인사권한 등 여러 부문의 쟁책결정 권한이 중앙에서 지방정부로 이양되었다. 그러나 지방정부의 권한 확대에 따른 우려로 중앙정부의 재정통제력 상실이 문제로 대두된다. 이에 정부는 중앙과 지방의 관계 재편을 통해 중앙정부가 다양한 법적 권위와 제도적 규범을 확립하고, 지역발전 및 지역격차 완화를 위해 지방정부에 일정 수준의 자율성을 보장하여 이를 통해 다시 국가경제 전반에 대한 중앙의 통제력을 강화하였다. 그 결과 당시 중국의 모든 경제정책들이 중앙에서 시작되기 이전에 지방정부와 지방의 중소도시 단위에서 실험적인 테스트를 거쳐, 이 중 성공된 경제정책들이 중앙정부로 올라가는 경제시스템으로 지방정부의 경제적 자율성과 실험 가능성 등이 중국의 성장을 견인하였다. 특히 지방정부는 국가경제 활성화와 지역경제육성을 통한 지역경쟁력 제고를 위해 인프라 구축, 외국인 직접 투자유치 및 문화적 교류, 지역의 관광상품화 등이 적극적으로 실시되었고, 이에 따라 지방의 이익 창출과 더불어 국가경제 크게 기여하였다.

지방정부는 지방분권화를 통해 성(省)급15) 지방정부의 자원배분 및 통제권한을 중앙으로부터 상대적으로 독립된 주체로서 경제 및 문화

---

15) 중국의 행정구역 체계는 성(省)급-지(地)급-현(縣)급-향(鄕)급-촌(村)급으로 구분됨. 성급 행정구는 33개(대만 제외)로 22개의 성(省), 4개의 직할시(直轄市), 5개의 자치구(自治區), 2개의 특별행정구(特別行政區)로 구분됨(1개의 생산건설병단이 있지만 일반적으로 포함하지 않음). 지급행정구는 334개, 현급행정구는 2,852개, 향급행정구 40,466개, 촌급행정구 704,386개로 매우 세분화되어 있음. 행정구역마다 당위위원회, 정부가 있으며, 현급행정구부터 인민대표대회, 정치협상회의가 존재함. 명목상 서열이 당위위원회〉인민대표대회〉정부〉정치협상회의 순으로 나열됨(나무위키 참조. 검색일: 2020.4.20).

외교시 효율적인 역할을 수행하였다. 이러한 지방분권화는 지역경제 성장 및 지역발전 등을 위해 해당 지방의 특성을 가장 잘 알고 있는 지방정부의 역할을 확대시킴으로써 지역발전을 도모하는 데 있다.

중국의 지방정부는 국가의 하위 정부로서 일정 수준의 경제력, 정치력으로 중앙정부보다 빠른 정책결정이 가능하여 대외 정책의 지방화를 주도하였다고 평가된다. 이렇듯 중앙의 권력 및 권한을 지방으로 이양하는 지방분권 전략이 전면적으로 이루어짐에 따라 지방정부의 영향력이 대외 정책에 미치는 정도가 확대되고 있다.

4) 호구제도개혁

중국의 호구제는 마오쩌둥이 1958년 대약진운동을 추진하면서 〈호구등기조례(戶口登記條例)〉의 공포로 성립되었으며, 본래의 목적은 농민들이 도시로 대거 이주해 농업경쟁력이 저하되는 것을 막기 위함이었다. 이는 일종의 신분제도로 거주지와 사회경제적 자격을 기준으로 분류된다. 먼저 거주하고 있는 행정단위를 기준으로 도시와 농촌으로 구분되며, 사회경제적 자격을 기준으로 농업과 비농업으로 신분을 규정하였다. 이러한 호구제는 인민들의 거주지 이전을 엄격히 통제하였다. 즉 도시 호구를 가진 사람은 도시에 거주하게 하고, 농촌호구를 가진 사람은 농촌에 거주하도록 강제하였다. 이 때문에 과거 베이징, 상하이, 선전 등의 도시에서 호구가 해당 도시에 있는 거주민이 아니면 통행증이 있어야만 방문할 수 있었다. 뿐만 아니라 출생, 교육, 의료, 일자리, 사회보험 등 다양한 사회보장제도가 성(省)급의 지방정부 단위로 시행되어, 호구가 없이 타 지역에 거주할 경우 혜택을 받지 못하는 등 호구에 따른 차별을 두었다. 예컨대 도시로 이주한 농민은 자녀를 해당 도시의 공립학교에 보낼 수 없었고, 의료 및 사회보험 혜택을 받지 못하였으며 주택 구입도 어려워 도시민과 차별된 불이익을 받았다.

사실 중국의 경제발전 과정에서 농민들의 노동력 제공이 크게 기여하였지만, 농민들은 호구제로 인해 도시민으로 인정받지 못하였고, 일자리를 찾아 도시로 나간 농민 가장들로 인해 농촌에서 부모와 자녀가 방치되는 등 농촌사회의 해체라는 사회적 문제가 대두되었다. 또한 중국은 과거 강력한 산아제한정책으로 1가구 1자녀 정책을 실시하여 인구를 관리하였다. 일부 지역(특히 농촌 지역)에서 다자녀를 출산하는 가정은 하루아침에 거주하던 집이 철거되기도 했고, 배급받은 식량을 압수당하기도 했으며, 한 자녀 이상을 호적에 올릴 경우 막대한 벌금이 부과되었다. 이 때문에 당시 출생하였지만 호적에 올라가지 못한 인구가 급속히 증가하였다. 중국에서는 태어났지만 호적에 올라가지 못한 무호적자 아이들을 헤이하이쯔(黑孩子, 어둠의 자식)라고 부르며 국가 인구 관리 및 인구통계에서 제외하고 있다. 이들은 국민으로 인정받지 못해 정부의 의무교육을 받을 수 없고, 호적이 없어 합법적인 취업이 불가능하여 노동에 대한 대가를 지급받지 못하거나 사용자로부터 가혹 행위를 당해도 법적인 보호를 받을 수 없어 인권유린 문제가 매우 심각하였다.

이에 중국정부는 2019년 12월 상주인구 300만 명 이하의 중소도시에서 호구 제한을 완전히 철폐시켰다. 도시 지역 상주인구 300~500만 명의 대도시에서는 취업, 주거의 합법적 보장, 일정기간 사회보험 가입시 본인과 가족에게도 도시 상주호구를 부여하는 등 단계적으로 호구 제한이 완화되고, 500만 명 이상의 1선과 2선 도시에서는 호구제도를 개선하기로 했다. 또한 지방정부별로 농촌 호구를 가진 사람들이 원하는 도시의 호구를 취득할 수 있도록 제도를 개선하고 있다.

4. 개혁개방의 성과 및 문제점

개혁개방정책의 결과로 중국경제는 고도의 성장을 반복하며 오늘날 중국에 따라붙는 수식은 다양하다. 먼저 양적측면에서 2019년 기준 인구 14억 399만 명으로 세계 1위, 실질구매력(PPP) 기준 경제규모 27조 3,808억 달러로 세계 1위, 외화보유액 31,192억 달러로 세계 1위, 포브스가 발표한 세계 500대 기업 중 중국 기업이 129개로 가장 많은 비중을 차지하여 미국을 제치고 1위라는 타이틀을 차지하였다. 이 중 외화보유 중인 미국채권이 1.1조 달러에 이르며, 이는 금융 부분에서 중국의 영향력이 상당함을 나타낸다.

〈표 6〉 역대 중국의 주요 개혁개방 조치

	개혁 조치	개방 조치
76~80년 (5·5계획)	• 1978년 개혁개방 선언	• 1979년 4개 경제특구 지정 • 1979년 미·중 수교

81~85년
(6·5계획)
	• 1981년 국채발행 재개
	• 1982년 생산책임제 전면 허용 및 국유
	  기업 경영 자율화 일부 허용
		• 1984년 다롄, 광저우 등 14개 항구도
		  시에 경제기술개발구 설립

86~90년 (7·5계획)	• 1988년 물가 및 임금개혁 조치	• 1990년 상하이 푸동신구 설립 주식거래소(상하이, 선전) 개장

91~95년
(8·5계획)
	• 1992년 남순강화 및 의료개혁
	• 1993년 금융시스템 전면 개혁을 시작
	  으로 중앙은행, 상업은행, 정책은행
	  등 현대 은행제도 구축
	• 1994년 분세제(分稅制) 시행
		• 1992년 한·중 수교
		• 1994년 평등경쟁 및 자기책임 등을
		  명시한 대외 무역의 기본원칙 제시

96~00년 (9·5계획)	• 1996년 금리자유화의 단계적 진행 • 1998년 주택거래 자유화 • 1999년 서부대개발 추진	• 1996년 경상항목의 위안화 자유 태환 허용

	개혁 조치	개방 조치
01~05년 (10·5계획)	• 2004년 헌법에 상재산권 보장 명시 　국유상업은행 주식제 실시 • 2005년 농업세 폐지	• 2001년 WTO 가입 • 2005년 외국금융기관의 위안화채권 　발행 허용
06~10년 (11·5계획)	• 2007년 사유재산을 국유재산과 동등 　하게 간주하는 물권법 제정	• 2006년 중국 내 외국계은행의 내국인 　대상 위안화 거래 허용
11~15년 (12·5계획)	• 2013년 반부패개혁 추진 • 2014년 질적성장을 강조하는 뉴노멀 　과 공급 측 구조개혁 제시 • 2015년 중국제조 2025 추진	• 2013년 상하이 자유무역지대(FTZ) 　설립 　일대일로 추진 • 2014년 후강통 시행 • 2015년 위안화 SDR편입 결정
16~20년 (13·5계획)	• 2018년 개인소득세 개혁	• 2017년 채권통 시행 • 2018년 외국인 투자 제한 항목 축소

자료: 김대운·정준영, 「중국경제 개혁개방 40년, 성과와 과제」, 『국제경제리뷰』 제2018-17호, 한국은행, 27쪽.

　　그러나 눈부신 경제성장 이면에는 산업 전반에 걸쳐 과잉생산설비
에 의한 과잉생산으로 인한 공급과잉, 국유기업의 적자누적 및 부채
급증, 그림자 금융, 은행 부문의 부실채권 비율 상승, 지역 간 빈부격
차 및 사회적 갈등 심화, 산업발전에 따른 환경오염의 심각, 부동산
시장의 거품 등 다양한 사회적 문제가 존재하며, 이러한 문제들이
중국 경제의 잠재적 위험 요인으로 작용하였다.

　　과거 중국은 수출 및 투자를 통해 경제성장을 견인하였지만 철강
및 석탄 등의 일부 산업에서 생산능력이 생산량을 초과하는 과잉설비
의 문제로 한계기업 및 수익성 저하 등이 심화되었다. 이에 기업의
과잉생산에 대한 비효율성을 줄이고자 하는 정부는 2015년 공급 측
구조개혁을 제시하였다.

　　중국정부는 12차 5개년 계획 기간(2011~2015년)부터 성장 방식 전환
을 추진해 왔으며, 특히 2013년 시진핑 정부가 출범한 이후에는 경제
구조개혁을 위한 노력을 더욱 강화하고 있다. 2016년 3월 전인대에서
확정된 13차 5개년 계획에도 이 같은 방침이 재차 확인되었다. 구체적

으로 중국정부는 국유기업 구조개혁을 통한 경영효율성 확대, 금융구
조개혁을 통한 부실채권 해결, 환경보호를 통한 신창타이(新常態) 경제
성장정책 등을 추진하고 있다. 그리고 2020년은 중국의 '13.5규획
(2016~2020년, 13차 5개년 계획)'에 따른 소강사회(小康社會)16) 건설 계획
이 마무리되는 해이며, 중국 공산당 건당 100주년(2021년)을 앞두고
있다.

또한 경제발전 과정에서 중국의 부채는 매우 큰 폭으로 확대되었는
데,17) 이 중 대부분은 국유기업의 적자누적 및 부채로 정부는 이를
해결하고자 국유기업에 대한 민간자본 참여를 확대하였다. 하지만
정부부채가 2008년 기준 27%에서 2018년 48%까지 급증하였다. 그리
고 장기성장률 둔화가 불가피한 가운데 2015년부터 경기하방 압력이
정부의 예상보다 커지고 있으며, 구조개혁 추진이 단기 성장을 저해
하는 등 정책 리스크도 생겨나고 있다.

이외에도 중국은 인구의 94% 정도가 동남부 지역에 살고 있으며,
공업시설 및 산업 기반시설이 위치해 있다. 이는 대기, 수질, 토양
등의 심각한 환경오염을 유발하며 중국정부는 대기오염 감축을 위해
노력하고 있지만 상대적으로 수질 및 토양 부분에 노력은 미미한 수
준이다. 그 이외에도 중국이 해결해야 할 숙제로 인해 향후의 성장에
귀추가 주목된다.

---

16) 의식주가 풍요로운 중산층 사회 건설.
17) 기업부채가 가장 많으며, 부동산시장이 활황을 맞으며 주택담보대출 및 가계부채도 급증함.

5. 진화 과정을 통해 본 중국

건국 이후 최빈국에서 오늘날 미국과 세계 패권을 겨루는 경제대국으로의 성장까지 현대 경제에서 중국의 위상은 전 세계가 무시할 수 없을 만큼 부상하였다. 중국은 2017년 UN의 부유한 국가 대열에 당당히 이름을 올렸으며, 세계 소비시장을 주도하고 있다.

1979년부터 시작된 개혁개방 이래 30년을 넘게 고속성장을 해오던 중국경제가 뉴노멀의 중속성장시대로 접어들면서 중국의 경제구조 개혁정책은 중국경제 및 중국사회의 질적 도약을 목표로 하고 있다. 왜냐하면 중국의 고도성장은 세계의 기적으로 불리지만 성장의 이면에는 눈부신 발전에도 불구하고 중국 내에서는 과거와 현재가 공존하고 있다. 또한 중국의 경제는 완전한 시장경제체제를 갖추었다기보다는 중국 특색 사회주의적 요소를 가지고 있기 때문이다. 예를 들면 중서부 일부 지방에는 여전히 빈곤에 허덕이는 사람들이 존재하는 반면 동남부 연해 지역에서는 선진국보다 더 선진국 같은 경제규모와 소득 측면에서 화려함이 존재하는 격차에서 그 현실을 느낄 수 있다.

최근 중국경제의 성장 기반이 과거에 수출 및 무역 중심에서 내수 및 소비시장을 중심으로 장기적인 성장을 위한 구조적 변화가 나타나고 있다. 특히 소비시장 성장 및 확대를 중심으로 전환되고 있으며 그 중 서비스 부분의 양적 성장에 초점을 두고 있다. 또한 자본시장의 규제완화 및 금리자유화 등 금융시장개혁은 아직도 진행 중에 있다. 따라서 이러한 중국 경제의 중국경제의 질적 발전을 위해 해결해야 할 단기 과제로는 ① 과잉설비 조정 및 국유기업개혁, ② 부채리스크 관리, ③ 부동산시장 안정화가 있다. 또한 장기 과제로는 ① 도농·지역·계층 간 소득구조의 불균형 개선하기 위한 소득분배개혁, ② 환경 문제로 인한 경제적 손실 축소 및 삶의 질 개선, ③ 경제규모 확대에 따른 수요 증대로 발생한 에너지 및 식량부족 문제에 대응하여 대체 자원의 개발 및 농업 부문 개혁 등이 상존하고 있다.

그럼에도 불구하고 시진핑 주석은 2020년 신년사에서 "기적은 만들어지는 것이고, 사회주의 역시 만들어지는 것으로 오늘날 중국 공산당과 인민은 웅대한 마음과 지속적인 분투를 수행할 자신감을 가지고 소강사회의 전면적 건설을 확보하였고, 제2의 100년 분투목표의 승리를 향한 진군에서 나서고 있고, 새로운 여정에서 새롭고 더욱 큰 기적을 창조하고 있다"[18]고 하였다. 중국의 경제성장 전반에 걸친 궤도수정과 경제구조의 패러다임 전환으로 향후 변화가 기대된다.

---

18) 원문: "奇迹是干出來的, 社會主義是干出來的. 今天, 中國共産黨和中國人民有雄心、有自信繼續奮斗, 确保全面建成小康社會, 向第二个百年奮斗目標胜利進軍, 在新征程上創造新的更大奇迹."(출처: 강정구, 전면적 소강사회 완성과 새로운 여정에 돌입하는 2020년의 중국, 통일뉴스, 2020년 1월 8일자(원제: 決胜全面小康 邁向新的征程), http://opinion.people.com.cn/n1/2020/0101/c1003-31530911.html (2020年01月01日05:23 來源: 人民网－人民日報)

참고문헌

강준영·유정원, 「중국 개혁개방 이후의 사회 변화 추세에 관한 연구」, 국 립외교원, 2016.

김대운·정준영, 「중국경제 개혁개방 40년, 성과와 과제」, 『국제경제리뷰』 제2018-17호, 한국은행, 2018.

김성순·최명식·김인지, 「중국의 산업구조 변화가 국내 산업에 미치는 영 향 분석」, 국회예산정책처, 2016.

김영한·양은모·구본원, 「중국 경제구조 개혁의 추진내용과 시사점」, 국회 예산정책처, 2016.

김윤기·황종률·오현희, 「중국경제 현안 분석: 부채·부동산·그림자금융을 중심으로」, 『경제현안분석』 97, 국회예산정책처, 2018.

문진영·김병철, 「중국 국유기업 개혁의 내용과 그 한계점」, 한국노동연구 원, 2012.

박래정, 「중국 호구제 개혁, 만만디」, 『Chindia Journal』, 2010.

박범종·공봉진·장지혜·박미정·김태욱·이강인·조윤경·서선영, 『중국 개혁 개방과 지역균형발전』, 한국학술정보, 2019.

박인성, 『중국의 도시화와 발전축』, 한울, 2009.

박인성·유광철, 「중국 13차 5개년 계획의 성격과 주요 내용」, 충남연구원, 2016.

신종호, 「중국의 대외 정책과정에서 지방정부의 역할」, 경기개발연구원, 2014.

양평섭·나수엽·박민숙·이한나·조고운·오윤미, 「중국의 대외 개방정책 40 년 평가와 전망」, 대외경제정책연구원, 2018.

이준엽·李紹榮·周毅·김화섭, 「21세기 중국의 대외 경제정책: 대국굴기를 향한 구조전환과 도전」, 산업연구원, 2014.

이치훈, 「중국경제 진단과 우리경제에 주는 시사」, 『예산정책연구』 5(1), 2016.

이한나·김홍원·최재희, 「중국의 외국인 투자 개방정책 동향 및 평가: 네거티브 리스트(2018년)를 중심으로」, 대외경제정책연구원, 2018.

임정빈, 「중국의 주요 농산물 수급현황」, 한국농촌경제연구원, 2000.

한국무역협회 북경지부, 「시진핑 정부의 핵심 성장 전략, 징진지(京津冀) 광역권 발전 방안과 시사점」, 2014.

Bert Hofman, "Reflections on Forty Years of China's Reforms", *World Bank*, January, 2018.

IMF, "Inequality in China: Trends, Drivers and Policy Remedies", *IMF Working*, 2018.

Lin Yifu, "Household Farm, Cooperative Farm, and Efficiency: Evidence from Rural De-collectivization in China", *Economic Growth Center of Yale University*, March, 1987.

Mckinsey Global Institute, "Digital China: Powering the economy to global competitiveness", *December, Paper, June*, 2017.

林毅夫, 『中國經濟專題』, 北京大學, 2008.

北京大學中國國民經濟核算与經濟增長研究中心, 『中國經濟增長報告』, 北京大學, 2011.

강정구, 「전면적 소강사회 완성과 새로운 여정에 돌입하는 2020년의 중국」, 통일뉴스, 2020년 1월 8일자.

신정은, 「중국, 민영기업 개혁안 발표… 독점 산업 진입장벽 낮춘다」, 이데일리, 2019년 12월 23일자.

이수경, 「중국의 개혁·개방: 농업체제의 개혁」, 자유아시아방송, 2007년 1월 11일자.

정주호, 「시진핑 '4개 전면' 전략, 中 국가이론으로 부상」, 연합뉴스, 2015년 10월 30일자.

http://opinion.people.com.cn/n1/2020/0101/c1003-31530911.html

(2020年01月01日05:23 來源: 人民网－人民日報)

중국의 통상정책과 수출입관리제도 변화발전의 역사

장지혜

1. 세계 경제 성장의 원동력 중국 통상의 과거와 현재

2019년은 5.4운동 100주년, 중국 건국 70주년, 개혁·개방 이후 중·미 수교 40주년이 되는 해이다. 중국은 신중국 수립 70주년을 맞아 중국의 경제·사회 발전성과를 공개하였다. 2019년 7월 8일 중국 국가통계국은 "1949년 신중국 수립 이후 중국의 수요가 부단히 개선되면서 '수요부진'에서 소비·투자·수출의 '삼두마차'가 시너지 효과를 내는 방향으로 전환되었다"라고 하였다.

개혁개방 이전 중국의 대외 무역정책은 경제발전의 단계와 세계경제의 흐름과는 상관없이 중국 중앙지도층의 정책과 경제 노선의 변화에 따라 결정되었다. 중국의 대외 무역의 기조는 경쟁적 차원에서의 비교 우위 이론에 입각한 것이 아니라 국가 독점관리 하에 계획적으로 운영된 것이다. 그러나 중국의 개혁개방은 자본주의 시장경제 원리를 채택하고 있지만, 점진적으로 사회주의 계획경제에서 시장경제로 전환하게 하였다. 이에 중국은 개혁개방 후 생산성과 주민생활 수준이 높아지며, 중국에 대한 투자, 수출 수요가 급속도로 증가하게 된다. 특히 WTO 가입으로 투자와 수출의 경제 견인 효과는 뚜렷이 나타났다.

개혁개방 당시 중국의 무역 규모는 206억 달러에 불과하였으나, 10년 뒤 1988년 1천억 달러에 진입하였다. 중국은 2000년대 들어 무역 규모는 더욱 급속히 확대되었다. 2001년 5천억 달러, 3년 뒤인 2004년 1조 달러가 되었다. 2013년 4조 달러가 되었다. 무역구조의 경우도 신중국 설립 초기 중국 수출품 총액 중 초급 제품이 80% 이상을 차지하였으나 현재는 석탄, 철강, 건축자재, 화학공업 등 에너지 및 원자재 분야에서도 생산능력을 충분히 보유하고 있다. 특히 배터리, 시계, 자전거, 맥주, 가구 등의 100여 종의 경공업 제품에 대한 생산량은 세계 1위이다.

70년간 중국의 산업경제는 비약적 발전을 이루었는데, 중국의 공업 부가가치는 1952년 120억 위안에서 2018년 30조 5,160억 위안으로 약 970배 이상 증가하였으며, 연평균 성장률 11%를 유지하고 있다. 중국의 세계은행의 통계에 따르면 2010년 중국은 제조업 부가가치에서 처음으로 미국을 제치고 세계 1위 제조 대국으로 우뚝 섰으며, 현재까지도 계속 1위를 차지하고 있다. 2017년 중국의 제조업 부가가치가 세계 제조업 부가가치에서 차지하는 비중은 27%로 중국은 전 세계 공업 성장을 견인하는 역할을 하고 있다. 또한, 2018년 3차 산업의 부가가치 비중은 1952년과 비교했을 때 23.5%까지 성장하였다.

신중국 건립 초기에서 1990년대까지 중국의 공업구조는 철강, 건축자재, 농산품, 방직 등 전통적인 업종이 주를 이루었다. 그러나 18차 당 대회 이후 중국정부는 첨단기술산업과 선진 제조업을 대대적으로 육성하고, 전략적 신흥산업과 신동력의 빠른 발전을 추진하여 공업경제가 이전에 비해 고도화되었다. 중국은 UN 산업 분류 목록에 포함된 공업을 모두 갖춘 유일한 국가로 2018년 첨단기술 제조업 부가가치가 연 매출 2,000만 위안을 달성하였다. 공업 부가가치에서 첨단기술 제조업이 차지하는 비중은 1995년에 비해 6.9% 상승한 13.9%가 되었다.

이렇듯 중국은 건국 초기에서 개혁개방, WTO 가입을 거치며, 현재에 이르러 산업 구조, 무역 투자 구조가 비약적으로 발전하고 있다. 통상 및 산업정책의 경우도 변화가 두드러지는 가운데, 대외 개방이 가속화되며 일방적 수출 지원, 외자기업 우대 등 보호주의로의 변화 관련정책이 강화되었다. 그러나 이러한 중국의 산업 및 통상정책의 변화에 대한 기존 연구가 거의 없는 가운데 정책 변화에 대한 원인, 특성, 국내외 정치경제에 대한 의미를 모두 고려한 종합적 분석도 없다. 이에 중국 건국 70주년을 맞아 우선은 중국의 경제성장 및 현재는 세계의 경제성장을 견인한 원동력이 된 중국의 수출입 통상에 대한 70년간의 통상정책과 수출입관리제도를 조망하는 것을 통해 중국의 통상환경 변화의 특성을 정리해 보고자 한다.

2. 통상정책 변화 배경 및 과정

1) 개혁개방 이전 대외 무역의 배경과 정책 변화

(1) 대외 무역의 배경과 목표

중화인민공화국이 건국될 당시 중국은 반봉건·반식민지 상태를 막 벗어난 농업국가였다. 중국공산당은 공산주의 초급 단계인 사회주의 건설을 하기 위해 낙후한 농업 국가인 중국을 선진 공업 국가로 건설하여야 했다. 1950년 농공업 총생산액에서 거의 대부분이 농업 생산액이었으며, 공업 생산액은 약 10% 정도였다. 중국이 이러한 상황을 벗어나 공업화를 실현해야 했고, 중국공산당은 당시 상황에 맞춰 독립자주, 자력갱생을 원칙으로 수입대체 발전 전략을 택하였다. 이것은 당시 공업이 발달 되지 않아 중국 내 생산이 되지 않던 제품을 수입하던 것에서 직접 생산하여 조달하여 독립된 민족경제체제를 세우는 것이었다.

국가 경제발전 계획에 필요한 기계설비, 공업 기재원료 및 기술을 외국으로부터 도입해야 했다. 따라서 중국의 대외 무역은 중국 건국 이후 사회주의 경제건설의 보완수단 및 외교정책의 도구로 이용되어 왔다. 이 시기에는 중국정부가 계획경제를 추진하던 시기로 중앙정부의 계획 하에 무역이 집행되었다. 당시에는 정부 부처와 국유기업의 요구에 따라 정부는 공동으로 수출입 계획을 수립하고, 이것은 다시 유일하게 수출입 무역권을 가진 수출입공사에서 일괄적으로 수출입 계약을 체결하였다. 이러한 전략을 제정한 이유는 국제적 요인과 국내적 요인으로 구분해 볼 수 있다.

우선 국제적인 요인으로 국제 환경의 영향이다. 신중국 성립 이후 봉쇄정책으로 인해 서방 국가들과의 경제적 협력이 어려워졌으며, 1950년대 중반 이후 중·소 분쟁으로 중국은 자력갱생을 해야겠다고 생각한다. 또, 제2차 세계대전 이후 식민지에서 독립한 남미의 브라질, 아르헨티나 같은 국가들이 수입대체형 경제개발 전략을 택하여 1950~1960년대 빠른 경제성장을 이룬 것을 보고 중국도 이와 같은 경제개발 전략을 택하게 된다.

다음으로 국내적 요인이다. 첫째, 항일전쟁 시기 일본의 항일근거지에 대한 경제적 봉쇄정책과 국민당의 소비에트지구에 대한 포위 속에서 중국공산당은 독립자주, 자력갱생 정신으로 신중국 창립을 이루었다고 여겼으며, 이것이 건국 이후에도 기본 방침이 되었다. 대외 경쟁에 있어서도 이와 같은 인식에서 출발하게 된 것이다. 이에 따라 1) 독립된 민족경제체제 건립에 있어 중요 물자나 생산재를 대량으로 해외에 의존하게 된다면 경제적 독립을 유지할 수 없으며, 2) 경제적으로 낙후된 국가가 신속한 공업화를 이루기 위해서는 필요한 기계설비, 기술 등을 다른 국가에서 들여와야 하지만, 필요한 자금은 국내에서 조달하고 장기적인 해외 차관이나 개발투자를 받는 것은 피하고, 3) 수출과 수입은 평형을 이뤄야 하며 국제수지에 있어 약간의 흑자를 유지한다. 이러한 자력갱생론은 문화대혁명을 전후하여 극단적인 폐쇄경제를 하게 하고, 대외 수출은 매국 행위, 대외 수입은 외국숭배로 받아들여졌다.

둘째, 소농경제의식으로 인한 영향이 있다. 중국은 몇 천 년간 봉건사회를 지나오며 자급자족의 소농경제 사상이 사람들에게 뿌리내려 있었다. 따라서 국제분업의 필요성이나 대외 무역으로 인한 경제적 발전에 대해서 필요하지 않다고 생각하게 하였다. 셋째, 계획경제체제의 영향이다. 1970년대 말까지 실행된 계획경제체제 하에서 대외 무역은 국가통제를 받았으며, 이러한 것들로 인해 중국의 대외 무역 발전은 이루어질 수 없었다.

이러한 배경 하에 중국의 대외 무역의 목표는 다음과 같다. 첫째, 경제 자립을 위한 제국주의, 자본주의 세력의 경제적 침략에서 자국을 보호하는 것이다. 이것은 자본주의 국가 간의 무역을 선진 공업국들이 과거의 식민지였던 개발도상국을 경제적으로 착취하는 수단으로 본 레닌주의식 경제무역론에 근거한 것에서 온 것이다. 둘째, 사회주의 현대화 건설에 있어 중공업을 육성 발전시키는 데 있다. 당시 중국은 공업발전 없이는 강력한 국방건설이나 복지국가로 가기 힘들다고 보았다. 공업화 계획을 실현하기 위해 공업발전에 필요한 원자재 및 기계 설비 등을 수입하기 위해 수출이 필요하게 되었다. 즉 수출의 목적은 수입 재원을 확보하는 데 있으며, 수입의 목표는 중국의 사회주의 공업화를 위한 것이었다.

셋째, 대외 무역은 외교정책의 일환으로 국제정치 투쟁의 무기로 이용하였다. 예를 들어 1960년 8월 주은래가 중일 관계에 있어 중일 정치무역 3원칙을 내놓은 것이다. 이것은 같은 해 6월 일본 기시 노부스케(岸信介) 정권이 물러남에 따라 중국은 일본에 대한 외교 관계를 수립하는 수단으로 무역정책을 조정하게 된 것으로 주요 내용은 다음과 같다. 우선 중일정책 3원칙은 1) 일본은 중국에게 적대적인 정책을 쓰지 않는다. 2) '두 개의 중국' 정책을 쓰지 않는다. 3) 중일 관계 정상화에 장애 요인을 만들지 않는다. 다음으로 중일 무역 3원칙은 1) 정부 간 무역 협정, 2) 민간 계약, 3) 중일간의 전반적인 교역의 중단 하에서도 경영난을 겪고 있는 일본 중소기업에 부여한 특별혜택인 개별 혜택이 있다. 이상의 내용을 보면 중국은 중일 무역에 있어 정치와 경제를 분리해서 보고 있었던 것으로 보인다. 넷째, 대외 무역이 중국 최고중앙지도층에 의해 국내 경제의 침체기에 국내 경제 부흥의 추진제로 이용되기도 하였다. 다섯째, 사회주의 공업화의 기초를 닦기 위해 외국에서 투자재와 기술을 도입하여 단기간에 중국에 필요한 모든 물자를 중국 내에서 생산하겠다는 경제독립의 달성을 목표로 하고 있다.

중국은 대외 무역을 국민경제의 구성 부분이자 대외 관계의 일부분이라 인식해 왔다. 1970년 10월 등소평이 '서방에 대한 교역증진정책'을 발표하기 전까지 중국경제에서 무역의 기능과 역할은 지극히 제한적이었다. 중국은 대외 무역이 성장의 견인차 역할보다는 수입을 하기 위한 수단 정도로만 인식하였다. 수입은 국내 수요에 대한 공급을 보장하고, 수출의 기능은 수입을 뒷받침하기 위한 것이었다. 즉 대외 무역은 국가의 정치·경제적 목적에서 벗어나지 못했다.

주은래는 중국의 대외 무역 목표달성을 위한 4가지 대외 무역의 기본 역할을 다음과 같이 말하였다. 1) 대외 무역은 4개 현대화의 실현에 있어 결정적인 요인으로 그 역할은 매우 중요하다. 4개 현대와는 사회주의 건설에 있어 실현하고자 하는 4개 목표로 공업·농업·과학기술·국방의 현대화를 말한다. 2) 대외 무역은 모택동의 '3개 세계 이론'에 따라 외교 역할과 대외적인 투쟁에 이바지한다. '3개 세계 이론'은 사회주의 입장에서 세계를 3개로 나눠 서로 다른 외교정책을 취하는 이론으로 미국과 구소련은 제1세계, 유럽 선진국은 제2세계, 아프리카를 비롯한 후진국은 제3세계로 나눈 것이다. 3) 대외 무역은 국방의 현대화에 필요한 무기 및 기술 도입을 위한 외화 획득의 역할을 한다. 4) 대외 무역은 중국 국내 시장의 번영과 인민 생활의 개선을 위한 조절 역할을 한다. 중국은 국가발전 계획에서 빠른 중공업 육성에 치중하고 있어 국민 안정의 필요성이 있을 때만 필요 물품을 외국에서 조달하여 국민들의 생활을 개선하고 만족시켜 왔다.

이상의 내용을 토대로 계획경제 시기 중국의 대외 무역의 가장 큰 특징은 통제 무역과 보호무역으로 정리될 수 있다. 통제 무역과 보호무역은 구소련 연방의 국가 독립적 대외 무역체제를 거의 옮겨온 것이다. 통제 무역은 사회주의 국가의 중앙정권이 만든 기관을 통해 이뤄지는 무역으로 대외 무역 업무의 조직·부처별 관여도와 취급 범위에 대해 규제하고 있다. 또 경제향상과 사회주의 건설이라는 목적 달성에 부합하는 수출입 계획 수립이라는 전제 하에 수출입 상품의 수량과 종류가 규제되며 '수출입허가증제도'와 '수출입 상품의 정량제'를 통하여 수출과 수입을 조절하여 대외 무역활동이 통제되는 것을 말한다.

중국의 대외 무역은 국가에서 독립되어 통제되는데, 1) 국가가 특정한 전문기구인 대외 무역부가 대외 무역을 통제하며, 2) 국가가 법규와 규정을 통하여 대외 무역조직의 경영 활동의 범위를 규정하고, 3) 국가가 수출입 계획을 수립하여 수출입 상품의 품목과 양을 통제한다. 4) 국가가 '수출입허가증제도'를 실시하여 대외 무역조직의 모든 활동에 대해 조절과 통제를 한다. 또한, 중국의 대외 무역은 중앙의 통일정책, 통일 계획, 통일 대외의 방침 하에 이루어지며, 평등·호혜되어야 한다.

(2) 대외 무역정책 변화 과정

당시 중국의 대외 무역은 국가 독점 및 통제로 진행되었다. 1949년 중화인민공화국이 성립되며 중국공산당은 국민당의 관료 자본 하에 있던 대외 무역회사를 국영 대외무역공사로 전환하였다. 1950년 대외 무역공사의 수출입액은 중국의 대외 무역 총액의 68.4%를 차지하였다. 이들은 주로 구소련 및 동유럽 국가와 교역하였다. 또한, 전국 4600여 개의 민영 무역회사에 대해서는 수출입허가증제도를 통해 수출입을 통제하였다. 1950년대 초반까지 이들의 교역량은 전체 수출입의 33%를 차지하였다. 민영 무역회사는 1956년 사회주의 개조 시기 개조를 통해 국영과 사영이 합쳐진 합영무역회사로 만들었으며 이로써 대외 무역경영권은 국가가 독점하게 된다.

대외 무역정책의 결정 요인은 다음과 같다. 대내적으로는 국가의 산업 구조, 자연자원의 부존 상태,[1] 노동 및 자원의 공급 상태, 경제 규모 등의 경제적 요인과 대외 무역의 역사, 국민의 기질 및 문화적 배경 등의 경제 외적 요인들에 의해 결정된다. 대외적으로는 지정학적인 지위, 외교 관계, 주변 국가와의 경제적 보완 관계, 세계 경기 등 다양한 요인들에 의해 결정된다. 중국의 대외 무역정책 역시 이상의 요인들이 결정 요인들로 어느 정도는 작용하였다 할 수 있으나, 국가의 정치 노선과 경제 노선에 의해 크게 좌우되었다. 그리고 중국 공산당 최고 지도층의 의사는 개인의 의사가 아니었으며, 분열의 가능성을 내포하고 있었으므로 권력 투쟁의 흐름에 따라 대외 무역정책이 변동되어 왔다. 물론 이러한 이원적 분석은 단순화된 것으로 모든 곳에 맞는 것은 아니다. 하지만 중국의 역사상 대외 무역은 정치 세력의 판도를 반영하여 변화되어 왔다. 따라서 중국의 대외 무역정책을 파악하기 위해서는 경제 외적 요소인 정치적 변동과 관련된 경제 변화 추이를 이해하여야 한다.

---

1) 부존자원(賦存資源): 경제적 목적에 이용될 수 있는 모든 천연 자원.

계획경제 시기 대외 무역정책의 변화 과정을 살펴보면 1949년에서 78년까지 중국 대외 무역정책의 기조는 1949년 9월 중국 인민 정치협상 회의에서 통과된 '중국 인민정치협상회의 공동강령'에서 규정한 '대외 무역이 관제와 무역보호정책'에 의해 시행되어 왔다. 하지만 이 기간의 중국 대외 무역정책은 정치경제적 변화에 의해 영향을 받았으며 그것은 3단계로 분류할 수 있다.

① 제1단계(1949~1956): 대외 무역정책의 수립 및 부흥 시기

중국공산당은 정권 성립 초기에 항일전 및 국민당·공산당 내전 시기의 혼란한 경제 질서와 대외 무역 질서를 정리하기 위해 '대내적 절제 자본, 대외적 통제 무역'이라는 국민경제 육성 지침을 마련하였다. 이 시기 가장 시급했던 것은 대외 무역의 통제권에 대한 장악이었다. 이를 위해 다음과 같은 조치를 취했다. 1) 제국주의에 의한 대외 무역의 통제권을 없애고 대외 무역 부분의 관료 자본을 몰수하였다. 2) 국가의 전반적인 관리 하에 대외무역전업회사가 경영 주체가 되는 사회주의 대외 무역체제를 건립하였다. 3) 사영무역업자에 대한 사회주의 개조를 실시하였다. 해방 초기 중국에는 사영무역 기업이 4,600개, 종사 인원은 3만 5,000명, 자본은 1억 3천 위안(1955년 3월 1일 발행된 신인민폐 기준)으로 중국 전체 대외 무역 경영액(매출액)의 1/3을 차지하였으며, 그 중 수출은 총 수출의 50%(1950년 상반기까지)를 차지하였다. 당시 사영 무역 기업가들은 국제 무역에 대한 풍부한 경험과 외국 거래선과의 관계로 중국정부는 이들에게 사용 무역상의 특수한 대외 관계 경험을 이용, 공사 합영을 거쳐 생산자료 소유제의 사회주의 개조, 착취행위와 맹목 경영에 대한 제한 등의 정책을 취하였다.

사영 무역업자들에 대해 일단 국영기업과의 합작 형식을 취하게

한 뒤 점차적으로 국영기업으로 전환시켰다. 사영 무역은 초기에 중국이 자본주의 국가와의 무역을 주도하였지만, 이것은 주로 자본주의 국가와의 무역에 있어서만 존재했던 것으로 중국의 대외 무역정책과 국제정세의 변화에 따라 사영무역업자는 예상보다 빨리 사라졌다. 1950년에 540개였던 사영무역회사는 5년 뒤인 1955년에 이르러 28개로 줄어들었다.

1949년에서 1952년 사이 중국의 대외 무역은 계획적으로 이루어진 것은 아니었으며 과도기를 거치는 단계였다 하겠다. 이 시기는 정권을 확고히 하고 중국 내 경제 회복이 우선적으로 시행되어야 했다.

〈표 1〉 1950년~1955년 사영기업과 국영기업의 수출입액 비율 비교

(단위:%)

	1950	1951	1952	1953	1954	1955
국영기영	58.4	84.7	92.8	92.7	98.3	99.2
사영기업	41.6	15.3	7.2	7.3	1.7	0.8

일반적으로 봤을 때, 중국의 한국 전쟁 파병참여는 미국 등 서방국가들이 1951년 5월부터 중국에 대해 경제적 봉쇄정책을 본격적으로 가하게 되는 계기가 되었다. 이 때문에 자본주의 국가와의 무역도 필요하다는 무역정책은 구소련을 비롯한 사회주의 국가와의 무역으로 점차 제한될 수밖에 없었다. 중국은 홍콩과 마카오의 화교 상인을 통해 서방국가들과 무역을 하였고, 스위스를 비롯하여 유럽국가와 외교관계를 수립하여 대외 무역을 하였지만, 사회주의 국가와의 무역량에 비해 그 비중이 적었다. 당시 사회주의 국가와의 무역액 비중은 1950년 32.4%에서 1952년이 되면 2배 이상 증가하여 72%가 되었으며, 이 중 구소련의 무역량은 50% 이상이었다.

본격적으로 대외 무역이 시작된 것은 1953~1957년으로 중국이 제1차 국민 경제 5개년 발전 계획을 내놓으면서 공업화 건설을 위한 기술 설비, 건설 물자들을 수입하기 위한 외화 확보를 위해 수출을 장려하면서였다. 이때는 1920년대 구소련식 개발 모델을 적용한 제1차 경제 개발 계획 기간으로 당시에는 사회주의보다는 현실적 정책을 써 결과도 비교적 좋았다.

무역 활성화에 있어 새롭게 조정해야 할 필요성을 느껴 대외무역부에서 상품의 국내외 판매에 대해 아래와 같이 3가지 원칙을 마련하여 규제하게 된다. 1) 식량, 대두, 식물유 등을 비롯하여 국민생계에 중요한 영향을 미치는 상품의 수출을 제한한다. 2) 국내 수급에 차질이 없도록 수출에 있어서도 관련 상품의 물량을 줄여 연차적으로 수출하게 한다. 3) 중국 내 시장에 꼭 공급하지 않아도 되는 상품을 우선적으로 수출한다. 전체적으로 봤을 때 이 시기 중국의 대외 무역은 정치적 불안 상태에서 진행되었으며, 반공사상의 제거와 반공행동의 진압에 전심전력하는 한편, 반공인사들에 대한 교화 및 숙청을 진행하며 권력 지속의 기반을 공고히 하는 데 몰두하며 진행되었다.

② 제2단계(1957~1965): 대약진 및 국민경제 조정 시기

중국공산당이 1949년 정권을 장악하고 국민당의 관료 자본주의 경제체제를 사회주의로 전환함으로써 국민경제가 회복세를 보이기 시작하였다. 특히 1953~1957년 사이 제1차 경제발전 계획 기간 구소련의 경제적 지원 하에 구소련의 경제발전모델을 그대로 적용하면서 경제가 성장하게 되었으며, 대외 무역 역시 성장세를 보였다. 하지만 1958년 공산주의 실현을 위한 대약진운동과 집단생산체제를 구축하기 위해 인민공사화운동을 대대적으로 전개해 나가기 시작하면서 대

외 무역에 있어서도 수출입의 대량화가 이루어졌다. 국민경제를 벗어나 대외 무역을 주도한 결과는 좋지 않았다.

1958~1962년까지 중국의 경제발전역사에서 봤을 때 최초의 대규모 곤란기였다. 중국은 1950년대에 유지해 오던 구소련과의 의존 관계에서 벗어나 농촌경제의 급속한 인민공사화와 대약진이란 대규모 경제 동원체제로 전환하게 되었다. 그러나 1959~1961년까지 3년간 흉년으로 중국에서는 전국적인 식량난을 겪었다. 이에 따라 1960~1962년 사이 무역은 축소되었으며, 이것은 공산권에 대한 무역의 감소를 야기하였다. 이것은 중국의 수출입 규모와 구조가 중국 내 집권층의 권력 판도뿐만 아니라 대외 관계 및 농작물 작황에 따라 영향이 있었음을 보여준다.

대약진 시기 이후인 1963~1965년 중국은 회복기와 산업 재조정을 통한 경영 재건기를 맞이하게 된다. 구소련과의 결별에서 온 충격을 벗어나고, 농업에서의 흉년을 이겨낸 중국은 구소련에게서 받은 장기 차관을 단기간 내에 갚고, 서방으로부터 대량의 곡물과 각종 기계플랜트를 수입하기 시작하여 서방에 대한 수출도 크게 증가하였다. 중국 무역의 절반 이상을 차지했던 구소련과의 무역은 감소하고 비공산권과의 무역이 증가되었다. 무역 수지는 공산국가와는 흑자를 보였으며, 서방 선진국과는 적자를 보였다.

그러나 중국과 구소련 간에 이데올로기와 경제 노선에 대한 논쟁이 심해졌으며, 양국 관계까지 확산되어 해결되지 못한 채 양국 관계는 급속히 악화되었다. 이에 따라 동유럽국가와의 관계도 점차 악화되어 갔다. 1960년 7월 구소련은 일방적으로 중국에 대한 지원 프로젝트였던 '2·5 건설 프로젝트(1958~1962년 5개년 발전 계획)'를 중단시키고, 기술자들을 자국으로 소환하였다. 또한, 구소련은 중국이 한국 전쟁 참전하기 위해 구소련으로부터 무기를 수입하기 위한 비용으로 구소련에 진 차관을 단기간 내 반환할 것을 요구하였다.

위와 같은 정치·경제적 배경 하에 중국의 대외 무역은 다음과 같은 변화를 보였다. 첫째, 대약진의 결과로 대외 무역의 양적 증가를 위해 가공무역을 통해 최대한 많이 수입·수출하는 '대진대출(大進大出)'[2] 전략으로 변화하였다. 둘째, 수출을 강화하기 시작하였다. 이를 위해 대외무역부에서는 수출에 대한 '오선원칙(五先原則)'을 규정하였다. '오선원칙'은 수출상품을 1) 우선 고려하며, 2) 우선 생산하고, 3) 우선 고려하여 필요한 수출 상품을 생산하고, 4) 우선 고려하여 필요한 원재료 및 포장재를 제공하고, 5) 우선 매입, 수송 한다는 것이다.

셋째, 수출입구조 조정이다. 식량 수입을 우선적으로 강화하였으며, 원래 경제발전에 필요한 설비기계 위주였던 수입이 약화되었다. 2개의 목적이 제시되었는데, 1) 구소련의 차관을 상환하기 위한 것, 2) 식량수입을 통해 식량난을 해소하기 위한 외화 확보였다. 넷째, 중국의 대외 무역의 주요 대상이 자본주의 국가와 지역으로 전환되기 시작하였다. 중국과 구소련 간의 관계가 악화됨에 따라 두 국가 간의 무역은 급히 감소되었는데, 구소련이 차관 상환을 강력히 요구하자 중국은 수입을 줄이고, 수출을 강화하였다. 반면에 1950년대 민간무역으로 시작되었다가 한국전쟁으로 중단되었던 민간 차원에서 일본과의 무역을 시작으로 프랑스, 미국 등과의 무역이 다시 시작되었다. 프랑스와는 1964년 외교 정상화를 시작으로 전 유럽으로 확산되었다. 원래 구소련으로부터 도입하려고 하였던 기술과 플랜트도 일본, 영

---

2) 기술, 관리 방법, 자금 등은 대량으로 끌어들이고, 생산품은 대량 수출하여 외화를 많이 벌어들이는 경제발전 전략이다.

국, 프랑스, 독일로 바뀌었으며, 주은래가 1960~1964년 사이 두 차례의 아시아 및 아프리카 순방결과 이 지역과의 무역도 강화되기 시작하였다. 이 결과 1961~1965년 사이 5년간 중국의 대외 무역수지는 흑자를 나타냈다. 다섯 번째, 대외 무역에서 중국이 사회주의 건설 과정에서 자력갱생을 기본 국책으로 하지만 외국의 원조도 보조 수단으로 이용하는 정책을 강화하였다.[3]

③ 제3단계(1966~1977): 문화대혁명의 동란 시기에서 개혁개방 과도기로
중국의 문화대혁명 기간은 건국 이래 가장 혼란한 시기로 정치·경제적 혼란이 지속되었고 중국의 대외 무역 역시 침체기였다. 경제적으로는 폐쇄 상태에서 반폐쇄 상태로 전환되었으며, 대외 무역은 정치적 영향에 의해 피동적으로 실행되었다. 전반기인 1966~1971년 사이에는 모든 국민들이 문화대혁명운동에 참여하여 경제는 거의 마비되었다. 문화대혁명 후반기에는 주은래와 등소평이 경제를 주관하여 호전되기도 하였다. 그러나 1975년 11월 이른바 '우경 번안풍(右傾 飜案風)'[4]으로 등소평이 경제 주도권을 상실하여 경제는 다시 침체되기 시작하였다. 정치적으로도 혼란하여 구소련과 이데올로기 논쟁이 있었으며, 대내적으로 모택동의 정권 강화를 위해 당시 국가주석인 유소기를 비롯 '수정주의파'를 제거하는 등 범국가적 차원에서의 숙청운동이 전개되었다. 또한, 모택동의 후계자로 지목되었던 임표는 쿠데타를 모의했지만 실패로 돌아갔으며, 모택동의 부인인 강청을 비롯

---

3) 중국에서는 자력갱생 위주, 쟁취 외원위보(外援爲輔)정책이라고 하는데, 외원위보는 외부 원조를 부차적인 것으로 하다라는 의미이다.

4) 덩샤오핑이 문혁의 잘못되었던 것을 바로잡아 추진한 명예회복과 복권에 대해 극좌파인 4인방은 오른쪽에서 불어오는 바람이라고 비판하여 말하였다.

한 4인방이 경제·정치·혼란 상태를 이용하여 모택동의 사후 정권 장악을 위해 이에 걸림돌이 될 주은래를 비롯한 반대세력들과 치열한 권력싸움을 하였다.

대외 무역의 경우 제2시기에 와 비교하여 다음과 같은 변화를 보였다. 첫째, '자력갱생 위주, 외국과의 원조는 보충적 역할'이라는 정책에서 '자국을 위주(以我爲主)'로 바뀌었다. 이것은 임표와 4인방이 기존의 대외 무역정책을 비판하며 자신들의 입지를 강화하기 위한 수단으로 이용하려고 하였기 때문이다. 예를 들어 1차 상품의 수출에 대해서 자원을 팔아먹는다고 비판하거나, 외국기술의 도입에 대해서는 외국의 것은 무엇이든 좋아 한다 또는 파행주의라고 비난하였다. 둘째, 1970년대에 들어서면서 대외적으로 캐나다, 이탈리아와의 국교 정상화가 이루어지면서 중국의 서방국가와의 교류가 다시 시작되었다. 또한, 주은래와 등소평이 경제를 다시 주도하며 대외 경제를 적극적으로 실시하기 시작해 미국과 일본과의 정상화도 달성되었으며, 당시 중국이 경제개발에서 가장 필요로 하였던 기술과 플랜트 수입을 재개하게 된다. 1972년부터 1977년까지 중국은 화공, 석유, 화력발전, 탄광, 철강 등에서 222개 프로젝트를 도입하게 된다.

2) 개혁개방 이후 대외 무역 배경과 정책 변화

(1) 대외 무역 배경과 목표

제2차 세계대전 후 미국과 소련의 대립은 점차 완화되어 가기 시작하였다. 중국 역시 국제사회로의 진출을 시도하여, 1971년 유엔 가입과 더불어 대미 관계, 대일 관계 개선을 위해 노력하기 시작하였다.

그러나 중국 경제는 장기간의 사회주의 계획경제와 약 10년간 지속된 문화대혁명으로 붕괴 위기에 직면하고 있었으며, 1978년 말 중국의 1인당 GDP는 154달러였다. 이에 1978년 12월 중국공산당 제11기 3중전회에서 대외 개방을 결정하여, 대내적으로는 계획경제체제에 대한 개혁을 진행하고, 대외적으로는 국제 개방을 하기로 한 것이다. 3중전회에서 자력갱생의 기초 위에 세계 각국과의 경제 협력을 발전시키고, 세계 선진기술과 설비를 도입해 현대화 실현에 필요한 교육사업을 강화해야 한다고 하였다.

WTO 가입 이후 통상정책 변화 배경은 다음과 같다. 중국은 WTO 가입에 따른 최혜국 대우 획득과 국제정치상에서의 지위 및 경제적 위상을 제고하기 위해 WTO 가입을 추진해, 15년간의 협상 끝에 2001년 11월 10일 카타르 도하에서 개최된 WTO 제4차 각료회의에서 가입을 승인받아 143번째 가입국이 되었다.

중국이 WTO에 가입하게 된 국제적 배경은 세계화 시대 중국이 세계 경제에 편입되어 세계 여러 국가들과 경제협력을 강화하기 위해서였다. 따라서 WTO 가입은 중국이 세계 경제질서에 정식으로 편입된 것을 의미한다. 이에 따라 중국 기업들은 국제자본시장에서 자금을 조달할 수 있는 기회가 확대되었으며, 비용면에서도 이전보다 낮은 비용으로 자금을 조달할 수 있게 되어 경제 발전을 가속화하는 계기가 마련된 것이었다. 중국의 WTO 가입 의의는 다음과 같다. 1) 세계 경제 무역질서의 편입을 의미하며 동시에 중국의 국제정치·경제에 대한 의상이 크게 높아지게 되었다. 이에 따라 대외 신용도가 향상되어 중국의 기업과 은행들은 국제자본시장에서 차입이 용이해지게 되었다. 2) WTO에 가입함에 따라 중국은 무역 상대국으로부터 최혜국 대우를 부여받은 동시에 개발도상국에 제공되는 일반특혜관

세제도의 혜택도 누릴 수 있게 되었다. 이에 따라 수출도 증대되게
되었다. 3) WTO 가입은 국유기업 및 산업구조에 대한 조정으로 자원
배분의 효율성과 생산성을 증대시켜 중국의 경제 성장력 강화에 중요
한 영향을 주었다. 4) 중국 경제의 시장화를 촉진시키는 중요한 계기
가 된다. WTO 가입 이후 중국은 WTO 무역정책검토제도를 적용받게
되고, WTO의 무역 분쟁 처리 절차에 따르게 되며, 각종 정책 및 무역
제도가 국제 규범에 부합되게 되었다. 이는 대외 무역법규와 제도상
의 투명성을 확보하여 중국의 시장화를 촉진시키게 되었다.

중국은 WTO 가입 이후 무역 상대국이 요구하고 있는 관세 인하
및 무역 제한 조건의 철폐, 국영무역에 대한 조정, 무역 장벽의 완화
등 각종 무역장벽이나 제도적 문제점을 국제 규범에 맞게 수정해야
했다. 중국이 WTO 가입 협상에서 합의된 일정표에 따르면 2002~
2005년에는 중국의 무역체계가 연차적으로 WTO체제로 이행되는 과
도기였으며, 2006년 이후는 완전히 세계무역체제에 편입되어야 했다.
이에 따라 중국의 무역정책은 WTO 규칙을 바탕으로 전면적인 개혁
을 실시하게 되었다. WTO의 규정에 부합되지 않는 정책과 법규들은
조정과 수정을 하였고, 새로운 통상정책이 제정되는 등 중국의 통상
정책은 크게 변화되었다.

(2) 통상정책의 변화 과정

가. WTO 가입 이전

① 대외 개방정책을 통한 수출촉진정책
1979년 7월 15일 중국 국무원은 개혁개방 촉진을 위해 화남 지역의

광동성과 복건성에 경제특구를 설치하기로 한다. 이에 따라 1980년 4월 썬전(深圳), 주하이(珠海), 산터우(汕兜) 시가, 같은 해 5월에는 샤먼(廈門)이 경제특구로 지정되었다. 이후 화동 연해 지역으로 확대되어 가, 1984년 5월 따롄(大連), 톈진(天津), 상하이(上海), 칭따오(靑島), 닝보(寧波) 등 14개 연해 항구도시를 개방하고 이들 도시를 중심으로 대외 개방정책의 일환으로 관세 및 부가세 면제를 실시하였다. 관련 내용은 다음과 같다. 1) 경제특구의 공장건축 또는 생산용 기계설비, 원료와 재료, 부품, 연료, 사무용품에 대한 관세 및 부과세 면제, 2) 연해 개방도시, 경제개방구, 경제기술개발구의 기반시설에 필요한 기계설비, 사용물자, 외국인 투자기업이 수입하는 생산설비, 건축기자재, 수출품 생산용 원부자재, 포장재, 운송수단, 사무용품, 외국인 근로자용 가정용품 등에 대한 관세 및 부가세 면제, 3) 국내 생산이 불가능한 설비, 부품으로서 기업의 기술향상에 필요한 수입품에 대한 관세 및 부가세 면제, 4) 외국인 투자기업의 수출 상품 관세 면제, 5) 농산물 조자, 묘목, 가축사료, 수의약품, 수출 목적화학비료, 농산물 가공설비 및 기술개발 설비 수입의 관세 및 부가세 면제 등이다.

1990년에 이르면 중국은 미국, 일본, 유럽 등 선진국과의 대외 무역이 확대되었고, 다국적 기업들의 대중국 투자가 본격적으로 시작되었다. 1992년 10월 중국 공산당 제14차 대표대회에서 중국 경제체제의 목표는 사회주의 시장경제체제를 건립하는 것이라고 선언하였으며, 대외 무역에 있어서도 이에 부합하는 새로운 무역체제 건립을 강조하며, 통상정책을 수립하기 시작하였다. 이에 따라 다음과 같이 5개의 대외 무역발전을 위한 원칙을 제기하였다. 1) 대외 개방 지역의 확대, 2) 대외 무역관리제도개혁의 심화, 3) 외국인 투자유치 부문의 확대와 외국인 투자 환경 개선, 4) 새로운 국제 시장의 개척과 모든 국가들과의 경제협력 관계 강화, 5) 품질 우선주의를 통한 수출상품 품질의 제고 등이다.

대외무역부에서는 14차 당 대회에서 제기한 이상의 5가지 원칙을 구체적으로 실현하기 위해 10개의 목표를 설정하였다. 1) 국가 계획 집행자의 독립적 상품 수출입 경영자로의 전환과 세계시장 경쟁에 참여, 2) 외화 획득 위주의 경영에서 효율성을 함께 중시하는 경영으로 전환, 3) 저가 상품 의존 전략에서 고품질 상품으로 전환, 4) 소수 시장 의존 형태에서 시장 다변화로 전환, 5) 외국인 투자에 대해 적극적 태도로 전환, 6) 무역대리제의 전문화를 통한 안정적 상품 구입원 확보, 7) 근시안적 상품판매 위주에서 장기적 안목에 따른 시장 확보, 8) 고객을 기다리는 소극적 자세에서 시장 개척 자세로 전환, 9) 기업의 점진적인 그룹화, 10) 단일 경영체제에서 다각화 경영체제로, 단일 무역 방식에서 다양한 무역 방식으로의 전환이다.

1990년대 통상정책의 주요 내용은 다음과 같다. 1) 미국, 일본, 동남아와 같은 전통적 시장을 지속적으로 유지하는 가운데, 남미, 러시아, 아프리카와 같은 새로운 수출입 시장의 개척, 2) 대외 수출 지역 확보를 위해 수출품 생산 기업을 적극적으로 설립하고, 생산품을 대폭 확대, 3) 상품 수출입과 기술 수출입 결합 및 대외 노무송출과 기술수출입 및 제품의 수출입을 결합하여 대외 무역 확대, 4) 외자 기업 도입을 증가시켜 수출입을 확대, 5) 대외 무역경영 주체의 다원화를 위해 주식제 무역회사, 민영무역회사를 발전시켜 나갔다.

1979년부터 2001년 WTO 가입 전까지 중국의 대외 무역환경은 기존의 통제와 보호주의에 자율과 경쟁을 더하며 사회주의 체제와 시장경제 요소가 공존하는 상황으로 변화하였다. 대외 무역에 대한 행정적 관리를 강화하며, 무역관리권은 무역기업으로 이양하는 것을 통해 점차 자율적으로 변화해 갔고, 무역회사의 대외 무역경영관리를 개선하기 위해 수출입대리제를 실시하였다. 또한 중국시장의 개방도를 높이기 위해 수입허가증제도를 축소시키고, 수입과 관련된 세제 정비 및 관세 인하를 실시하였다.

② 무역 방식의 다양화

개혁개방 후 단일한 일반 무역 방식에서 보상무역, 가공무역, 변경무역 등 다양한 무역 방식이 나타났다. 우선 보상무역(Compensation Trade)은 외국투자자가 자금이나 기술 설비, 원자재 등을 생산자에게 신용으로 제공하고 그 대가를 일정한 기간이 지난 뒤에 상환받는 방식이다. 개혁개방 초기에는 외국의 선진기술과 설비를 대량 도입하기 위해 광범위하게 진행되었으나 1990년대 이후 가공무역이 주도되어 현재는 비중이 아주 적다.

다음으로 가공무역은 외국기업이 원료, 부품 등을 제공하고 외국 측의 요구 기준, 또는 쌍방이 협의한 견본, 디자인, 상표 등에 따라 중국의 공장에서 생산 후 인도하는 것으로 중국 측은 가공비를 받는 방식이다. 1978년 7월 국무원은 대외 가공무역과 중소형 보상무역을 진행하는 것에 관련된 방법을 반포한 후 광동, 복건, 상해 지역에서 적극 추진하였다. 또한 가공무역의 촉진을 위해 다음과 같은 우대정책을 실시하였는데, 첫째, 가공무역에 필요한 원자재 중 극소수 제품을 제외한 수입수량을 제한하지 않고, 둘째, 가공무역에 필요한 원자재 수입에 보세정책을 실시하였으며, 셋째, 가공무역에 사용되는 설비의 수입관세를 면제하였다. 이 방식은 중국이 당시 부족했던 원자재, 기술, 설비에 대해 보완해 주면서 중국 대외 무역발전에 기여하였으나 2000년대 들어서 점차 감소하였다.

마지막으로 변경무역은 변경 지역에서 행해지는 무역으로, 중국의 지리적 요건에 맞는 무역이라 하겠다. 중국은 개혁개방 후 변경무역을 권장하기 위해 서남 변경과 동북 변경 지역의 경제 활성화를 위해 변경 지역에 32개의 국가 중점 세관과 200개의 지방급 세관을 세웠다. 1980년대 이후 중국정부가 변경무역에 대한 특수정책을 실시하며 중국 운남성, 신강 흑룡강성, 길림성, 요녕성 등의 변경 지역의 변경무역은 활발히 진행되었고, 소수민족 지역의 경제발전에도 영향을 미쳤다.

③ 수출입허가증 관리제도의 보편화

무역업에 있어서 대외 개방 이후 무역 규모의 확대로 대외 무역을 하고자 하는 기업들이 증가하자, 중국정부는 1982년 수출입전업공사(輸出入專業公司)가 독점하던 것에서 대외경제무역부에서 대외 무역기업의 설립에 대한 관리 권한을 부여하였다. 이에 따라 무역업에만 종사하는 기업, 기존 업무를 하며 무역 업무도 하는 기업, 대외 무역 관련 자문, 광고, 운송 등의 서비스를 하는 기업 등 무역업의 형태도 다양해지면서 공무공사(公貿公司), 변경무역공사(邊境貿易公司), 무역서비스공사(貿易服貿公司) 등의 기업이 생겨났다.

이러한 무역기업을 설립하기 위해서는 1) 자립 경영의 독립경제실체로 재무에 있어 독립채산제, 손익자기책임을 유지하고, 2) 고정 명칭과 정관을 갖추고 명확한 업무 범위와 수출입 상품 목록이 있어야 하며, 3) 국가 규정에 맞는 자금, 고정된 영업소, 업무 진행에 필요한 물적 조건을 가지고 있어야 했다. 이러한 조건을 가진 기업은 대외경제무역부나 권한을 위임 받은 각 지방 대외 무역 관련 주관 부서의 허가를 받은 후, 중앙이나 각 지방 공상행정기관에 등기를 하면 무역업 취급자격을 취득하였다.

〈대외무역법(對外貿易法)〉(1994)에 따르면 중국 법인과 기타 조직으로서 자연인이나 외국법인은 대외무역권 신청자격이 부여되지 않았다. 그러나 외국인 투자기업의 경우 외국인 투자기업에 대한 법규에 따라 기업 자체 사용 물품에 대한 수입 및 기업 생산에 필요한 각종 설비, 원료, 기타 물자의 수입 및 그 생산품의 수출은 가능했다.

수출입 품목에 대한 허가관리의 경우 개혁개방 이전에는 수출입전업총공사(進出口專業總公司)와 지사에서 수출입 권한을 가지고 국가 계획에 따라 수출입을 하였기 때문에 수출입허가증이 필요하지 않았다. 그러나 개혁개방 이후 수출입 업무를 취급하는 기업들이 늘어나고, 내구 소비재의 대량 수출로 구매 가격이 상승하였으며, 무분별한 수입 증가로 무역기업에 대한 통제가 필요하게 되었다. 이에 따라 1980년 6월부터 대외무역경제부에서 〈수출허가증제도에 관한 잠정규정(出口許可證制度的暫行辦法)〉을 제정하고, 1984년 1월에는 국무원에서 〈수입허가증에 관한 잠정조례(進口許可制度的暫行條例)〉를 공포하였다. 수출허가 대상 품목은 1) 국가로부터 수출할당이 주어진 상품, 2) 대외경제부가 최저 수출가격을 규정한 상품, 3) 관련기관에서 수출을 제한하거나 금지한 상품, 4) 국제시장의 변환 국가정책으로 인해 일정 기간 수출을 제한하는 상품 등이다.

1990년대에 들어와 중국은 GATT 복귀를 위해 1993년부터 3년간 수입허가증 대상 품목을 1/3로 삭감하기로 하고 본격적인 비관세 장벽을 개선하기 시작한다. 1992년 12월 29일 대외경제무역부에서는 과거 수출상품을 3등급으로 나눠 관리하던 것에서 이것을 폐지하고, 대부분의 상품에 대해 수출자유화를 시켰다. 1993년 말과 1994년 5월 25일 두 차례에 걸쳐 478종의 상품에 대해 수입 제한을 해제시켰다. 1996년 4월 1일부터는 수입할당과 수입허가증 관리 대상 품목의 30%에 달하는 170개 이상의 세목을 수입할당과 수입허가증 관리 대상 품목에서 제외시켰다. 수출허가증 관리에서 수출할당허가증, 수출할당입찰, 수출할당 유상사용, 수출할당 무상사용 등 방법들이 채택되었다.

④ 관세개혁을 통한 수출촉진정책

대외 무역량의 증가로 수출입 조절과 국내 산업의 보호를 위해 관세를 활용할 필요성이 제기 되었다. 이에 따라 1980년 대외무역부 관세국을 관세총국으로 명칭을 변경하고 국무원 산하 조직으로 승격시키게 된다. 관련 조례와 법안도 제정되는데, 1985년 3월 7일 국무원 산하의 세관세칙위원회에서 〈수출입관세조례(輸出入關稅條例)〉와 〈세관수출입과세법칙(稅關輸出入過稅法則)〉을 개정하였다. 이것은 1951년에 제정된 이래 계속 적용되어 오던 세관수출입세칙에 대해 최초로 개혁한 것이다.

세관수출입 세칙의 주요 내용은 1) 국가경제와 국민생활에 꼭 필요함에도 국내에서 생산이 불가능하거나 공급이 부족한 품목의 수입품에 대해서는 관세 면제 혹은 저율 관세 부과, 2) 원자재의 관세율은 반제품 혹은 완제품보다 낮게 책정하여 부과하며 특히 단기간에 생산 불가 제품은 더욱 낮게 부과, 3) 국내에서 생산이 불가능하거나 품질이 일정 수준에 도달하지 못한 기계 설비 및 기기를 만드는 데 필요한 각종 부품의 관세율은 완제품보다 낮게 적용, 5) 국내 생산 및 공급이 가능하며 국내산을 보호할 필요가 있는 제품에 대해서는 관세율을 높게 적용, 6) 수출증대를 위한 장려용 수출 상품에 대해서는 대부분의 수출상품은 원칙적으로 수출 관세를 면세한다. 그러나 국제시장에서 수요가 제한되어 있고, 경쟁이 치열한 상품과 수출을 제한할 필요가 있는 일부 원자재, 반재품에 대해서는 수출세를 부과한다. 이를 통해 본 중국 관세제도개혁의 기본 목적은 국가 재정 수입의 주요 원천 역할을 하면서도, 국내 산업을 보호하고 수출입을 조정하며, 외국의 경제적 제재 조치에 적절하게 대응할 수 있게 하는 데 있었다.

이후 1982년 GATT의 옵서버 자격을 취득한 후 1986년 정식으로 회원 가입을 신청하고, 자격심사를 받으며 관세제도에 대한 개혁과 관세율 인하를 시작하였다. 1986년 중국의 관세제도개혁으로 계획경제 시기 전면보호의 관세정책에서 차별적 보호로 전환하게 되었으며, 이로 인해 대외 수출과 수출용 원자재의 수입도 대폭 증가시키게 된다. 1987년에는 〈관세법(海關法)〉을 공포하게 된다.

또한, 중국은 종가세와 종량세를 혼용하는 복합관세제도(複合關稅制度)를 실시하며, 중국과 관세 협정을 맺고 있는 국가에는 특혜관세율(優惠關稅率)을 적용하고, 그렇지 않은 국가에 대해서는 보통관세율을 적용하는 차별적 관세제도를 시행 중에 있다. 또한, 1983년부터 수출상품 영세율(零稅率) 원칙에 근거 수출상품에 대한 세금환급정책을 시행 중에 있으며,5) 관련기관은 세수증감 및 수출량의 증감에 따라 부가세 환급률을 조정하여 적용할 수 있다.

1993년부터 수입에 있어 감세와 면세정책을 조정하여 지역, 부문, 단일기업, 항목에 따라 면세를 하던 것을 수정하였다. 1996년에 이르면 국제적으로 통용되는 감세와 면세정책을 제외하고는 관세의 감소와 면제 특혜정책을 취소하고, 특정 지역의 개인 물품과 기술개발에 대한 설비 수입, 3자 기업에서 도입하는 설비에만 한정하여 적용하였다.

1990년대 초까지 중국의 평균 관세율은 43.2%로 당시 선진국의

---

5) 지정된 수출화물에 대해 중국 내에서 부과하는 부가세를 환급해 주거나, 중국 내 생산과 유통 중에 부과된 간접세를 돌려주는 것이다.

평균 관세율이 5~6%, 개발도상국의 15%보다 훨씬 높았다. 당시 중국의 관세는 저관세율 적용 대상 품목이 적고 고관세율 적용 대상 품목이 많았다. 20% 이하의 관세율 적용 대상 상품은 원재료, 소재, 생산에 필요한 일부 기계설비였으며, 소비재의 경우 50% 이상의 세율을 실행하였다. 자동차의 경우는 180~220%의 고관세율을 적용하였다.

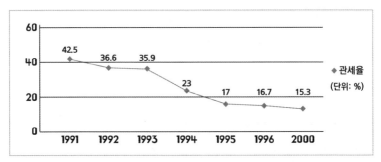

자료: 余淼杰, 「中國對外貿易三十年」, 中國經濟研究中心, 北京大學國家發展研究院, 2008.12.01에서 정리
〈그림 1〉 1990년대 중국관세율 인하 추이

1996년 4월에 이르러 중국은 전수입품의 3/4에 해당하는 4,994개 품목의 관세를 평균 35% 인하하고, 1999년 1월에는 1,014개 품목에 대해 평균 관세율을 16.8%로 인하하였다.

⑤ 수출세금 반환제도

중국은 1983년부터 수출업체들의 국제시장 경쟁력을 제고시키고 기업의 이익 창출 능력을 증강시켜 수출기업들이 경영도급제 실시에 유리한 조건을 제공하기 위해 수출제품의 세금에 대한 환불정책인 수출세금 반환제도를 시행하였다. 이것은 국내 생산과 유통 분야에서 납부한 수출 화물의 간접세를 수출기업에 반환하여 수출제품이 세금

을 포함하지 않는 가격으로 국제시장에 진출하게 하는 것이다. 1994
년 1월 1일 수출화물세금 반환 관리법에 따르면 수출제품에 대한 반
환 항목은 부가가치세와 소비세라고 규정하였다.

반환 대상 제품은 이미 세금을 징수한 제품이어야 하고, 세관에
신고하여 국경을 통과하는 수출제품, 재무상 수출판매를 하는 것이
며, 대상 기업은 수출 업무를 경영하는 기업, 수출입 업무 대리 활동에
서 수출을 대리하는 기업, 외국 선박회사, 대외 수리기업, 대외 공사청
부기업과 같은 특정된 수출기업, 외자 투자기업 등이다. 수출 세금
반환 실시의 의의는 다음과 같다. 1) 수출상품 제로 세율 원칙에 의해
채택한 일종의 수출 격려 조치이다. 2) 생산과 유통 과정에서 이미
징수한 세금 수출 세금 반환을 통해 기업이 가격 우위로 국제 경쟁에
참여하게 하여 국제 시장 점유율을 높일 수 있게 한다. 3) 수출세금
반환을 통해 수출제로 세율이 실현되면 중국은 중복 세금징수 문제를
해결할 수 있고, 이를 통해 수출을 촉진 시킬 수 있을 것이다. 4) 수출
화물에 대한 비차별 대우 세수정책으로 국내외 제품이 공평하게 경쟁
할 수 있는 보호장치의 역할을 할 수 있을 것이다.

그리고 중국 내 모든 통관되는 화물 및 운송 수단은 세관을 통과해
야 하며, 이를 위해서는 수출입 허가증명과 기타 필요 서류들이 있는
데, 중국의 수입조사제도는 중국 내 산업을 보호하기 위한 비관세
장벽의 작용을 하는데, 그것은 수입품에 대해 국산품보다 더 높은
품질 기준을 요구하고 있기 때문이다.

⑥ 대외무역법의 제정
중국은 1950년 12월 대외 무역관리 잠정조례를 반포한 이후 1994년
까지 수정조례의 반포만 있었을 뿐 대외 무역 관련법은 없었다. 1994년

5월 12일 제8기 전인대 상무위원회 제7차 회의에서 WTO 가입에 대비하여 대외 무역에 관한 기본법인 중화인민공화국 〈대외무역법(對外貿易法)〉이 심의에 통과되었으며, 7월 1일부터 시행되었다. 이를 통해 중국 사회주의 시장경제체제 하에 법률수단을 적용하여 대외 무역에 대해 거시적 조절을 하는 것에 대해 법적 근거를 제공하였으며, 국제무역과 관련하여 국제적 규범과 법률제도에 부합되는 기초가 되었다.

〈대외무역법(對外貿易法)〉을 제정하면서 중국의 무역 구제 조치에 대한 관련 법체계가 시작되었다. 〈대외무역법〉 제30조는 반덤핑 관련 조항이지만 관련 시행령이나 규칙의 미비로 1997년 〈반덤핑조례〉를 제정하며 시행되게 된다. 중국의 〈반덤핑 조례〉(1997)는 다음과 같은 문제점이 있다. 1) 반덤핑 운용 절차를 당국의 내부 규정에 맡겨두고 있어 투명성이 결여되어 있다. 2) 최종 판정 이후 결과에 불복하면 어떤 행정 조치가 있는지 명확하지 않은 등 사법심사에 대한 언급이 없어 절차의 공정성에 대해 불분명하다. 3) 동종 상품의 정의와 정상가격 산정 방법이 명확하지 않아 분규 발생시 중국이 유리한 방향으로 해석될 수 있다.

이처럼 중국의 〈반덤핑 조례〉(1997)는 보호주의 색채가 아주 강하며, 게다가 일방적 보복 조치를 가능하게 하는 조항을 가지고 있다. 〈반덤핑 조례〉(1997) 제40조는 '어떤 국가나 지역에서 중국 상품에 대해 차별적인 반덤핑 조치를 취하면, 중국도 이에 근거해 그 국가나 지역에 상응하는 조치를 취할 수 있다.'라고 되어 있다. 중국은 무역역조가 심화되면 이 조항을 적용하여 보복을 취했다.

⑦ 환율제도개혁을 통한 단일변동환율제 실시

환율제도의 개혁을 통한 수출촉진정책으로 단일 변동환율제 실시하였다. 대외 무역의 수출촉진과 수입억제를 위해 중국은 1981년부터 단일고정환율제에서 이중고정환율제로 변경하였다. 당시에는 중국의 기본 소비품가격과 서비스 가격이 많은 낮은 편이어서 이렇게 행하였던 것으로, 이에 따라 무역 거래에는 달러당 2.8위안으로 고정된 내부결제 환율을 적용하고, 비무역거래인 외국인 직접투자나 관광 등에는 달러당 1.5위안의 공정환율을 적용하였다. 1985년 1월 1일 이후 비무역거래환율도 무역거래환율과 동일하게 통일하였다. 1994년 1월 1일부터는 공식환율과 외환조절센터 환율제인 이중고정환율제를 폐지하고 시장환율에 따른 단일 변동 환율제를 실시하였다.

이와 더불어 국내 기업이 수출을 통해 획득한 외화 중 일정 비율을 중앙에 상납하거나, 유보하던 상납 유보제가 폐지되어 기업은 수출을 통해 획득한 외화를 소유할 수 있고, 수입에 필요한 외화를 자체 조달할 수 있게 되었다.[6]

나. WTO 가입 이후

① 〈대외무역법〉 개정을 통한 제한 완화

중국은 2003년 무역규모 8,500억 달러로 세계 4위의 무역 대국이 되었다. 이런 상황에서 기존의 〈대외무역법〉(1994)으로는 한계가 있어, WTO 규정에 따라 2004년 4월 6일 제10기 전국인민대표대회 상임

---

[6] 중국은 대외 무역수출업체들의 수출을 장려하기 위해 1984년부터 수출입을 통해 획득한 외화에 대한 국가 은행에 납부하던 것을 일부기업에 대해 외환유보율을 75%로 하여 결손을 막도록 하였다. 또 계획을 초과한 수출에 대해서는 높은 외환보유율을 적용하였으며, 경제특구와 소수민족자치구 등에 대해서도 이것을 허용하였다. 그리고 외화 사용 효과를 높이기 위해 1988년부터 국가외환관리국의 관리 하에 각 성, 자치구, 직할시, 경제특구와 연해 주요 도시에 외환 조절센터를 설립하여 이곳에서 기업들이 외화를 사고 팔 수 있도록 하였다.

위원회를 통과하여, 2004년 7월 1일 개정 시행되었다. 개정된 〈대외무역법〉은 총 11장으로 주요 내용은 다음과 같다. 1) 개인도 수출입 업무를 영위하는 무역업자가 될 수 있다. 2) 전략 비축물자의 교역을 부분적으로 일반 무역업자에게도 허용했다. 3) 지적재산권 보호 조항을 신설하여, 지적재산권을 침해한 상품의 수입을 금하고, 기존 수입품에 대해서도 침해하였다고 판단되면 수입 금지 조치를 취할 수 있게 하였다. 또 중국 기업과 개인의 지적재산권 보호 조치를 취하지 않은 국강 대응 조치를 취할 수 있게 하였다. 4) 대외 무역조사 부분을 신설하여 a) 상품수출입, 기술수출입, 국제서비스무역의 국내 산업 및 그 영향력에 대한 영향, b) 관련 국가 또는 지역의 무역장벽, c) 법에 따라 반덤핑, 반보조, 또는 세이프 가드 등 대외 무역 구제 조치의 실시를 확정하기 전에 조사해야 할 사항, d) 무역 구제 조치를 회피한 행위, e) 대외 무역 중 국가 안전이익과 관련된 사항들을 국무원 대외 무역 주관 부처 단독 또는 관련 부처와 협동하여 조사할 수 있도록 하였다.

② 관세율 인하

중국은 WTO 가입 이후 관세율도 대폭 인하하였는데, WTO 가입 당시 중국은 관세율을 2001년 15.6%에서 2010년 9.8%로 인하하고, 이 중 농산품 중 977개 품목에 대해서 19.3%에서 15%로, 광공업제품 중 6,174개 제품에 대해 12.7%에서 8.9%로 인하하기로 합의했으며, 정보기술협정 해당 품목 중 대부분에 대하여 관세감면을 이행하여 대부분 영세율을 적용하게 되었다. 이에 따라 2002년 1월 1일 평균관세율 13.6%에서 12%로, 2003년 1월 1일에는 11%로, 2004년에는 10.6%, 2005%에는 10.1%로 인하하였다.

<표 2> WTO 가입시 중국관세율 인하 승낙표

연도	관세 수준	공업품 관세율	농산품 관세율
2000	15.6	14.7	21.3
2001	14.0	13.0	19.9
2002	12.7	11.7	18.5
2003	11.5	10.6	17.4
2004	10.6	9.8	15.8
2005	10.1	9.3	15.5
2006	10.1	9.3	15.5
2007	10.1	9.3	15.5
2009	10.0	9.2	15.1

(단위: %)

자료: 中華人民共和國海關總署網站, http://www.customs.gov.cn

1990년대 이후 중국은 지속적으로 관세를 인하하였으며, 2001년 이후 관세율을 대폭 내려 1990년대 초 40%에서 2006년 평균 관세율은 9.8%로 1/4 가까이 대폭 인하되었다.

<표 3> 1992년 12월~2006년 사이 중국의 평균관세율과 관세율 인하 이행 상황

시기	평균관세율	인하폭
1992.12	43.20	–
1993.12	36.40	16.80
1994.01	35.90	–
1995.12	35.30	–
1996.04	23.00	35.90
1997.10	17.05	26.00
1999.01	16.78	2.40
2000.01	15.30	1.70
2001.01	13.60	21.60
2002.01	12.00	8.30
2003.01	11.00	
2004.01	10.06	

시기	평균관세율	인하폭
2005.01	10.10	
2006	9.80	

(단위: %)

자료: 中華人民共和國海關總署網站, http://www.customs.gov.cn

③ 무역 구제 조치의 변화

중국은 〈대외무역법〉(1994)에 의거 〈반덤핑조례〉, 〈반보조금조례〉, 〈보장 조치(세이프가드)조례〉를 제정 운영해 왔다. 그러나 이것은 외국 기업에 대한 공정하고 투명한 보장이 되지 않는다는 지적을 받아왔다. 이에 따라 2004년 4월 〈대외무역법〉 개정과 함께, 대외 무역 구제 조치와 관련된 법률을 개정하여 2004년 6월 1일부터 시행하게 된다.

반덤핑 조례와 보장 조치 조례 개정에 대해 살펴보면, 1997년 3월 중국은 최초로 반덤핑 및 반보조금 조례를 제정하였다. 2001년 WTO에 가입하면서 규정에 맞게 수정하는 가운데 반덤핑과 반보조금 조례를 각각 분리시켰으며, 2002년부터 시행하였다. 2004년 4월에 덤핑조사에 관한 규정과 덤핑으로 인한 산업피해조사 규정을 공표하고 동년 6월 1일부터 정식으로 시행하기 시작하였다.

개정된 〈반덤핑조례〉의 특징은 1) 조사기관의 통일이다. 덤핑조사 기관은 2004년 이전에는 덤핑조사는 대외무역합작부가 손해 조사에는 국가경제무역위원회가 하였다. 그러나 2004년 이후부터는 가장 큰 문제로 지적받아왔던 반덤핑 조사 과정의 복잡성과 중복현상을 감소시키기 위해 모두 상무부 내에서 실시하고 있으며, 이 중 덤핑조사는 수출입 공평무역에서, 산업피해조사는 산업피해조사국에서 실시하고 있다. 2) 과거와 다른 조항은 이전에는 반덤핑 관세가 특정 산업의 요구에 따른 수입 제한 기능 위주였으나, 2004년 개정안을 보면 특정 산업의 요구에 따른 수입 제한 기능을 주로 하였다는 비난을 피하기 위해 공공이익이라는 정당성을 내세우며 "반덤핑 관세는 공공이익에 부합해야 한다"라는 조항이 추가하였다. 3) 반덤핑관세의 소급적용을 강화하였다. 이전에는 수입 상품이 국내 산업에 손해를 입힌 사례가 있거나 단기간 내에 대량으로 수입된 경우에만 반덤핑관세 부과 결정일로부터 90일 전까지 소급하여 부가하였다. 그러나 개정안에 따르면 상무부의 조사결과 상기 사항에 모두 해당하면 소급적용하지만 구체적인 기간을 명시하지 않아 소급기간이 연장된 것으로 판단할 수 있다. 그리고 위의 경우에 해당되는 경우 상품의 수입 계약 체결 전에 수입상품에 대한 수입 등기를 하게 하여 수입 절차를 까다롭게 변경하였다.

다음으로 보장 조치 조례의 개정과 관련해서 1997년 제정한 보장조치(safeguard) 조례를 2004년 개정하였으며, 총 5장 34조로 구성되었다. 주요 개정 내용은 다음과 같다. 1) 예비판정을 생략하고 바로 최종 결정을 내릴 수 있도록 하였다. 과거에는 수입제품의 증가로 국내 산업이 심각한 피해를 입거나 그러한 우려가 있을 경우 관련 사항을 조사하고 그 결과에 기초하여 예비 판정을 내리고, 다시 일정기간의 추가 조치를 거쳐 최종 결정을 내렸다. 이 때문에 최종 결정 때까지 대상국에게는 그 결과에 대응할 시간적 여유가 주어졌다. 2) 세이프가드 실시 기한을 최장 10년으로 연장하였다. 이 기한은 WTO 세이프가드 협정에 명시된 8년보다 길어졌다.

상계관세인 〈반보조금조례〉의 경우 내용상의 특별한 개정은 없으며, 정부기관 명칭이 대외무역경제합작부(對外貿易經濟合作部)에서 상무부로 수정되었다.

〈표 4〉 중국의 WTO 가입시 무역 관련 양허 조건

구분	주요 내용
원칙	• 중국은 모든 WTO 회원국에 대해 WTO 회원국으로서의 지위에 상응하는 대우를 해야 하며, 가입 협상에서 합의한 조건과 일정에 따라 양허를 이행하여야 함.
관세 인하	• 공산품 평균관세율을 2005년까지 현행 17%에서 9.4%로 인하 • 농산품 평균관세율을 2004년까지 현행 19%에서 17%로 인하
무역 제한	• 수입허가증관리제를 2006년까지 폐지(현행 35종 373개 품목) • 2004년까지 모든 기업에 대외무역권 부여
수량 제한	• 수입쿼터제를 2006년까지 폐지(현행 28종 245개 품목)
예외 사항	• 곡물, 담배, 연료, 광물 등에 대해서는 국영무역 유지 기능 • 중국 국내에서의 물품 분배와 운송에 대해서는 규제 가능

자료: 탁세령, 「중국의 무역정책과 우리의 대응 방안」, 『수은해외경제』, 2004년 7월호, 10쪽.

중국은 수입할당, 수입허가 공개 입찰, 국제적인 기준과 다른 검역 및 위생 수준 등 다양한 형태의 비관세 조치를 통해 수입을 규제해 왔었다. 중국은 WTO 가입 이후 관세인하 외에 비관세 장벽도 취소하기로 합의하였다. 여기에는 수입할당제, 투자가격, 무역경영권, 국산화 요구, 기술양도 요구 등의 비관세 장이 포함되었으며, 중국 내 산업 피해를 고려하여 WTO 가입 후 5년 이내에 단계적으로 취소하기로 협의하였다.

우선 수입할당제의 경우 중국은 WTO 가입시 밀, 옥수수, 쌀, 식물유, 설탕, 면화, 양털, 화학비료 등에 대해 수입할당제를 단계적으로 폐지할 것으로 합의하였다. 농산물의 경우 2005년까지 수입할당량을 매년 증가시키고 이후에는 이를 폐지하기로 합의하였고, 자동차에 대한 수입쿼터량을 2001년 60억 달러에서 매년 15%씩 증액하고 2005년에는 수입쿼터와 허가제를 폐지하기로 합의하였다. 통신기기의 경우 WTO 가입 후 4~6년 내에 비관세 장벽을 완전히 철폐하기로 하였다. 그리고 관세 할당과 관련해서 농산물과 화학비료의 매년 할당수량과 신청조건, 배분 규칙에 관한 통지를 반포하기로 하였다.

다음으로 보조금을 살펴보면, 중국은 1992년 수출에 대한 직접보조금을 폐지하였으나 국영기업의 수출장려와 수입대체를 위하여 우회적인 방식으로 간접보조금과 농업생산보조금을 유지하여왔다. 이것은 모두 WTO 규정에 의해 금지되어 있는 보조금에 속해 중국은 WTO 가입 후 농업생산보조금을 제외한 간접보조금을 모두 폐지하기 시작하였다.

④ 수출입허가증제도 품목과 절차 축소

중국은 개혁개방 후 주로 수출입허가증과 수출입할당액 등으로 대외 무역을 관리하였다. 수출입허가증 관리의 상품 범위는 주로 기계전자제품, 수입 쿼터 관리 상품들이다. 1984년 〈중화인민공화국 수출입화물 허가제도 임시시행규칙(中華人民共和國進出口入貨物許可證臨時施行規則)〉을 반포하고, 1987년 11월 1일부터 전체 수입상품의 1/3의 상품에 대해 수입허가증 관리를 실시하였으며, 1990년대 초기부터 수출입상품의 쿼터 관리를 실행하였다. 그러다 2001년 WTO에 가입하면서 수입상품관리제도를 대폭 수정하여 수입자유화 품목에 대해 자동수입허가관리제로 바꾸었다. 주요 대상 품목은 원유, 강재, 농약, 아크릴 섬유, 테릴렌, 폴리에스테르, 화학비료 등 7종이다. 중국은 WTO 가입 이전에 수입할당제를 실시하던 자동차, 석유화학제품, 농산품에 대한 수입쿼터량을 매년 15%씩 증액하고 2006년에는 수입쿼터와 허가제를 폐지하기로 합의하였다.

수출입허가증에서 우선 수입허가증을 살펴보면, 2002년 1월 1일부터 새로운 수입허가증 관리규칙이 시행되고 매년 허가증 관리 품목이 발표되었다. 대상 품목은 종전의 33종 383개 품목에서 WTO 가입 이후 12종 170개로 축소되었고, 2003년에는 다시 8종 143개 품목으로, 2004년에는 5종 123개 품목으로 점차 축소되었다. 다음으로 수출허가증의 경우 2002년 1월 1일부터 수출허가증 관리상품을 종래의 58개 품목에서 54개 품목으로 축소하였으며, 2003년부터는 52개 품목으로 축소하였다. 수출허가증 대상 품목 중에서 외자기업과 가공무역 방식의 수출 상품 그리고 쌀, 옥수수, 육류, 찻잎, 원유, 완성유, 석탄에 대해서는 1건 1허가증 방식이 채택되지 않고, 허가증에 비일비일증(非一批一證)이라고 명기하여 같은 통관 항에 대해서는 1건의 허가증으로 12회를 초과하지 않는 범위에서 여러 차례의 통관이 가능하다.

⑤ 대외 무역경영권에 대한 허가제에서 등록제로의 변화

대외 무역경영권에 있어서 2001년 7월 10일 중국 대외무역부는 〈수출입경영자격관리에 관한 관련 규정(矢於進出口京營資格管理的有矢規定)〉을 반포하여 대외 무역경영권의 부여를 허가제에서 등록제로 변경하였다. 또한 과거 국가대외무역회사들이 독점하던 석유, 곡물, 비료, 면화, 설탕 등과 같은 전략 비축물자의 교역을 부분적으로 민영 무역회사에 허용하였다. 1994년에 제정된 〈대외무역법〉 제8조에서 근거 대외 무역의 신청자격을 중국의 법인과 기타 조직으로 한정하고 자연인이나 외국법인에게 부과하지 않았다. 다만 외국인 투자기업의 경우 외국인 투자기업에 대한 법규에 의거하여 기업자체 사용물품의 수입 및 기업 생산에 필요한 각종 설비, 원료, 기타 수입, 그 생산품의 수출을 가능하게 하였다.

그러나 2004년 4월 6일 중국은 이러한 〈대외무역법〉을 개정하여 개인도 수출입 업무를 할 수 있게 하였다. 또한, 2003년까지는 50% 이상 지분을 가진 합자기업에 한에서만 대외 무역권이 부여되었으나

2004년부터는 모든 외국인 투자기업에 대해서도 투자인가 취득시 명시했던 범위 내에서 대외 무역권이 자동적으로 부여된다고 규정하였다. 또한 다양한 기업에 대외 무역 수출입 경영권을 부여하여 기업에서는 더 이상 정부 관리 부문의 심사를 거치지 않고 공상 부문 등록만 하면 가능하게 되었다. 중국은 WTO 가입 이후 3년 내 경영권을 분산시켜 여러 소유제 기업에서 대외 무역에 종사할 수 있게 하였고, 이와 동시에 민영기업이 자체로 수출입 업무를 수행하는 기준도 공유제기업과 동일한 수준으로 낮추었다.

WTO 가입은 서비스 영역에서도 변화를 가져왔는데, 상업, 소매업, 통신, 건축, 금융, 교육, 환경, 여행, 운송업 등 9개 부분의 90여 개 항목에 대한 개방 양허안에 동의하였다. 이에 따라 국유업체들이 독점하던 구조를 벗어나 서비스기업의 경영 효율을 제고하고 서비스 질이 향상되었다. 또한, 1990년대 이후 세계적인 지역추세에 따라 중국도 FTA를 적극 추진하였다. 2001년 WTO 가입은 중국이 아세안을 비롯 인접국들과 FTA를 추진하는 데 있어 유리한 요인으로 작용하였다.

3. 수출입 규모 및 추이

1) 개혁개방 이전 수출입 규모와 추이

1950년 중국의 수출입 총 규모는 11억 3,500만 달러에 불과하였으나, 1978년에 이르러서는 약 18배 이상 증가한 206억 3,800만 달러로 연평균 성장률이 12.9%에 달했다. 그 중에서 수출 총액은 1950년에 5억 5,200만 달러에서 1978년 79억 4,500만 달러로 약 18배 정도 증가하여 연평균 성장률이 12.0%에 달했으며, 수입 총액은 1950년에 5억 8,300만 달러에서 1978년 108억 9,300만 달러로 약 19배 정도 증가하여 연평균 성장률이 14.3%에 달했다. 1950년대 중국의 무역 규모는 연평균 약 18%의 상승세를 보였으며 같은 기간 GNP성장률 10%보다 높았다. 원인은 항일전쟁과 내전 등이 종료된 후 경제 회복정책의 시행과 24%에 이르는 투자 상승 그리고 1950년대 초기 구소련으로부터 받는 약 13억 달러의 차관에 있다.[7] 1950~1955년 사이의 무역 수지의 경우 누적액 기준 15억 5,300만 달러의 적자를 기록하였는데 주로 구소련과의 무역에서 비롯된 것이다.

1960년대 중국의 무역은 구소련과의 대립과 대약진운동의 실패로 무역총액이 하락하게 된다. 이 기간 동안 대외 무역은 연평균 1.4%였다. 1960~1962년 사이에는 흉년으로 곡물과 화학비료를 비공산권국가에서 수입해야만 했다. 이 때문에 서방국가들과의 교역 비중이 증대되어 1970년에는 전체 80%를 차지하기에 이른다. 1970년대는 1976년을 제외하고는 모두 높은 성장률을 기록하였으며, 특히 1972~1974년 사이에 성장률이 현저하게 높았다. 이는 등소평이 복귀 후 경제를 다시 회복시키며 대외 무역에 대해서도 전략을 강화한 것에서 온 것으로 보여진다. 1974년 6억 7,000만 달러의 적자는 석유파동에 의해 중국 상품에 대한 수요 감소와 수입품 가격의 상승에 의한 것이었다. 당시에는 대외적으로는 사회주의 계획경제, 이데올로기 차이로 인한 자본주의 국가의 경제적 봉쇄와 수입 금지, 사회주의 노선을 둘러싼 구소련과의 논쟁으로 인한 양국 무역의 중단, 대내적으로는 자연재해

---

7) 중국은 소련에 전대차관(轉貸借款: 화폐대신 물품으로 차관을 상환하게 되어 있는 차관)을 빌렸다.

와 모택동, 주은래, 주덕 등의 중국 지도자들이 한해에 잇달은 사망으로 인한 중국 내 중앙지도층의 권력 투쟁 등이 중국의 수출입에 영향을 미쳐 성장을 저해하였다. 중국의 수출입 총액의 증가율을 통해 불균형 성장을 이루었음을 알 수 있다.

〈표 5〉 1950년~1978년까지 중국의 대외 무역액과 총액 증감율

연도	수출	수입	총액	총액 증감율	연도	수출	수입	총액	총액 증감율
1950년			11.35		1965년	22.3	20.2	42.5	22.6
1951년	7.6	12	19.6	72.2	1966년	23.7	22.5	46.2	8.7
1952년	8.2	11.2	19.4	-0.7	1967년	21.4	20.2	41.6	-9.9
1953년	10.2	13.5	23.7	22.0	1968년	21.0	19.5	40.5	-2.6
1954년	11.5	12.9	24.4	2.7	1969년	22.0	18.3	40.3	-0.5
1955년	14.1	17.3	31.4	29.3	1970년	22.6	23.3	45.9	13.8
1956년	16.5	15.6	32.1	2.0	1972년	26.4	22	48.4	5.6
1957년	16.0	15	31.0	-3.3	1972년	34.4	28.6	63	30.2
1958년	19.8	18.9	38.7	24.8	1973년	58.2	51.6	109.8	74.2
1959년	22.6	21.2	43.8	13.2	1974년	69.5	76.2	145.7	32.7
1960년	18.6	19.5	38.1	-13.1	1975년	72.6	74.9	147.5	1.2
1961년	14.9	14.5	29.4	-22.9	1976년	68.5	65.8	134.3	-8.9
1962년	14.9	11.7	26.6	-9.3	1977년	75.9	72.1	148	10.2
1963년	16.5	12.7	29.2	9.5	1978년	97.5	108.9	206.4	39.4
1964년	19.2	15.5	34.7	18.8					

(단위: 억 달러, %)

자료: 國家統計局貿易外經統計司, 『中國貿易外境統計年鑑-2008』, 中國通計出版社, 2008年.

수입대체형 성장 전략은 수입대체산업을 중심으로 한 내수산업에 의해 경제성장이 이루어지는 것으로 이러한 전략을 택하게 되면 투자재원을 국내에서 조달하여 수입을 최대한 줄이려고 한다. 이러한 상황에서 대외 무역은 국민경제잉여와 결핍을 조절하는 보조적인 역할을 하게 된다. 따라서 대외 무역은 주로 대외 상품교환을 통해 경제건

설 과정에서 필요한 물자를 생산물의 종류에 따라 조정하거나 양적으로 약간의 보충을 하는 정도의 역할을 하는 것이었다. 이에 신중국 건국 이후부터 개혁개방 전까지 중국의 무역의존도는 평균 10% 전후였다.

〈표 6〉 1950~1978년 사이 중국의 무역의존도

연도	1950	1955	1959	1965	1969	1975	1978
무역의존도	11	12.15	10.46	6.94	5.63	10.08	10.19

(단위: %)

자료: 國家統計局貿易外經統計司, 『中國貿易外境統計年鑑-2008』, 中國通計出版社, 2008年.

중국의 무역의존도는 1950년대 약 9%에서 60년대 약 7%, 70년대 초반에는 5%까지 떨어졌다가 70년대 후반 다시 9%로 증가하였다. 이것은 대외 무역이 중국의 국내 정치경제 변화와 밀접한 관계가 있음을 보여준다.

2) 개혁개방 이후 수출입 규모와 추이

(1) 개혁개방 초에서 WTO 가입 이전

개혁·개방 후 경제특구 설립과 연해 지역의 개방으로 외자투자기업을 유치하여 수출제품 생산량을 대폭 증가시켰고, 대외 무역관리체제, 외환관리체제, 조세체제 등 일련의 개혁을 통해 수출업체들의 수출을 적극 장려하여 중국의 대외 무역액은 급속도로 증가하였다. 중국의 대외 무역 수출입 규모는 1978년 206억 달러에서 1988년 처음으로 1,000억 달러를 넘어섰으며, 1999년에 이르면 약 3,606억 달러로

10배 이상 증가하였다.

<표 7> 1980~1999년 사이 중국의 대외 무역 규모

연도	무역 총액	수출액	수입액	무역 수지	연도	무역 총액	수출액	수입액	무역 수지
1980	381.4	182.7	198.7	-12.8	1990	1,154.4	620.9	533.5	87.5
1981	440.2	220.1	220.2	-0.1	1991	1,356.3	718.4	637.9	80.5
1982	416.1	223.2	192.9	30.4	1992	1,655.3	849.4	805.9	43.5
1983	436.2	222.3	213.9	8.4	1993	1,957.0	917.4	1039.6	-122.2
1984	535.5	261.4	274.1	-12.7	1994	2,366.2	1,210.1	1156.1	54.0
1985	696.0	273.5	422.5	-149.0	1995	2,808.6	1,487.8	1320.8	167
1986	738.5	309.4	429.0	-119.6	1996	2,899.0	1,510.5	1388.3	122.2
1987	826.5	394.4	432.2	-37.8	1997	3,251.6	1,827.9	1423.7	404.2
1988	1,027.8	475.2	552.7	-77.5	1998	3,239.5	1,837.1	1402.4	434.8
1989	1,116.8	525.4	591.4	-66.0	1999	3,606.3	1,949.3	1657.0	292.3

(단위: 억 달러)

자료: 國家統計局貿易外經統計司, 『中國貿易外境統計年鑑-2008』, 中國通計出版社, 2008年.

1990년대 중국의 대외 무역은 급속한 성장을 하였으며, 이에 따라 대외 무역의존도 1980년 12.6%에서 1994년에 정점을 찍어 43.59% 까지 높아졌으며, 이후에도 35% 이상으로 나타나고 있다. 이러한 무역의존도의 증가는 대외 무역이 경제발전에 주요한 역할을 하고 있다는 것을 의미한다.

개혁·개방 이전의 중국의 수출입 상품은 원유, 식품, 섬유제품 등 1차 상품과 경공업 제품을 수출하고, 화학제품, 기계설비 등의 공업제품을 수입하는 패턴이었다. 그러나 개혁개방 이후 이러한 수출제품 구조에서도 많은 변화가 일어났다. 수출상품 구성에서 1차 제품의 비중은 감소하고, 공업제품의 비중이 상승하게 되었으며, 1995년에는 초급 제품 수출이 14.4%, 완제품 수출이 85.5%를 차지하게 된다. 또,

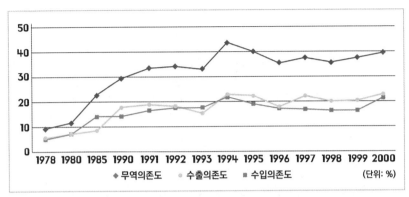

자료: 國家統計局貿易外經統計司, 『中國貿易外境統計年鑑-2008』, 中國通計出版社, 2008.

〈그림 2〉 1980~1999년 사이 중국의 대외 무역의존도

1986년에 이르면 종전의 석유 수출을 위주로 하던 자원 밀집형에서 방직품 수출로 노동밀집형으로 전환하게 된다. 이러한 수출 상품 구조의 변화는 중국이 대외 개방정책을 시행한 초기 저임금 노동력을 이용하여 노동집약적 제품을 중심으로 집중적으로 이루어지고 있음을 나타내는 것이다.

(2) WTO 가입 이후

WTO 가입 후 중국은 각종 개방적인 대외 무역정책을 추진하였고 그 결과 대외 무역 수출입액은 지속적인 성장세를 보였다. 2006년 중국의 대외 무역 수출입액은 17,606억 달러로 2000년에 비해 4배 가까이 증가하였다.

1949년 이후 중국의 대외정책은 폐쇄적 보호무역정책에서 점진적인 개방정책으로 전환되었으며, 특히 1990년대 이후 WTO 가입을 목표로 무역자유화 정책을 적극적으로 추진하였다. WTO 가입 이후

에는 WTO 가입 당시 이행조건에 맞추며 중국 통상정책은 세계화에 맞게 변화되었다.

〈표 8〉 2000~2006년 사이 중국의 대외 무역 수출입액

연도	수출입	수출	수입	무역수지
2000	4,743	2,492	2,251	241
2001	5,098	2,662	2,436	226
2002	6,208	3,256	2,952	304
2003	8,511	4,383	4,128	255
2004	11,546	5,933	5,613	320
2005	13,719	7,117	6,602	517
2006	17,606	9,690	7,916	1774

(단위: 억 달러)

자료: 國家統計局貿易外經統計司, 『中國貿易外境統計年鑑-2008』, 中國通計出版社, 2008年.

중국이 WTO 가입한 2001년 이후 교역량이 두 자리수 이상이었으며, 수입보다는 수출세가 특히 증가하였는데, 2004년 수출증가율은 전년대비 35.3%, 수입 증가율은 전년대비 35.9%로 정점을 기록하였다. 이후 2008년까지 중국의 수출 증가율은 20% 이내를 유지하였으며, 중국의 무역 수지는 2005년 중국 최초로 1,000억 달러를 넘어선 1,020억 달러를 기록하고 3년 뒤 2008년 2,981억 달러로 최고치를 기록한다. 그러나 2008년 미국발 금융 위기와 유럽 주요국의 재정 위기로 중국의 수출 증가율은 2009년 -16% 감소하였으며, 수입 역시 전년대비 -11.2% 감소하여 전체 교역량은 전년 대비 -13.9%를 기록한다. 그러나 2010년 다시 수출입 모두 두 자리수 증가세를 회복하였으며, 2011년에도 전년대비 20% 이상 증가율을 기록하였다. 2013년 대외 무역 총 규모는 4조 1,603억 달러로 전 세계 1위를 차지하였다.

4. 중국의 대외 무역관리체제

1) 개혁개방 이전의 중국의 대외 무역관리체제

(1) 기본원칙과 내용

1949년 2월 중국공산당 제7차 2중 전회 보고에서 모택동이 "대내적으로는 자본의 제한과 대외적으로는 무역 통제는 중국의 경제 투쟁에 있어 두 개의 기본 정책이다."라고 하였다.[8] 이후 중국의 수출입은 제도와 규정은 이것을 근거로 이루어졌다. 법적으로 명시된 것은 1954년 9월 중국 인민정치협상회의애서 통과된 「중화인민공화국 헌법」부터이다. 수출입제도의 입법 원칙은 다음과 같다. 1) 국가 헌법에 따른다. 2) 평등 호혜 원칙, 3) 국가 주권의 원칙, 4) 대외 무역의 운영의 경우 국가가 독점적으로 관리한다. 5) 정당한 경영활동과 권익을 보호한다.

'대외 무역 관리 잠행조례(對外貿易管理暫行條例)', '수출입무역허가증제도 실시 방법(進出口貿易許可證制度實施方法)', '구상무역 관리 임시 방법(易貨貿易管理暫行辦法)', '구상무역 관리 임시 방법 실시 세칙(易貨貿易管理暫行辦法實施細則)' 등은 수출입제도의 기본 틀이라 하겠다. 이상의 법적 규정에 따라 개혁개방 이전 중국의 수출입 무역제도의 기본 내용을 살펴보면 다음과 같다. '대외 무역 관리 잠행조례(對外貿易管理暫行條例)'에 따르면, "수출입 업무는 대외무역부와 그 아래 대외 무역관리국 및 사무소에서 담당한다."고 되어 있다. 그러나 대외적으

---

8) 毛澤東(1964), 『毛澤東選集』, 人民出版社, 1434쪽.

로 민간단체로 알려진 '중국무역촉진회(中國貿促會)'에서 중요 수출입 업무를 담당하였다. '대외 무역 관리 잠행조례' 제3조에 따르면 당시에는 수출입 업자를 통제 및 단속을 하기 위해 수출입 업무를 취급하고자 하는 중국 내 무역회사나 수출상품을 생산하는 기업들은 국영기업이나 사영기업 구분 없이 모두 소재지의 대외무역관리국의 대외무역부에서 규정한 등기 절차에 따라 등록신청을 해야 했다고 한다. 특히 외국상인이나 상업기구의 대표가 수출입 업무를 하려고 하면 중국 법령에 따르는 전제 하에 소재지 인민정부 외사처(外事處)의 정치외교심사를 받고, 허가 내용이 담긴 소개증을 발급받아야 소재지 대외무역관리국에 등록 신청을 할 수 있었다.9) 신청 후에는 대외무역부의 비준을 받아야 했으며, 지정된 지역에서만 수출입 업무를 할 수 있었다.10) 이를 통해 수출입을 완전히 통제할 수 있었고, 사영기업의 수출입업자들의 국민생계에 영향을 주는 대규모의 수출입 권한을 억제하여 점차적으로 대외무역전업총공사가 수출입 무역을 주관하게 되었다.

'대외 무역 관리 잠행조례' 제5조와 제6조에 따르면 수출입 제품은 다음 4가지 종류로 분류하여 관리되었다. 1) 허가된 수출입 품목: 소재지 대외무역관리국에 등록된 수출입 업자가 수출입할 수 있는 상품으로, 이 상품들을 수입하기 위해서는 관련 부처의 수출입허가증을 취득해야 했다. 2) 일괄 수매 수출입 품목: 국가에서 지정한 대외 무역 본사에서만 독점적으로 수출입을 하는 상품이다. 사영수출입업자는

---

9) '대외 무역 관리 잠행조례(對外貿易管理 暫行條例)' 제4조.

10) 그러나 비상업적인 인민 공사가 공사원에 대하여 주요한 생활필수품은 현물로 주는 것, 외국인이 증여한 물품, 비판매용 홍보용품, 견본, 개인용품의 수출입은 총금액이 규정 금액을 초과하지 않으면, 세관의 확인을 통해 수출입허가증 없이도 수출입할 수 있었다.

이런 종류의 상품을 수출입할 수 없다. 3) 금지 수출입 품목: 이것은 원칙적으로는 수출입이 금지된 품목이지만, 국무원 재정경제위원회의 비준을 받아야만 수출입을 할 수 있다. 4) 특별 허기 수출입 품목: 대외무역부의 특별허가를 받아야만 수출입을 할 수 있는 상품이다. 분류 물품의 세부 내용은 국무원과 재정경제위원회에서 규정하여 공포하며, 수정할 때에도 이에 따른다. 만약 수출입상이 본 조례나 수출입 관련 법규를 위반할 경우 '대외 무역 관리 잠행조례' 제11조에 따라 1) 경미하면 소재지 대외무역관리국에서 교육, 경고, 영업정지 등을 받게 되며, 2) 중대한 경우 형사처벌을 받았다.

개발도상국들이 가장 많이 하는 무역형태인 구상무역의 경우 중국에서는 '구상무역 관리 임시 방법'과 '구상무역 관리 임시 방법 실시 세칙' 등에 의해 행해진다. 이에 대해서는 '대외 무역 관리 잠행조례' 제5조와 제6조 그리고 제9조에 의해 제정되었다. 중국은 수출입에 있어 완전히 중앙에서 통제 관리하기 위한 방법으로 '수출입허가증제도'와 '외환관제제도'를 실시하였다. '수출입허가증제도'는 중국 사회주의 경제발전 전략과 대외 무역에 있어 관리 통제와 보호무역정책을 구체화한 것이라 하겠다. 이것은 수입 상품 구조 조정의 역할 외에, 건국 초기 사영무역기업이 있어 이들에 대한 수출입 통제와 관리가 필요했기 때문이다. 또한, 수입을 통제하여 중국이 사회주의 경제발전에 필요한 물자를 수입하며 제한된 외화를 최대한 사용하고, 사회주의 국가로써 될 수 있으면 외국의 영향을 최소화시키기 위한 것이다. 그러나 1956년 사영수출입업체에 대한 사회주의식으로 개조 및 전환을 실시함에 따라 중국의 수출입은 대외무역전업수출입총공사에서 담당하게 되었으며, 관련 업무는 모두 계획 관리로 전환되었다. 이에 따라 '수출입허가증제도'는 필요성이 없어지기 시작했다. 이 때문에 1957년 11월 〈수출입허가증 발급 절차〉와 1959년 2월 〈대외무역 전업수출입총공사에 대하여 수출입허가증 발급 절차 간소화에 대한 지시〉 등을 통해 수출입허가증 발급 절차를 대폭 감소시켰으며, 1959 년 10월에는 〈수출입허가증 발급에 관한 종합지시〉에서 "대외무역공 사는 대외무역부에서 수출입 계획에 의거 수출입허가증 없이 수출입 을 할 수 있다."고 하며, 1960년부터 대외무역부를 제외한 다른 부서 에서는 국가가 긴급히 필요로 하는 과학연구, 문화 체육, 위생물품의 수입과 아주 적은 비무역물품의 수출에 대해서만 발급하는 정도로 제한하였다.[11]

또한 당시 외환 관리제도는 정부의 수출입에 대한 통제수단으로 사용되었다. 외화의 국내 유통은 엄격히 제한되어 개인이나 기업의 관련 거래는 일체 금지되어 있었으며, 중국은행에서만 취급하였다. 따라서 수출입 업자는 중국은행과 대외무역부에서 제정한 외환 쿼터 제에 따라 외화를 차관하거나 매입할 수 있었다.

이와 관련된 법규로는 1951년 3월 공포된 '화북구 외환 관리 임시 방법(華北區外匯管理暫行方法)' 외에 '화북구 외환 관리 임시 방법 시행 세칙(華北區外匯管理暫行方法施行細則)'(1951년 7월), '외환 관리 실시 방법 수정(修改外匯管理暫行方法 希遵照辦理幷轉所屬的通知)'(1950年 6月), '외환 분배 사용 임시 규정(外匯分配使用 暫行方法)'(1950年 5月), '대외무역전문 수출입총공사 외환 관리 임시 방법(對外貿易專業輸出入總公司 外匯管理 暫行方法)'(1950年 12月) 등이 있다.

---

11) 朴相守(1993), 『중국의 수입 관리제도』, 한국경제정책연구원 지역정보센터, 18쪽.

(2) 수출입 계획 및 행정 관리

① 수출입 계획 담당기관 및 절차

중국의 전통적 대외 무역 방식은 지령성 경제체제와 행정 명령형 정책 결정 방식에 따른 일괄 수급이 기본적인 틀이었다. 중국의 경제 활동은 계획경제제도의 일환으로 중앙계획기구에서 계획된 대로 통제 조정되었으며, 수출입 업무 역시 국가 독점 관리 하에서 대외 무역 수출입 계획에 따라 이루어졌다. 관련 업무는 대외무역부가 설립되기 이전에는 무역부 산하 경제계획팀(經濟計劃司)에서 수출입 계획과 관련된 모든 일을 담당하였다.

경제계획팀은 1950년 7월 무역부에서 공포한 '국영 대외 무역 계획 임시 방법 초안(國營 對外貿易計劃暫行方法 草案)'에 따라 1950~1952년까지 수출입 계획을 세웠지만 거의 주관적으로 작성된 것이었다. 1952년 9월 대외무역부가 설립되며 종합계획국에서 수출입 계획 업무에 대한 관리를 담당하게 된다. 종합계획국은 구소련과의 경험과 국무원에서 공포한 '국민경제 연도 계획의 편성에 관한 임시 방법 초안(關於國民經濟年度計劃編制暫行方法 草案)'에 따라 1953년 6월 '수출입 계획이 편성에 관한 임시 방법 초안(關於 編制暫行方法 草案)'을 실행하였다. 수출입 계획 관리에 대한 요구, 임무, 내용 및 수출입 계획이 편성 방법, 보고와 하달의 절차, 계획작성표, 계획 상품 목록, 계획 단위 그리고 계획의 집행, 검사, 수정에 대해서도 규정하였다.

수출입 계획 편성의 원칙은 중국공산당과 중화인민공화국의 독립자주, 자주갱생 및 기타 방침과 정책에 부합되어야 했다. 이에 따라 1950년대 이후 수출입구조는 생필품은 20% 정도였고, 설비를 비롯한 투자재가 80%였다. 1950년부터 1952년 사이 수출입 계획 관리 내용은 수출입 계획, 수출입상품 운송 계획 등을 편성하는 정도였으며, 기타 관련 계획은 국내 무역 계획에 편입시켰다. '1·5'국민경제 계획 시기 수출입 계획 관리의 내용은 구매 계획, 국내 시장 판매 계획, 수출 계획, 조달 계획, 가공 계획, 저축 계획, 수입 오퍼 계획, 선착 및 인수 계획을 포함한 수출입 상품 유통 계획, 외환 수지 계획, 재무 계획, 운송 계획, 상품 유통비용 계획, 기본건설 계획, 생산기업 계획, 대금 계획, 무역망 계획 등의 편성이었다.

수출입 계획 편성은 기한에 따라 장기 계획과 중기 계획, 연간 계획으로 나누어진다. 장기 계획은 통상 10년, 중기 계획은 5년으로 정해져 있으며, 중국 국가경제발전 5개년 계획에 따라 중앙계획위원회와 경제위원회에서 공동으로 정하고 연간 계획은 장기 계획에 따라 대외무역부에서 정하였다. 그러나 이때 중국은 여러 요인으로 인해 수출입에 대한 장기 계획을 세우지 못하고 중기계획은 국민경제 계획에 따라 1953~1957년, 1958~1962년, 1966~1970년, 1971~1975년 이렇게 4차례 수립하였다. 수출입 계획 관리체계는 그 차원과 역할범위에 따라 중앙 계획, 지방 계획, 기업 계획으로 구분되어진다. 첫째, 중앙 계획은 수출입 계획체계에서 중심이 되는 것으로 지방 계획과 기업 계획을 수립하는 데 중요한 근거가 되는 것이다. 둘째, 지방 계획은 중앙 계획을 지방에서 구체화하고 중앙 계획과 기업 계획의 중개 역할을 한다. 셋째, 기업 계획은 중앙 계획과 지방 계획의 구체적인 집행 계획이며 실현의 기초가 된다.

수출입 계획의 핵심은 상품 전파 계획은 다음 상황을 종합하여 작성하였다. 1) 중국 국민경제발전의 상황과 대외 무역의 요구와 공급의 가능성, 2) 국제 정치경제 정세 및 발전 추세, 3) 수출입상품의 마케팅 상항과 변화의 추세, 전기 계획의 집행 상황을 토대로 성공과 실패의 각종 요일을 분석하여 경험을 가진 후 계획에 유용하게 이용한다.

연간 계획의 편성은 다음과 같다. 1) 매년 전반기 6개월간은 대외부역부가 국민경제 계획 요구에 따라 장기적인 발전을 위해 현재의 발전해 나간다는 목표로 각 성, 시, 자치구(주)에 있는 대외무역관리국과 대외무역전업수출입총공사에 연간 계획의 편성 통지를 보낸다. 2) 대외무역관리국과 대외무역전업수출입총공사는 중앙으로부터 편성 통지를 받고 중앙의 관련 취지에 따라 소재 지역과 본 공사 체계의 구체적인 상황에 따라 전국에 있는 소속 전업 지사에 구체적인 건의 계획을 작성하라고 한다. 3) 대외무역관리국과 대외무역전업수출입총공사는 소속 전업 지사의 건의 계획서를 토대로 각 성, 시, 자치구(주)와 대외무역전업수출입총공사의 연도 계획 초안을 작성하여 대외무역부에 보고한다. 4) 대외무역부는 각 성, 시, 자치구(주)와 대외무역전업수출입총공사의 연도 계획 초안을 종합 분석한다. 이후 각 성, 시, 자치구(주)의 대외무역관리국과 대외무역전업수출입총공사의 실무자와 기타 부서의 대표들이 참석한 대외 무역 계획회의에서 최종적으로 결정한 뒤 국가계획위원회와 경제위원회를 거쳐 국무원의 비준을 받는다. 5) 국무원의 비준 후 중앙계획위원회와 대외무역부에서 공동으로 그 계획을 관련 부서에 전달 집행하도록 한다.

② 수출입 계획의 행정 관리체계

개혁개방 이전 중국의 수출입 관리는 계획 편성, 집행, 검사의 순으로 이루어졌다. 대외 무역에 있어 행정체제는 행정 시스템과 대외무역전업공사시스템인 이중체제였다. 이러한 체제에 의해 수출입 계획의 편성은 다음과 같이 진행되었다. 우선 중앙에서 수출입 계획의 통제수치를 하달하고, 지방과 기업에서는 위에서 하달한 내용을 실질적인 상황에 맞춰 수정하여 중앙에 보고 한다. 그러면 중앙에서는 이 계획을 조정하고 종합 결정하여 다시 하달하여 시행하게 한다.

다음으로 계획의 집행은 중앙에서 수출입 계획이 결정되면 집행을 하게 된다. 지방정부의 대외무역관리국과 대외무역전업수출입총공사에서는 할당된 수출입 계획을 각 기업에 집행하도록 한다. 그러면 기업은 집행 계획에 대해 구체적인 완성 계획을 작성하여 지방 정부의 대외무역관리국에 보고하고, 지방정부의 대외무역관리국에서는 각 기업을 모아 몇 차례의 업무조정회를 거쳐 수출입 계획을 완성시킨다. 마지막으로 검사는 계획의 주요 지표에 대한 완성과 수출입 정책에 대한 관철된 상황을 검사하는 것으로 일반적으로 정기검사와 부정기 검사로 진행되었다.

이러한 수출입 계획에 대한 관리체제는 국민경제 기본 체제의 변화에 따라 바뀌었다. 하지만 각 시기의 대외 무역정책 및 대외 무역경영 체제의 변화에 따라 수출입 계획에 대한 관리체제도 조금씩 달랐다. 예를 들어 1950~1952년 사이에는 중앙에서 모든 계획을 편성하고 관리하였고, 지방정부는 이를 따르기만 하였다. 중앙 무역부에서는 대외무역전업공사를 통해 수출입의 모든 활동을 계획하고 관리하게 하였으며, 대상은 구소련과 동유럽이었다. 그러나 1953년~1957년에는 성, 시, 자치구(주)에 대외무역관리국이 설립되며 대외 무역에 있어 이중체제를 실시하게 된다. 하나의 계획에 지방별로의 관리체제가 되며 지방 정부의 권한이 증가되게 된다. 또한, 국영 무역회사에서는 직접 계획을 하고, 사영무역회사에서는 간접무역을 하였다. 1958~1962년에는 성시지방 정부에서 수출입 계획을 주로 편성하고, 수출입 계획을 세워 관리하였다. 1963~1965년에는 성시지방 정부에서 계획을 세우고 구분하여 작성하던 것을 없애고, 1953~1957년처럼 대외

무역에 있어 행정체제는 행정시스템과 대외무역전업공사시스템인 이중체제를 실시하였다. 그리고 1966~1977년 사이에는 1966~1972년 사이 수출입 계획 관리체제는 거의 마비되었으며, 이 시기는 계획 관리가 주도적 역할을 하였다.

(3) 수출입 기구와 방법

① 수출입 기구의 역할

중국의 대외무역부는 1952년 9월에 설립되었다. 대외무역부 설립 이전에는 중앙무역부에서 대내외 무역을 담당하였다가 1952년 대외무역 업무의 증가로 중앙무역부에서 분리되었다. 대외무역부는 국무원 산하 기구로 국가의 대외 무역을 총 관장하는 기관으로 대외 무역에 대한 관리, 제정 그리고 보호무역정책의 집행을 감독하고, 정부가 제정한 대회무역정책을 비롯한 방침을 집행하여 대외 무역 계획을 실행하게 하는 기구로 그 주요 임무는 다음과 같다. 1) 국가의 수출입 계획 및 대외 무역에 의한 외국환의 수지 계획을 하고, 이 계획이 국무원에 의해 비준되면 이에 대한 실행이 되도록 하며, 이에 대한 감독을 한다. 2) 중앙정부의 수권(授权) 하에 관련 국가들과 무역 및 기술협력을 증진하기 위한 방안을 세우고, 외국과의 무역과 관련된 담판 및 협상을 주도하며, 중국을 대표하여 이들 국가와 무역 협정과 의정서를 체결한다. 3) 대외 무역의 기본 법규 및 세관 법규를 세우며, 이것이 국무원의 비준을 거쳐 공포되면 그 집행을 한다. 4) 세관 및 상품 검사를 총 지도한다. 5) 대외무역전업공사의 수출입, 재수출과 운송 업무의 절차를 제정하고, 대외무역전업공사의 집행을 감독한다. 6) 화물의 수출허가증과 수입허가증 그리고 변경 무역허가증의 최종

심사를 하고 발급한다. 7) 상품검사제도를 연구하고 제정한다. 8) 대외무역전업 수출입총공사의 경영에 대해 지도력을 강화한다.

이상의 내용을 수행하기 위해 대외무역부 산하에는 판공청(辦公廳), 종합계획국, 각지구국, 수출상품 기지관리국, 수출국, 운수국, 창저(倉儲)국(임시 저장 관리부서), 재무회계국, 포장국, 국제관계팀 등의 관련 부처가 있다. 또, 대외 무역정책이나 법령 등을 완벽히 실시하기 위해 국무원의 관련 규정에 따라 각 성, 시, 자치구(주)에는 대외무역관리국을 설치하였다. 지방의 대외무역관리국은 각 성, 시, 자치구(주)의 혁명위원회의 일부로 이들과 대외무역부의 이중감독을 받았다.

지방대외무역국은 다음과 같은 일을 하였다. 1) 각 성, 시, 자치구(주)의 대외 무역조직에 대해 국가 대외무역부의 방침, 정책, 법령이나 지시에 대한 집행을 하도록 하고 이에 대한 감독을 한다. 2) 해당 지역에 있는 대외무역전업수출입총공사의 연간별·분기별 관련 계획을 심사하고 해당 지역의 계획을 작성하여 대외무역부에 보고한다. 대외무역부에서 이 보고에 대한 심사와 조정을 한 후 비준이 나오면 그 계획의 집행 상황을 검사 및 감독하고, 실시 과정에서 야기되는 문제점을 해결한다. 3) 소속 지역에 있는 대외무역전업수출입총공사의 수출입 상품의 국내외 생산 및 마케팅 상황을 파악하고 이를 근거로 수출 품목의 화물과 상품의 공급원을 발굴하여 생산하고 수출기지를 만든다. 4) 소속 지역의 경영 및 사영무역업체에 대해 관련 상품의 수출입허가증의 심사 및 발급 업무를 한다.12) 5) 소속 지역의 수출입 상품의 중국 내 단거리 수송을 취급하였다.

---

12) 중국의 사영무역업체는 1950년 4,600개였으며, 총 무역량의 40%를 차지했으나 5년 뒤인 1955년에 이르면 1950년의 약 4.3% 정도의 기업인 200개 기업만 남았으며, 총 무역량의 10%를 차지했다. 이후 1957년에 이르면 국영화되거나 사라졌다.

대외무역전업수출입총공사는 중국의 수출입 업무를 전담하던 곳으로 수출입 상품의 상위 분류에 따라 업종별로 분류되어 대외무역부 산하에 설치되었다. 1952년 9월 대외무역부가 설립되며 중국 기계 수출입회사를 비롯하여 총 16개의 대외무역전업수출입총공사가 설치되었고, 각 지역마다 지사가 설치되었다. 이후 1978년에는 11개로 줄어들었다. 대외무역전업수출입총공사는 대외무역부의 계획에 따라 수출입 업무를 하였으나 법적으로는 독립적인 법인이었으며, 각 총공사마다 경영하는 수출입 상품에 대한 독점적 수출입권을 가지고 있었다. 이것은 무역회사가 중복으로 상품을 수출입하는 것을 막고, 대외적으로 통일된 원칙을 지키기 위한 것이었다.

대외무역전업수출입총공사에서는 다음과 같은 업무를 하였다. 1) 대외무역부의 지시와 수출입 수요에 따라 경영범위 안에서 수출입 계획 초안을 세워 대외무역부에 보고 후 비준을 받으면 그 계획을 실행하고 완성해 가는 방법과 조치를 제정하여 집행한다. 2) 대외무역부에서 비준된 수출입 계획에 따라 외국기업과 상품의 수출입계약을 체결하고 중국 내 수출상품의 공급자에게 주문하고 수입인 경우에는 국내 수입업자에게 주문을 받는다. 수출입업체들과 수출입 계약을 체결하고 국내 기업을 대신해 외국 기업과의 재무 결산을 대행한다. 3) 대외 무역 운수기관에 수출입 상품의 국내 운송, 선적, 인도, 보험의 업무를 위탁한다. 4) 수출입상품의 국내외 시장의 연구 및 조사를 하고 주요 수출입 상품의 국내외 생산 및 마케팅 상황을 파악하여 경영 방안을 마련하고 상표, 광고, 전시 등의 업무를 한다. 5) 외국 상품에 대한 결산과 비용의 정산 업무를 한다. 6) 관련 부처와 협조를 통해 수출입 상품에 대해 계획적인 생산 및 수출 품목을 조달하고 대외무역부에 속하는 원재료 및 포장 관련 물품을 구매, 보관, 분배한다.

7) 소속된 기구의 업무를 감독한다.

당시 중국의 대외 무역기구 및 조직의 특징은 법적으로는 대외 무역 업무는 대외무역부 및 그 산하 기관인 대외무역전업수출입총공사에서 담당한다고 규정되어 있었으나. 실질적으로는 중국무역촉진위원회에서 중요한 역할을 담당했었다고 한다. 이 중국무역촉진위원회는 1952년에 만들어졌는데, 당시 중국은 한국전에 참전하여 미국 및 서방국가들로부터 정치·경제적으로 봉쇄를 당한다. 이에 중국은 중국공산당 정부를 대신해 대외 무역을 진행하는 민간경제 무역기구인 중국 국제무역촉진위원회를 발족한다. 이후 중국은 정치·외교적으로 대외무역부가 직접 나서기 민감한 것은 중국무역촉진위원회가 대행하게 된다. 중국무역촉진위원회 미국을 제외한 서방자본주의 국가들과의 무역을 담당한다.

② 수출입 방법

개혁개방 이전의 중국의 수출입은 대외 지급능력의 부족과 사회주의 체제 하의 대외 무역이 시장경제 하의 자본주의 국가와의 제도적 상이함으로 거의 물물교환에 의한 무역이 대부분이었다. 물물교환은 무역협정과 지불협정에 의해 이루어졌는데, 중국은 1978년까지 총 120개 국가와 이 협정들을 체결하였다.

구소련을 비롯한 동유럽국가, 북한, 베트남, 쿠바 등의 공산주의 국가들과의 무역은 정부 차원에서 보증되는 장기무역협정이나 연도무역협정, 그리고 의정서에 의해 이루어졌다. 매년 정부 간 연도무역협정이 체결됨과 동시에 양국의 대외무역부는 이 협정을 토대로 무역제품에 대한 인도공동조건 합의서에 서명하고 대외무역전업수출입총공사 간에 해당하는 수출입 매매계약을 체결하였다. 이렇듯 개혁개방 이전의 중국의 수출입은 협정무역과 비협정무역으로 구분할 수 있으며, 구체적인 내용은 다음과 같다.

가. 협정무역
가) 정부 간 협정무역

협정정무역은 정부 간 협정무역과 민간 협정무역으로 나눌 수 있는데, 정부 간 무역협정은 중·러 간의 무역형태로 중국 무역협정의 대부분을 차지하고 있다. 1950년 4월 19일 중·러는 정부 간 무역협정과 지불협정을 체결하며 양국 간의 공식적인 무역 관계가 이루어졌으며, 이에 따라 1958년 최혜국대우를 원칙으로 하는 통상 및 항해 조약이 체결되었다. 정부 간 무역협정은 그 구속력의 정도에 따라 갑~병으로 분류되었다. 1) 갑류(甲類) 협정은 양국이 원칙적으로 무역수지균형을 유지하는 가운데 수요와 가능성에 따라 자국의 수출 품목과 무역액을 정하고 양국 무역 당사자가 공동으로 정한 수출상품의 수출이나 수입을 책임진다. 2) 을류(乙類) 협정은 수출 품목 명세서에서 주요 수출상품에 대해서만 품명과 수량을 규정하여 구속력을 받지만 일반 상품에 대해서는 품명만 나열하고 쌍방은 꼭 수출해야 한다는 구속력은 받지 않는다. 3) 병류(丙類) 협정은 협정한 양국이 각각의 국가에서 수출하고자 하는 상품의 이름만 나열하는 것으로 상세한 수출상품 이름도 기재하지 않으며 이에 대해 꼭 수출해야 할 의무 역시 없다.

갑류와 을류의 무역협정은 일반적으로 양국 정부가 서명한 지불협정이 첨부된다. 이 지불협정에서의 화폐는 인민폐 또는 상대방 국가의 화폐나 제3국의 화폐를 결제 화폐로 선택한 후, 양국에서 지정한 은행에 별도의 구좌를 개설하여 협정에 의한 수출입 상품의 대금과 수출국이 수입국을 대신해 임시로 지불한 운송비, 보험료, 노무비 및 비무역경비 등의 비용을 청산하여 지불한다. 양국의 무역수지가 협정에 규정된 신용한도액을 초과할 경우에만 청산 만기 시에 지정된 화폐로 신용한도액을 지불하고, 나머지는 다음해로 이자를 더한 금액을 넘긴다. 양 국가는 무역수지 균형을 위해 흑자를 낸 국가에서 이듬해에 수출을 줄이고, 적자를 낸 국가에서는 수출을 증가시킨다.

갑류 협정무역은 정부 간 계획적인 구상무역이며, 을류 협정 하의 무역은 일반적인 구상무역으로 양국에서 교환하는 상품 중 일부는 협정에 구체적으로 포함되어 있지 않지만, 상황에 따라 수시로 조절할 수 있다. 갑류와 을류 협정에서 수출상품 내역은 양국 국가 간 정부협상에서 평등호혜의 원칙 하에 상호간의 수요와 수용 가능성을 보고 결정했다. 대외 무역을 하는 기업들은 정부 간에 협정된 수출상품 상세서에 따라 자신들이 경영하는 품목 내에서 품목, 가격, 수량 그리고 선적 시기 등을 실무자와 협상하여 매매 계약을 체결하고 이행하였다. 하지만 무역수지 균형 문제는 양국 정부 차원에서 행해졌는데, 중국의 경우 대외무역부가 대외 무역기업들에서 정부 간 무역협정을 집행한 상황에 따라 수시로 상대국과 상의하여 조정하였다. 이것은 계획경제를 채택한 중국에서 가능한 것으로 초기에는 비교적 좋은 성과를 거두었다.

병류 무역협정은 양 국가 간 구속력이 거의 없는 비교적 자유로운 무역협정으로 양국이 정부 차원에서 상호간의 무역을 허용한 것이라 볼 수 있다. 대외무역전업수출입총공사는 정부의 허가 없이 수시로 상대국 실무자와 상호간의 수용에 따라 매매 계약을 체결하여 집행하였다. 만약 양국 간의 지불협정이 없는 경우에는 수시로 결정하여 실행하였다. 중국과 아프리카국가와의 정부 간 무역 협정은 일부 국가만 갑류와 을류 협정을 하였고 대부분은 병류 무역협정을 하였다.

이것은 대부분의 아프리카 국가들이 개발도상국으로 수출상품이 대부분 1차 상품으로 구조적인 공통점으로 인해 보완성이 높지 않아 수요와 공급을 조절하기 쉽지 않았기 때문이다.

중국의 정부 간 무역 협정의 특징은 다음과 같다. 첫째, 국가 차원에서 집중적으로 관리하고 경영하여 지를 보장한다. 중국은 정부 간 무역협정을 지키기 위해 대외무역부가 국가를 대표하여 행정수단으로 무역협정을 관리한다. 둘째, 일률적으로 받고 지급하는 재무제도를 실시하였다. 모든 수출 상품은 국내 고정환율로 결제하는데, 기업은 재무에 대한 권한이 없어 이윤은 모두 국가에 상납하고, 적자분은 국가에서 책임졌다. 셋째, 무역수지 균형 문제가 없어 자유 통화를 지불하지 않았다. 대외 무역을 하는 양 국가는 외상으로 거래하고 한꺼번에 결재하는 지불 방식을 채택하고 있어 무역 수지 균형이 상당히 엄격하였다. 이것은 한쪽이 너무 적자가 클 경우 다른 한쪽이 무이자 차관을 제공하는 것과 동일했기 때문이다.

나) 민간 협정무역

외국의 민간조직이나 경제단체와 어느 정도는 구속력이 있는 만간 무역 협정을 체결하여 양국 간 정부 무역기구의 수출입 기준으로 삼았다. 일반적으로는 외교 관계가 없는 국가나 외교 관계는 정상화되었지만 정부 간 무역협정이 아직 채결되지 않은 경우 무역을 하고자 할 때 이용하였다. 예를 들어 중일 간 외교가 정상화되기 전에 1962년 중국의 무역기구 대표로 한 리아오청쯔(廖承志)와 일본 일부 기업체를 대표한 민간대표 다카사키 다쓰노스케(高崎達之助)가 베이징에서 양국 간의 무역거래를 위해 체결한 〈리아오청쯔-다카사키 다쓰노스케 비망록(廖承志-高崎達之助 備忘錄)〉에 기본을 둔 각서 무역이 있다. 이후

두 사람의 이름의 머리글자를 따 'LT무역'이라고도 하였다. 이러한 민간 무역협정에 의한 수출입 규모는 별로 크지 않았다.

나. 비협정무역

비협정무역의 특징은 양국이 상호간의 필요에 따라 자유롭게 수출입 상품의 품종, 규격, 수량, 가격, 선적, 지불 방식을 상의한 후 매매 체결을 하는 것이다. 일반적으로 자본주의 국가에서 행하는 방식으로 중국의 경우 수출입 매매 계약을 체결하지만 수출입허가증을 정부의 관련기관에서 반드시 받아야 했다. 비협정무역의 형태는 다음과 같다. 1) 편지, 텔렉스, 팩스나 구두 협상, 2) 중국수출상품 교역회,[13] 3) 판매특약,[14] 4) 대리협정[15]이다.

③ 수출입 유형

개혁개방 이전 중국의 수출입은 거의 정부 간 무역협정이나 민간 무역협정에 의해 이루어졌었고, 소규모의 수출입의 경우는 비무역협의에 의해 일부 실행되었었다. 수출입의 유형은 물물교환 방식이 대

---

13) 중국 광교회하고도 하는 이 교역회는 중국 광주시에서 매년 봄가을 2회로 개최되었다. 이 당시에는 통신이 발달되지 않았으며, 중국의 경우 봉쇄 상태였기에 매수인과 매도인이 이러한 자리에서 상담하는 것이 매우 효과적이었다. 이 밖에 공예품, 의류, 농산물 등 특정상품을 대상으로 하는 소교회(小交會)도 있었다.

14) 특정한 지역에서 일정한 기간 안에 한 종류나 특정한 종류의 상품 판매권을 독점하는 것이다. 판매특약점은 규정한 기간 안에 정한 수량의 판매를 하여야 하며, 정기적으로 관련 시장의 정보를 통보해 주어야 한다. 이러한 방식은 일반적으로 어느 정도 판매 실적이 있는 신제품에 한해서만 하였다.

15) 대리협정은 독점대리협정과 일반대리협정이 있는데, 독점 대리협정은 독점대리인이 예정된 지역에서 독점 판매권을 행사한다. 일반 대리협정의 경우 독점 대리협정과 유사한데, 이 경우 독점대리인이 가지는 독점 대리권을 갖지 못하며, 한 지역에서 동시에 여러 일반 대리인이 지정될 수 있다. 일반 대리인도 여러 대리 위탁인에게서 위탁을 받을 수 있다. 중국만의 특징은 대리인의 권한을 최대한 최소화시키는 것에 있다.

다수였는데, 이것도 여러 방식이 있었으며, 일부 국가와는 신용장 방식이나 D/P 방식도 이용되었다. 당시 물물교환 방식의 종류는 다음과 같다. 1) 직접무역으로 선수입, 후수출 방식으로 수입과 수출 상품의 품종, 수량, 예상 물품 가치, 선적기한을 동시에 확정하여 소재지의 대외무역관리국의 심사를 거쳐 이루어지는 것이다. 2) 외상 바터 거래로 일정량의 물품을 수입한 후 일정 기간 내에 이에 상당하는 또는 거의 비슷한 정도의 물품을 수출하는 무역 형태이다. 3) 연합판매로 외상 바터 거래와는 정반대 거래 형태이다. 수출입 업자가 일정량의 물품을 수출한 후 일정 기간 안에 이에 상당하는 혹은 거의 비슷한 물품을 수입하는 무역 형태이다. 4) 동시개설 신용장 방식으로 이것은 유환구상무역의 일종이다. 특정물품의 수출입을 할 때는 특정 물품의 수출입을 하는 조건으로 하는 형태이다. 이것은 중요한 물자를 서로 확보하기 위해 사용하였으며, 수출입국가 간의 무역협정 등에서 교환 상품의 가격과 품목을 정하여 일정 기간 내에 실행되는 경우이다. 중국업자들은 반드시 수출 또는 수입하고자 하는 물품의 수량, 가격, 기한을 소재지의 대외무역관리국의 심사를 거쳐야 되고 또는 수출입 허가증을 취득해야 했다. 5) 무환 구상 무역 방식으로 이것은 물물교환의 바터 무역을 말한다. 무환구상무역의 경우, 수출입 국가의 수출입액을 일정 기간 안에 차이가 나지 않게 균형을 맞춰 대금 결제가 필요하지 않은 무역 거래 방식이다. 중국에서는 큰 규모이며, 다양한 종류의 물품을 물물교환하는 경우 행해졌다.

2) 개혁개방 이후의 대외 무역관리체제

(1) 개혁·개방 이후부터 WTO 가입 이전까지 관리제도

1979~1987년 사이에는 중국에서 대외 무역업체의 자주권을 확대된 시기이다. 개혁·개방 이후 대외 무역업체의 자주권이 확대되었는데, 대외경제무역부는 지령성 계획을 축소시키고, 대외 무역경영권을 분산시켰다.

1980년 초부터 대외경제무역부에서는 지령성 계획의 범위를 점차 줄이고 지도성 계획의 범위를 확대하여 시장조절 작용을 시도하였다. 중요 상품에 대해서는 개혁개방 전처럼 각 대외무역전업공사의 통제하에 두었고, 그 외 상품은 지방 및 관련 부문에 권한을 주었다. 1988년 대외 수출에서 지령성 계획에 속하는 수출상품의 비중은 30%, 지도성 계획에 속하는 수출상품의 비중은 15%, 그 외 시장조절에 속하는 상품은 55%였다. 대외 수입에 있어서는 지령성 계획에 속하는 상품은 20%, 지도성 계획에 속하는 상품은 20%, 그 외 시장조절 상품이 60%였다.

1988~1992년 사이에는 수출입대리제 및 도급제를 실시하였다. 개혁·개방 이전 중국의 대외 무역발전의 저해요소는 중앙 집중 경영 관리체계였다. 1980년대 초 국무원은 대외무역부에서 독점하던 수출입경영권을 분산 이관하여 지방의 대외무역경영권을 확대시켰다. 대외무역부 산하의 수출입전문공사에서는 국가 계획과 민생에 관련된 중요 상품 및 원료성 상품 그리고 국제 시장에서 경쟁이 치열한 상품에 관해서만 취급하고, 이외 수출 품목은 각 성, 시의 대외 무역회사들이 취급하였다. 각 성, 시에는 여러 종류의 대외무역공사를 설립되어

자체로 생산한 상품의 수출과 지방에서 생산, 건설에 필요한 물자의 수입 및 기술 도입 등의 업무를 할 수 있게 하였다.

1979년 하반기부터 1987년까지 각종 대외무역공사가 2,200여 개 설립되었는데, 1979년에 비해 11배 증가한 수치이다. 이러한 대외무역공사의 증가는 무역에 있어 경쟁구도를 만들었다. 이러한 대외 무역경영권의 분산 및 이관으로 10대 대외무역전문총공사가 전국 수출입 총액에서 차지하는 비중은 1981년 81.3%에서 1987년 64.3%로 줄어들었고, 수입은 76.65%에서 30.3%로 줄어들었다.

계획경제체제 하의 무역경영은 계획적 구매 방식이었다. 생산 부문은 생산만을 무역 부문은 판매만 책임지는 형태로 생산과 판로가 격리된 무역경영체제였다. 이 때문에 생산기업에서는 신제품 개발이나 품질관리와 같은 것은 하지 않았다. 그러다 1980년대 초 대외무역부에서는 대외 무역에 따른 결손책임을 생산기업에 이전해 이들 기업의 수출 관련 경제 효율성을 높이기 위해 일부 대외무역공사에 수출입대리제를 시범적으로 실시하였다. 수출입대리제는 대외무역공사가 생산기업의 위탁을 받아 수출입 업무를 대행한 후 수수료를 받고 손익은 생산기업이 책임을 지는 제도이다.

대리제의 실시는 수출뿐만 아니라 수입에 있어서도 경제적 효율을 상승시키는 효과를 가져왔으나 수출상품을 생산하는 기업은 수출 즉시 대금 회수가 불가능해 자금 회전에 상당한 압박을 받았다. 또 생산기업이 대리 위탁하여 수출하는 경우 무역회사가 수출계약을 한 후 선적되기에 선적 전까지 상품 보관에 대한 문제가 발생하기도 하였다. 게다가 당시 지나치게 높게 평가된 인민폐의 환율로 인해 수출보다 국내 판매수익이 높아 생산기업은 수출량을 삭감하기도 하였다.

대외무역부에서는 일부 수출입공사에는 수출입을 통해 발생된 이익을 국가와 기업 간에 일정 비율로 나누어 가지는 이윤분성제(利潤分成制)를 실시하였다. 이것은 1987년부터 시작된 경영도급제의 기초가 되었다. 대외무역부는 1987년부터 대외 무역 경영도급제를 추진하였다.16) 이에 모든 대외 무역회사는 수출을 통한 외환 획득, 중앙정부에 지불해야 할 외환 규모, 해당 기업의 수출입 손실 보전을 위한 중앙정부의 보조금 지급 규모 등 3개 지표에 대한 도급을 맡게 되었다. 기업이 이 도급지표를 완성하여 얻은 외환수입은 대부분 국가에 상납하고, 일부는 지방과 기업에서 사용하였다. 그 비율은 지역, 항목, 상품에 따라 달랐는데, 전기기계제품을 수출한 외화는 국가가 전액 보존하는 것을 원칙으로 하였다.

대외 무역경영도급제는 대외 무역회사의 수출입 의욕을 불러일으켜 대외 무역 확대에 기여하였으나 다음과 같은 문제점이 있었다. 1) 각 지방과 무역회사들은 초과달성으로 얻은 외화보유액을 늘이기 위해 본 지방에 있는 상품공급원을 봉쇄하고 특정상품의 시장 독점을 하여 중국 전체 시장의 발전을 저해하였다. 2) 수출 증대를 위해 지방의 취약한 설비로 제품을 생산하여 품질이 낮았으며, 국가 전체적으로 봤을 때 대외 수출 환경을 악화시키는 결과를 초래하기도 하였다. 3) 지방에 취약한 설비로 생산된 제품은 계약상의 품질 조건과 달라 빈번하게 반품되었으며, 이 때문에 자원 낭비와 수출원가 상승을 초래하였으며, 수출품의 경쟁력을 약화시키기까지 하였다. 4) 지방과 기업들이 단기적인 이익 획득을 목표로 하여 각지 산업 구조의 동화현상을 심화시켰다. 거시적으로 봤을 때 자원배분을 왜곡시켰으며,

---

16) 대외무역경영도급제는 시장지향적 경제개혁 추진 과정에서 국가의 대외무역 통제를 유지하며, 동시에 무역 업무만 지방과 기업에 이양하는 방식이다.

산업의 비교우위구조가 파괴되었다.

1990년대 들어서 중국은 부분적 개혁의 한계를 인식하고 사회주의 시장경제체제 건립을 목표로 WTO 가입 여건을 충족시킬 수 있는 방향에서 대외 무역 관리체제개혁을 추진하였다. 1990년 12월 9일 국무원에서는 〈대외 무역체제의 개혁을 심화할 때에 관한 결정(关于進一步改革和完善對外貿易體制若干問題的決定)〉(1990)을 반포하였다. 이 결정의 핵심은 대외 무역기업이 자체로 손익을 부담하는 것에서부터 인민폐 환율을 조절하는 것을 바탕으로 대외 무역 부문에서 점차 공평평등 경쟁, 자주경영, 손익자체부담을 실행하는 경영메커니즘을 확립하였다.

1994년 이후 대외 무역기업들은 경영도급제에서 현대 기업제도의 확립 단계로 전환하였다. 이것은 국유무역회사 자산을 정리하고 정확히 평가한 기초에서 법인재산권을 명확히 하는 것이다. 기업법인제도는 국유대외무역회사를 독립적인 법인으로 인정하고 자기경영자산에 대한 사용권과 지배권 그리고 수익권을 보장해 주는 것이다. 현대 기업제도는 대외 무역회사들의 국제화, 실업화, 집단화와 규모의 경영으로의 발전하는데 기초를 제공했다. 이밖에 대외 무역 부문에서 국유, 주식제, 민영 등 다양한 소유 형태의 대외 무역기업들을 인정하여 비국유 무역회사 기업이 수출에서 차지하는 비중이 급속히 증가하게 된다.

(2) WTO 가입 이후 대외 무역 관리제도

중국은 WTO에 가입하며 대외 무역면에 있어서도 WTO 원칙을 준수해야 하여, 앞서 살펴봤듯 비관세 장벽 수입쿼터제와 수입허가제도는 단계적으로 완화되거나 철폐되었고, 관세율도 지속적으로 인하되었다. 중국의 수출허가제도는 수출품의 관리, 각 지역 및 부문에서의 대외 거래에 대한 조율, 대외 수여에 대한 효율적 대응 위해 실시되고 있는 것이다. 수출허가증이 필요한 상품은 1) 수입국가에서 쿼터가 주어진 상품, 2) 각 지역, 각 부문의 수출 총량이 수입국가의 시장규모를 초과하는 것을 방지하기 위해 상무부가 수출허가제도를 실시하는 것이 필요하다고 판단한 상품, 3) 수출가격이 낮아지는 것을 방지하기 위해 상무부가 최저수출가격을 정한 상품, 4) 국무원 등의 관련 부문이 수출을 제한하거나 금지한 상품, 5) 국제 시장의 변화 또는 국가별 정책 수요에 따라 상무부가 일정 기간 수출을 제한한 상품이다. 이 밖의 상품에 대해서는 대외 무역권을 취득한 수출입회사는 승인 범위 내에서 수출할 수 있으며, 수출허가증은 필요 없다.

그러나 위에 해당하더라도 다음과 같은 경우에는 수출허가증을 신청하여야 하는데, 1) 승인 범위를 초과하거나 수출 업무를 승인받지 못한 기업이나 국가기관, 단체, 학교나 개인이 국외로 수출하는 경우 각 유관 부문, 2) 기업, 단체의 외국에서의 전시용 전시품 및 판매품의 수출, 3) 각 기업이 외국과 보상무역, 녹다운 및 차관계약을 체결할 경우, 4) 대외 무역권이 있는 수출입공사를 통하지 않고 직접 상품을 수출하고자 하는 경우이다.

수출허가증을 발급받기 위해서는 수출입공사 등이 수출허가증 발급기관에 수출상품의 명칭, 규격, 수출 대상 국가의 명칭, 수량, 단가, 총 금액, 상품 인도 기일, 지불 방식 등을 포함하는 수출허가신청을 제출하고, 발급기관은 심사 후 규정에 부합되면 수출허가증을 발급한다. 수출허가증 유효기간은 발급 후 6개월이다.

다음으로 수출쿼터제이다. 중국의 수출쿼터제도는 2종류이다. 1)

수출 대상 국가가 쿼터제도를 실시하는 상품에 대해 쿼터량을 충분히 이용하기 위해 실시하는 경우, 2) 수출 대상 국가의 시장규모를 고려하여 수출품의 수량을 제한할 필요가 있는 경우이다. 대상은 다음과 같다. 1) 국민 생활에 밀접한 관련이 있는 자연자원이나 수출품 중 중요한 지위를 차지하는 전통수출상품, 2) 국제시장 혹은 특정시장에서 주도적 지위를 차지하는 상품으로 외국이 중국에게 쿼터제를 실시하거나 수출량을 제한할 것을 요구하는 상품, 3) 수출액이 커 수출시장 질서를 교란 시킬 우려가 있는 상품이다.

다음으로 중국의 수입허가제도를 살펴보면, 중국은 수입상품에 대해 품목을 정하여 수입허가증을 발급받도록 하였다. 그러나 1992년 이후 그 품목을 지속적으로 줄여 왔으며, WTO 가입에 따라 수입허가증제도가 적용되는 품목을 감소한 결과, 2002년 1월 수입허가증을 발급받아야 하는 수입 품목은 12개 항목 170개 세목(관세코드 8단위 기준)이 되었다. 수입을 하기 위해서는 상무부, 상무부 15개 항구 사무소, 30개 지방정부와 14개 계획단열도시 대외경제무역청 등의 수입허가증 발급기관에서 수입허가를 받아야 한다.

중국은 국내 산업보호와 국제수지균형을 위한 보호무역주의 정책의 일환으로 수입쿼터제도를 채택하였다. 그러나 WTO 가입으로 2004년까지 수입쿼터 대상 품목이 점진적으로 감소되었으며, 폐지 시까지 매년 쿼터량을 15%씩 증량하기로 하였다. 수입쿼터제를 실시하여 수입을 제한하는 대상은 대량수입의 경우 국내의 공업발전에 심각한 피해를 끼치거나, 수입구조·산업구조조정에 직접 영향을 미치는 상품 및 국가외환수지에 영향을 미치는 수입품이었다.

수입쿼터제가 적용되는 물품을 수입하는 경우, 우선 수입자가 수입쿼터 신청서를 작성하여 해당물품의 수입쿼터관리기구에 신청하고,

기구는 신청을 심사한 후 증명서를 발급한다. 수입자는 증명서를 받으면 대외 무역권이 있는 수출입회사를 통해 상무부 등 수입허가증 발급기관으로부터 수입허가증을 발급받아 세관에 제출한다.

중국 〈세관법(稅關法)〉에 따르면 중국 통관제도 중 수출입 신고의 경우 별도의 규정이 없으면 세관에 등록된 통관대행업체나 수출입 업무를 할 수 있는 권한이 있는 회사가 통관 업무를 할 수 있다고 규정하고 있다. 해당 기업은 반드시 세관에 통관기업으로 등록되어 있어야만 하며, 통관 업무 등록신청서, 영업허가증 사본, 은행이 발급하는 신용보증서 등을 제출하여 세관으로부터 통관 업무 등록증명서와 보관권 증명서를 발급받고, 소정의 자격시험을 통과한 보관원 1명 1상을 두어야 통관 업무를 이행할 수 있다.

수출입신고는 수입화물의 수화인, 수출화물의 송화인 또는 그 대리인이 화물을 수출입할 때에 규정된 기한 내에 세관에 수출입 상황에 대하여 신고하는 것으로, 세관에서 수출입화물을 통관하기 위해서는 반드시 수출입 화물신고를 해야 한다. 수입의 경우 수하인은 운수기관의 도착신고일로부터 14일 이내에, 수출하는 경우는 송하인이 선적 24시간 전에 신고하여야 한다.

개혁·개방 이후 효율적인 무역 관리를 위해 대외무역부, 대외경제연락부, 국가수출입관리위원회, 국가외국투자관리위원회를 통폐합하고 1982년 3월 대외경제무역부를 설치한다. 대외경제무역부는 1993년 대외무역경제합작부로 명칭이 변경되었다. WTO에 가입한 후, 대외무역경제합작부, 국가경제무역위원회, 국내무역부, 국가발전계획위원회로 분산되었던 경제 부문은 2003년 3월 상무부로 통합되었다. 상무부의 출범은 이원 관리되던 국내외 무역을 최초로 통합 관리하고 정부 조직기구를 대외 무역체제의 개혁과 시장지향적인 체제로 개편하게 되었음을 의미한다. 또한 무역구제 담당 업무는 상무부 산하에 설치된 수출입공평무역국, 산업피해조사국에서 수행하게 되었다. 현재 무역 정책 결정과 관련된 부처로는 상무부, 국가발전개혁위원회, 중국세관, 관세세칙위원회, 국가외환관리국 등이 있다.

5. 세계화 시대 중국 통상정책의 미래

중국의 건국 이후 통상정책은 아래와 같이 변화되어 왔다. 첫째, 마오 시기 통상정책은 폐쇄와 소극적 개방이 결합된 폐쇄적 소극 개 방의 형태였다. 이른바 사회주의 수입 대체 산업화 시기로 당시 중국 은 '자력갱생'의 기치 아래 사회주의적 공업화를 모색하는 가운데, 이를 위해 '강철생산 우선', '삼선건설' 등 중공업 우선 발전 전략을 추진했다. 당시 정부는 독점적으로 계획하고 관리하는 가운데 대외 무역은 최소화하였다. 1952년 당시 서방과의 경제 교류가 단절되고 소련이 중국 대외 교역의 48%를 차지하는 최대 교역 파트너였다. 그 러다 1960년대 들어서 소련과의 갈등이 심화되고 문화대혁명으로 자 력갱생이 더욱 강조되며 대외 교역은 거의 금지되었으며, 1970~71년 사이 중국의 GDP에서 차지하는 비중은 5%로 감소하였다.

둘째, 개혁·개방 이후 중국은 개방과 보호가 동시에 추진되는 개방 적 보호주의 형태이다. 1980~1990년대 중국은 대외 개방을 추진하는 동시에 보호 전략도 추진하였다. 당시 중국은 개방을 통해 대외 무역 을 확대하려 하였으나 대외 교역과 FDI를 선별적이자 부분적으로 추 진했다. 2000년에 들어, 특히 2001년 WTO에 가입한 이후 중국의 산 업통상 전략의 기본적 특징은 1) 무역자유화이다. WTO 가입 협상에 따라 관세가 대폭 인하되어 2001년 당시 15.3%에서 2008년에 평균 10%대로 낮아졌으며, 수입쿼터제나 수입허가제도 철폐되었다. 2) 산업발전정책은 FDI 도입을 지속하는 가운데, 기술 수준 제고와 지역발전에 기여도를 기준으로 한 FDI의 선별적 도입이 확대되었다. 이것은 과거의 폐쇄정책으로는 돌아가지 않으며, 자국의 산업 및 기술경쟁력 강화에 도움이 되는 방향으로 외자 이용을 하겠다는 것이다.

이와 동시에 지역과 업종에 따라 차별적 우대정책을 실시하겠다고 하였다. 중국은 WTO 협정의 산업 및 수출보조금 지급 대상에서 예외적으로 허용하는 조항을 중국의 기술개발과 낙후 지역 지원과 관련된 정책에 적극 활용하고 있다. 따라서 중국의 산업통상정책은 WTO로 대변되는 개방화와 세계화에 상충되지 않는다. 또한, 육성 대상이 국제적 경쟁력을 가진 브랜드로 지원의 목적이 단순한 수출대체산업에 두지 않고, 국제시장에서 경쟁력을 강화하기 위한 것이라고 강조함으로써 중국의 통상정책이 개방지향적임을 보여준다.

중국의 이러한 세계화는 한국의 대응 여하에 따라 도전이 될 수도, 기회가 될 수도 있을 것이다. 지금까지 한국은 중국의 통상정책의 변화에 따라 저임금 노동활용을 통해 혜택을 누려오기도 하였으나 현재는 더 이상 유지되지 못하고 있는 상황이다. 중국은 이미 글로벌 생산의 한 축으로 자리 잡았으며, 한편으로는 거대 시장으로 등장하였다. 따라서 한국은 앞으로도 지속적으로 중국의 통상정책 변화에 주목하여 대중국 교역과 투자 전략을 세우고, 정부 차원의 통상 전략을 추진해 나가야 중국의 변화에서 오는 위기 가능성을 최소화하는 동시에 기회에 대해서도 최대한 이용할 수 있을 것이다.

참고문헌

강준영, 「중국사회주의 시장경제체제의 발전과 한계」, 『중국연구』 24, 1999.

강효백, 「중국 2004년 대외무역법에 관한 연구」, 『한국동북아논총』 40, 2006.

곽민, 「중국의 대외무역관리제도에 관한 연구」, 한남대학교 석사논문, 2015.

곽복선 외, 『중국경제론』, 박영사, 2012.

김동하, 『현대중국경제와 통상제도』, 부산외국어대학교 출판부, 2012.

김성옥 외, 『중국통상론』, 두남, 2013.

대외경제정책연구원, 『중국의 부상과 동아시아경제』, KIEP, 2004.

박범종·공봉진·장지혜 외 5인, 『중국 개혁개방과 지역균형발전』, 한국학술정보, 2019.

박범종·공봉진·장지혜 외 5인, 『한중 지방외교와 지역발전』, 세종출판사, 2018.

박상수, 『중국의 수출입관리제도』, 대외경제정책연구원, 1993.12.

박성호·이금숙, 『한중통상정책비교론』, 대명, 2007.

산업연구원 국제 협력실, 「중국의 수출주도형 성장 전략의 평가와 통상정책 전환」, 『중국경제 모니터링 시스템』 중국경제 기초 정보 시리즈 제 2006-25호, 2006.6.

서석흥·서창배·장지혜, 『중국의 WTO 분쟁사례 연구』, 경제인문사회연구원, 2011.

양평섭, 「중국의 WTO 가입 이후 산업별 개방계획과 그 영향」, KIEP, 2000.

오승렬, 「무역관리체제 개혁과 무역의 신장」, 『현대중국경제』, 교보문고,

2000.

오용석,『현대 중국의 대외 경제정책: 정책원리의 흐름과 운용메커니즘』, 나남출판, 2004.

이규철,『현대중국대외무역론』, 신아사, 2005.

이덕무,「중국의 대외무역제도에 관한 연구」, 전남대학교 박사논문, 1989.

이재기,『현대중국경제론』, 청목출판사, 2005.

이춘삼,『중국통상법』, 대왕사, 2004.

정인교,「중국 WTO 가입의 경제적 효과와 정책적 시사점」, KIEP, 2001.

지만수,「중국의 산업구조고도화 및 기업성장의 현황과 전망」, 대외경제정책연구원, 2005.

탁세령,「중국의 무역정책과 우리의 대응 방안」,『수은해외경제』, 2004년 7월호.

한국은행조사부,『중국의 대외 무역과 외국인 투자』, 1990.12.

公務員期刊网, 改革開放40年來中國對外貿易制度演變, https://www.21ks.net/lunwen/dwmyjjlw/110011.html (검색일: 2020.01.23)

國家統計局貿易外經統計司,『中國貿易外境統計年鑑-2008』, 中國通計出版社, 2008.

當代中國對外貿易 編輯部,『當代中國對外貿易』, 當代出版社, 1993

劉向東 主編,『中國對外經濟貿易政策 手冊』, 經濟管理出版社, 1994.

劉向東 主編,『中國對外經濟貿易政策 指南』, 經濟管理出版社, 1993.

李詩 編著,『中國對外貿易槪論』, 中國對外經貿出版社, 2002.

李定選, 現代中國經濟槪論, 遼寧大學出版社. 1989

余淼杰,「中國對外貿易三十年」, 中國經濟研究中心, 北京大學國家發展研究院, 2008.12.01.

王紹熙 等 主編, 『中國對外貿易槪論』, 對外貿易教育出版社, 1994.

王紹熙 編著, 『中國對外貿易槪論』, 對外貿易教育出版社, 1994.

王紹熙 編著, 『中國對外貿易理論與政策』, 中國商務出版社, 2004.

第十四屆中央委員會, 『中共中央關於建立社會主義市場經濟體制的若干問題
的決定』, 1993年11月14日,

https://baike.baidu.com/item/%E4%B8%AD%E5%85%B1%E4%B8
%AD%E5%A4%AE%E5%85%B3%E4%BA%8E%E5%BB%BA%E7%
AB%8B%E7%A4%BE%E4%BC%9A%E4%B8%BB%E4%B9%89%E5
%B8%82%E5%9C%BA%E7%BB%8F%E6%B5%8E%E4%BD%93%E
5%88%B6%E8%8B%A5%E5%B9%B2%E9%97%AE%E9%A2%98%
E7%9A%84%E5%86%B3%E5%AE%9A/7613531?fr=aladdin

(검색일: 2020.03.27)

中國對外貿易經濟槪論 編輯部, 『中國對外貿易經濟槪論』, 中國財政經濟出
版社, 1980.

中國對外貿易部, 『貨物自動進出許可管理方法』, 2001.12.31.

中國海關總書, 『海關條例』, 1993.5.

中和人民共和國商務部, 對外貿易經濟合作部关于印髮≪关于進出口京營資
格管理的有关規定≫的通知, 2003.01.16. (검색일: 2019.12.15)

邹忠全 主編, 『中國對外貿易槪論』, 東北財經大學出版社, 2005.

何干强 主編, 『當代中國社會主義經濟』, 中國經濟出版社, 2005.

黃曉玲 主編, 『中國對外貿易槪論』, 中國對外貿易大學出版社, 2004.

미국과 중국의 또 다른 전쟁이 시작되었나? 협력인가 경쟁인가

: 미중 관계 과거, 현재 그리고 미래

박범종

1. 중국은 어디로 향하는가?

중국의 부상은 21세기 국제질서의 가장 중요한 변화이다. 중국은 1978년 개혁을 시작한 이래 빠른 경제성장을 이어왔다. 이러한 중국의 급성장은 덩샤오핑(鄧小平)의 개혁개방정책과 더불어 2차 대전 이후 적대적 관계였던 미중 관계가 1970년대에 들어서면서 화해의 분위기로 변화한 것이 중요한 요인이었다. 이러한 미중 관계 변화에 기여한 사건은 탁구공으로 시작된 '핑퐁외교'이다. 1972년 닉슨 대통령의 중국 방문에서 1979년 덩샤오핑의 미국방문이라는 역사상 획기적인 사건이 일어났다. 1971년 핑퐁외교는 1979년 미중 수교를 이루어내었다. 그리고 덩샤오핑의 개혁개방정책으로 중국은 2010년 세계 경제대국 2위로 올라서면서 G2시대를 맞이했다. 이 과정에서 미중은 갈등과 화해, 긴장 관계를 지속하게 되었고 2009년부터 미중 전략경제대화를 통해 정치, 경제, 안보 등 다양한 문제를 논의하고 있다.

덩샤오핑은 1978년 12월 기존 사회주의 계획경제체제 하에 자본주의 요소 도입을 핵심으로 하는 개혁개방체제로의 전환을 선언했다. 그리고 장쩌민(江澤民)은 향후 2020년에서 2050년 기간에는 세계적 중심국가로 등장한다는 장기적 비전과 로드맵을 구체적으로 제시했다. 이것은 '신3단계 전략 수립 및 추진'(2000~2010년), '전면적 소강 사회'(2010~2020년), '선진국 수준 도달'(2020~2050년)이라는 발전 전략으로 공식화되었다. 또한 장쩌민은 16차 당회 보고에서 21세기 전반의 20년이 강국 부상을 위한 '전략적 기회의 시기(战略机遇期)'라고 언급했고, 이후 시진핑(習近平)은 일대일로를 통해 중국몽(中國夢)을 실현하려고 한다.

이처럼 중국의 부상은 강국을 지향하는 중국의 의지를 통해 추진된 정책의 산물이라고 볼 수 있다. 그 결과 중국은 13억의 인구 대국으로 1979년 이후 매년 10%의 경제성장을 보이며, 인류 역사상 최대 규모의 경제성장을 이룩했다. 2006년 이후 5년간 세계 1위의 외환보유고를 기록했고, 2009년에는 독일을 제치고 세계 제1위 수출대국으로 올라섰으며, 2010년에는 구매력 기준 GDP에 있어 일본을 추월하고 2위로 부상했다. 이렇게 세계 경제규모에서 2위로 올라선 중국은 2020~30년경 명목 GDP에서 미국을 추월할 것으로 예상된다. 그리고 중국은 '중국 제조 2025', '어메이징 차이나', 5G 등의 과학기술 분야에서 화훼이, 중싱 등 중국 기업의 약진을 통해 미국을 쫓아가고 있다. 결국 중국의 급부상은 중국위협론을 부각시켰고, 중국의 부상이 현실화되면서 미·중 간의 갈등의 모습이 조금씩 나타나기 시작했다.

미국은 2018년 1월 일부 중국산 가전제품에 대한 세이프가드를 발동하면서 미중 무역 분쟁을 야기시켰다. 미국은 3월 초 철강·알루미늄을 시작으로 1,300여 품목의 고율관세와 중국의 대미 투자 제한을 강행했다. 또한 트럼프 미 대통령은 3월 6일 '타이완 여행법'에 서명하면서 중국이 강조하는 '하나의 중국' 원칙을 흔들어 놓았다. 타이완 여행법은 1979년 이후 끊긴 미국-타이완 정부교류의 신호탄이 되고 있지만, 미중 관계에서는 갈등의 원인이 되고 있다. 무엇보다도 최근 홍콩의 민주화 운동으로 '하나의 중국'을 외치는 중국이 정치적 어려움에 처해있는 상황에서 트럼프라는 변수가 미중 경제·정치적 마찰을 더욱 표출시키고 있다.

이런 미중 관계의 변화 속에 중국의 국가주석인 시진핑은 "싸우지 않고 이기는 것이 최선이다"라고 주장하며, '2050년 중국은 종합 국력과 국제적 영향력을 갖춘 글로벌 리더 국가가 될 것이다'라고 선언했다. 특히 제19차 당 대회에서 중국 최고지도자인 시진핑이 덩샤오핑 시대 이래로 내려오던 집단지도체제를 끝내고 1인 지도체제를 수립하자, 중국은 어디로 향하는가? 중국의 의도는 무엇인가? 에 대한 관심이 높아지고 있다.

2019년은 중국 건국 70년을 맞이한 해이며, 미국과 중국 수교 40주년이 되는 해이다. 따라서 미중 관계의 과거, 현재 그리고 미래를 전망해 보는 것은 중요한 의미가 있을 것이다. 특히 『손자병법』에 "적을 알고 나를 알면 백 번 싸워도 위태롭지 않다(知己知彼, 百戰不殆)". 그리고 『명심보감』에 "미래를 알고자 하거든 먼저 지난 일을 되돌아보라 (欲知未來 先察已然)"는 말이 있다. 따라서 미국과 중국의 관계가 어떻게 변화될 것인가를 알기 위해서 미중 관계의 과거와 현재를 살펴본다.

2. 미중 관계: 과거, 현재 그리고 미래

1949년 말, 국공내전으로 인해 미국이 지지하던 국민당은 타이완 (臺灣)섬으로 건너가 중화민국정부를 수립했고, 공산당은 중국본토에 남아 중화인민공화국을 수립했다. 당시 미국은 중국본토에서 대만 (Taiwan)으로 옮긴 국민당 정부를 정통정부로서 인정했고, 유엔안보 리상임이사국 대표도 국민당으로 사실화했다. 따라서 전후 냉전체제 속에서의 미중 관계는 적대 관계였다. 그리고 1950년 6·25전쟁(Korean War)에 중공군이 참전하면서 냉전이 본격화되었고, 약 20년 동안 미중 관계는 적대적 관계로 남아 있었다. 이러한 미국과 중국의 적대적 관계를 화해 분위기로 이끌어낸 것이 핑퐁외교이다.

1) 핑퐁외교: 작은공(탁구공)이 지구를 흔들다

1971년 일본 나고야에서 열린 제31회 세계 탁구 선수권대회에 중국 대표단이 참가했다. 당시 중국과 일본 간에는 외교 관계가 없었던 적성 국가였기 때문에 중국은 참가 여부를 두고 고민에 빠졌다. 그러나 저우언라이(周恩來) 총리가 마오쩌둥(毛澤東) 주석의 승인을 얻어 세계 탁구 선수권 대회 참가를 결정해, 1966년 문화대혁명 발발 이후 처음으로 중국 선수단이 국제무대에 모습을 드러냈다.

대회가 끝날 무렵 중국은 미국 탁구 대표팀의 중국 초청을 발표하였다. 이에 미국 선수단 15명과 기자 4명은 1971년 4월 10일부터 4월 17일까지 중국을 방문하여 베이징, 상하이, 광저우 등을 순방하면서 친선 경기를 열었다. 미국 탁구 대표단은 1949년 중화 인민 공화국 정권 수립 이후 중국 땅을 공식 방문한 최초의 미국인이 되었으며,

이후 미국도 중국 탁구팀을 초청해 친선 대회를 열면서 양국 수교의 발판을 마련하였다.

　두 적성국이 탁구라는 스포츠를 매개로 손을 잡은 것은 당시 '공공의 적'이었던 소련에 대한 견제 필요성 때문이었다. 소련은 사회주의 동지였지만, 53년 흐루시초프 체제가 등장하면서 중국과 갈등이 시작되었다. 1966년 시작된 문화대혁명 기간 동안 중국은 소련의 수정주의를 맹비난하면서 중국과 소련 간 이념 분쟁이 극대화되었다. 중국은 소련을 '수정주의', 소련은 중국을 '교조주의'라고 비판하였고, 1969년에는 중·소 국경에서 군사 충돌까지 발생하였다.

　이에 따라 마오쩌둥은 미국과의 관계 개선을 결심하였고, 1969년 1월 취임한 미국 닉슨 대통령이 2월 외교교서에서 중공(中共)을 중화인민공화국으로 호칭했으며, 3월25일에는 미국 시민의 중국 여행을 허락하는 등 화해의 제스처를 보였다.

　이러한 상황에서 탁구 경기는 양국 사이를 급격히 좁혀 놓았다. 이러한 화해 분위기에 힘입어 1971년 7월 헨리 키신저 미국 국가 안보 담당 보좌관이 극비리에 중국을 방문해 저우언라이(周恩來) 수상과 회담을 가졌고, 두 나라는 닉슨 대통령과 마오쩌둥 주석의 역사적인 회담 계획을 공동발표하기에 이르렀다. 그 결과 1971년과 1972년 중국의 '죽의 장막'이 철거되면서 세계는 데탕트의 물결에 휩쓸렸다. 중국의 저우언라이 수상은 2.5g의 탁구공이 세계정치의 흐름을 바꾼 일련의 사건을 두고 "작은 공(탁구공)이 큰 공(지구)을 흔들었다(小球轉動大球)"라고 표현하였고, 탁구라는 스포츠를 통해 적대 관계였던 미국과 중국 관계가 개선되면서 '핑퐁 외교'라는 용어가 만들어졌다. 이러한 핑퐁외교의 정치적 파장은 엄청났으며, 냉전의 상징이었던 두 나라가 우호적인 접근을 시작했음을 전 세계에 알리는 신호탄이 되었다.

1972년 4월에는 27명의 선수단으로 구성된 중국탁구팀이 미국을 방문했다. 이는 미국의 중국 초청에 대한 답례였다. 디트로이트에서 1차 친선경기를 가진 다음 4월 18일에는 미국 닉슨 대통령이 백악관에서 중공선수단을 초청, 환영식을 베풀었다. 이 자리에서 닉슨 대통령은 "이번 방미의 가장 큰 성과는 중공과 미국국민들 간의 우호 관계 수립에 있다"는 것을 강조했다. 또한 미중 두 정부와 국민들 간의 우호 관계는 세계평화를 위해 보다 좋은 기회를 뜻한다고 밝혔다. 이로써 중공이 국제 정치무대의 주역으로 클로즈업 되면서 아시아 스포츠계는 탁구, 농구 등의 종목을 스타트로 거센 소용돌이 속으로 휘말려 들어갔다. 특히 4월 20일 중국탁구팀은 유엔 본부 내에 있는 신탁통치 이사회 회의장에서 미국팀과 2차 친선경기를 가졌다. 유엔 창설 이래 처음으로 유엔본부에서 경기가 있었다는 것은 당시에는 대단한 이슈였고, 한 서방 측은 "친선을 빙자한 정치적 경기"라는 비평을 하기도 했다. 하지만 이러한 핑퐁 외교는 1979년 미국이 중화민국과 단교하고, 미중 수교라는 결실을 맺게 하였다.

(1) 닉슨 대통령의 중국 방문

닉슨행정부 출범(1969.1) 이후 중화인민공화국은 유엔 가입과 동시에 유엔안보리 상임이사국으로 진출하게 된다. 그리고 1972년 2월 21~29일 미국 대통령 리처드 닉슨은 최초로 '적성국' 중국에 방문했고, 미중 관계는 새로운 변화의 전기를 맞게 되었다.

마오쩌둥 중국 주석과 미국의 닉슨 대통령은 미-중 데탕트, 즉 긴장완화의 시대를 열었으며, '강경 반공주의자' 닉슨이 냉전의 흐름을 바꾼 '대화의 아이콘'이 되었다. 당시 국교수립이 안된 상황에서 닉슨 대통령의 베이징 방문은 파격적인 사건이었다. 그 결과 "닉슨 중국에 가다(Nixon goes to China)"라는 말이 '신념이 확고했던 인물이 순식간에 정반대 방향으로의 과감한 결정을 내리는 경우'를 상징하는 유행어로 사용될 정도였다.[1]

1972년 2월 닉슨 대통령은 중국을 방문해 미·중 간 공동인식에 기초한 '상해공동성명(China-US Joint Communique)'(1972.2.28)을 발표했으며, ① 평화공존원칙에 입각, 패권추구 반대, ② 제3국 대항을 목표로 하지 않는 양국 관계의 정상화, ③ 대만이 중국의 일부임과 중국인 자신에 의한 대만 문제 평화적 해결 필요성의 인정, ④ 정세 추이에 따른 대만 주둔 미군(美軍) 철수 등을 담고 있다. 무엇보다도 닉슨대통령의 베이징방문을 통해 발표된 상해공동성명에서 양국은 아시아·태평양 지역에서 제3의 패권국등장을 저지하기 위한 공조에 합의함으로써 미중은 소련을 가상의 적으로 규정한 사실상의 동맹 관계를 맺었다. 그리고 미국은 대만을 버리고 중국의 UN상임이사국 가입에 동의했다. 이것은 양국이 20여 년에 걸친 적대 관계를 끝내고 관계정상화의 뜻을 밝힌 것이다. 그 결과 1979년 카터 정부(James Earl Carter, Jr)와 중국의 덩샤오핑은 역사적인 미중 수교를 단행했으며 대만과 단교하게 되었다.

(2) 1979년 덩샤오핑 미국 방문

중국 현대사의 물줄기를 바꾼 덩샤오핑(鄧小平)은 75살에 1979년

---

1) https://www.hankookilbo.com/News/Read/201902171197070223 (검색일 2020.05.25)

1월 중앙군사위 주석 자격으로 미국을 처음 방문했고 1949년 중화인민공화국 수립 후 미국을 방문한 최초의 중국 지도자가 되었다. 그는 카우보이모자를 쓰고 미국 텍사스의 한 로데오 경기장에 나타났다. 세계 최대 공산국가 지도자의 소탈하고 인간적인 면모는 미국인들을 사로잡았고, '덩 신드롬'을 낳았다.

그는 방미 일주일 동안 워싱턴에서 정치인들과 어울리기보다는 미국 전역을 돌아다니며 자본주의 문화를 체험했으며, 포드자동차, 보잉항공사 등을 찾아다녔다. 이러한 그의 모습은 중국 대륙을 바꿀 개혁·개방 의지를 보여준 것이며, 특히 '죽의 장막'을 쳐놓고 서방과 맞섰던 마오쩌둥 시대가 끝났음을 보여준 것이다.

미국을 둘러보고 돌아온 덩샤오핑은 귀국 성명에서 '흑묘백묘(黑猫白猫)'론을 내세웠고 이 이론은 중국식 자본주의의 사상적 기초가 되었다. 이 말은 '검은 고양이든 흰 고양이든 쥐만 잘 잡으면 된다(黑猫白猫 住老鼠 就是好猫)'라는 뜻이며, '공산주의든 자본주의든 상관없이 인민들을 잘 살게 하면 그것이 제일이다'라는 의미를 담고 있다. 이 문구는 1980년대 중국식 시장경제를 대표하는 용어로 자리 잡았으며, 덩샤오핑의 개혁개방정책에 힘입어 중국은 경제대국의 길로 들어섰다.

(3) 미국과 중국 지도자의 상호 방문

1979년 미중 국교 정상화가 이루어진 이후 미중 양국 정상들의 상호방문이 지속적으로 이루어지고 있다. 1984년 4월에는 미국 레이건(R. Reagan) 대통령이 중국을 방문하였고, 이에 대한 답방으로 1985년 7월에는 중국의 국가주석이자 정치국 상무위원인 리셴녠(李先念)이 미국을 방문하였다. 그리고 조지 부시(G. Bush) 미국 대통령이 1989년

2월 중국을 실무 방문하였고, 1989년 5월에는 중국 전국인민대표대회 상무위원회 위원장인 완리(萬里)가 미국을 방문하였다. 이처럼 1989년까지 다수의 고위인사 교류와 함께 글로벌 및 지역 차원에서 군비통제, UN을 위시한 다자기구 문제 등, 정치·안보 분야에서 일련의 합의와 조약들을 체결함으로써 꾸준히 관계를 증진시켜 왔다. 그리고 1997년 10월 장쩌민(江澤民) 국가주석이 미국을 방문해 빌 클린턴 대통령을 만났으며, 두 정상은 '적이 아닌 동반자'의 길을 약속했다. 장주석은 클린턴 대통령의 환영사에 답하면서 중국어가 아닌 영어로 "미중과 모든 나라들이 평화와 안전, 번영을 위해 손잡고 나가자"고 강조했다. 민주화 시위를 유혈 진압한 천안문 사태로 인해 장쩌민주석은 서구식 매너로 '부드럽고 세련된 중국'을 강조하려 애썼다. 그 결과, 미중 양국은 21세기를 향한 '건설적·전략적 동반자 관계(constructive strategic partnership)' 추진 노력에 합의했다. 그리고 1998년 6월 클린턴 미국 대통령이 중국을 방문했는데 이것은 1989년 미국 부시대통령 중국 방문 이후 10년 만의 일이다. 그는 중국 방문을 통해 핵확산 억제, 아시아 금융 위기, 국제안보 문제 등에 있어 미·중 간 전략적 대화를 통한 공동협력의지를 보여주었다. 그리고 지역 및 국제 문제 해결에 있어 양국 간 공조체제의 중요성을 확인함으로써 향후 안정적 관계발전을 추구 할 수 있는 기반을 구축했다. 즉 ① 전략핵 상호 불(不)조준 합의, ② 한반도 평화·안정유지를 위한 대화협력강화 합의 등을 이끌어내었다.

  2009년 11월 15일 중국을 방문한 오바마가 후진타오(胡錦濤) 국가주석과 나눴던 가장 시급한 대화는 경제협력과 북한의 핵 문제였다. 그리고 중국 최고지도자인 후진타오 주석의 국빈자격으로서의 미국 방문은 지난 1997년 빌 클린턴 대통령 당시 장쩌민 국가주석의 방문

이후 14년 만에 이루어졌다. 그는 보잉 항공기 200대를 구매하는 등, '큰손'의 배포를 유감없이 과시했다. 그리고 오바마 대통령의 정치적 고향인 시카고에 가선 "중국 기업들이 미 경제에 새로운 동력을 제공하고 일자리도 만들고 있다"고 강조했다.

미중은 2011년 1월에 워싱턴에서 오바마 대통령과 후진타오 주석 간의 정상회담을 개최하고 경제, 군사, 안보, 인권 등 다양한 분야에서 포괄적인 합의사항을 도출했다. 예를 들어 미중 양국은 경제 분야에서 위안화 환율개혁, 무역투자 보호주의 반대, 중국의 지적재산권 보호강화 등에서 합의를 도출했으며, 미중 인권대화 개최에도 합의하였다. 군사안보 분야에서 양국은 핵 안보에 대한 협력을 강화한다는데 합의하고 미국은 '하나의 중국'을 지지한다고 천명했다. 대체적으로 2011년의 미중 정상회담은 중국이 구체적인 정책에 있어서 미국의 입장에 협력하였던 것으로 평가된다. 이것은 미국과의 경제 안보 이슈와 관련한 갈등적 측면의 부각이 안정적 경제 성장과 이를 위한 우호적인 국제 관계의 조성에 도움이 되지 않는다는 중국 지도부의 전략적 판단과 '평화발전론' 기조 유지에 대한 재확인이었다. 특히 미중 정상회담을 통해 미중 양국 간에 상호 존중하고 서로에게 이익이 되고 원-윈할 수 있는 미중 협력동반자 관계를 공동으로 구축하는데 합의했고, 양국은 협력 강화를 위해 다양한 영역에서 60개 이상의 협상채널을 가동하고 있다. 하지만 당시 미중공동성명은 미국과 중국이 다양한 이슈에서 양국의 협력을 통한 공동 대처와 공동 이익 추구라고 하는 기조를 도출했지만 민감한 사안들에 대한 해결안을 제시하지 못했다는 평가도 있다.

2013년 오바마 대통령과 시진핑 주석은 6월 캘리포니아의 서니랜즈에서 열린 미중 정상회담에서 양국 관계를 '신형대국 관계'로 새롭게 정의하고 과거의 갈등적인 대국 관계가 아닌 전 지구적 문제에 공동으로 대처하는 협력적인 대국 관계를 지향할 것에 합의했다. 구체적으로 사이버 보안, 북핵을 포함한 글로벌 안보, 경제, 환경 문제 등에 대해 폭넓은 대화를 가졌고, 일부 중요한 합의를 이끌어내기도 했다. 주요 합의내용은 센카쿠/댜오위댜오를 둘러싼 영유권 분쟁 문제에 관해서 평화와 안정을 위해 노력한다는 점과 북한 핵 문제에 있어서 북한을 핵보유국으로 인정할 수 없으며, 비핵화가 대북정책의 목표라는 인식을 확인했다. 환경 문제에 있어서도, 수소불화탄소 생산과 소비 감축을 통해 지구온난화 문제에 협력하여 대응하기로 하고 공동성명을 채택하였다. 따라서 2013년 6월의 미중 정상회담은 중국이 미국에 견줄 만한 초강대국으로서 미국과 양강체제(G2)를 형성하고 국제체제를 공동으로 관리할 만한 위치에 올라섰다는 것을 보여주는 계기가 되었으며, 미·중 간의 협력적 관계는 더욱 공고해졌다.

2) 미중 관계는 현재 진행형인가?

2019년은 미중 수교 40주년이다. 미중 관계는 40년 동안 갈등-화해-협력의 과정을 경험하였고, 40년 전 중국과 미국의 사람들 왕래는 매년 겨우 몇 천 명이었지만, 2017년 쌍방 사람들 왕래는 530만 명을 넘어섰다. 또한 40년 전 중국과 미국의 무역액은 25억 달러에 그쳤지만, 2017년 쌍방 무역액은 이미 5,800억 달러를 초과했다. 2017년 양국 간 각종 투자 총액은 누계로 2,300억 달러를 초과했다. 그리고 40년 동안 미국과 중국은 지역, 글로벌 차원에서 광범위한 협력을 전개했으며, 글로벌 이슈(국제테러리즘, 국제금융 위기)에 대응하면서 미국과 중국의 교류와 협력은 역사적인 발전을 성취했다. 이러한 미중 관계의 발전은 양국 국민들에게 거대한 이익을 가져왔을 뿐만 아니라 아시아 태평양 지역과 세계의 평화, 안정, 번영을 촉진했다. 미국과 중국의 트럼프 대통령과 시진핑 주석은 아르헨티나 정상회의에서 합의한 공통 인식을 잘 실천하고 있다. 또한 호혜와 윈윈(互惠互利)의 기초위에서 협력을 확대하고, 상호 존중의 기초 위에서 갈등을 관리하고, 협조(協調), 협력(合作) 안정(穩定)을 기조로 하는 미중 관계를 추진하고 있다. 하지만 최근 중국이 중국몽 실현과 지역패권을 추진하고, 미국의 중국 부상에 대한 견제가 상충되면서 양국 관계는 새로운 기회와 도전에 직면해 있다.

(1) '현대 중국'의 출발점: 작은 거인이 일어서다.

1978년 12월 22일은 마오쩌둥의 권력을 누가 이어받을 것인가를 결정한 날이며, 지금의 중국이 시작된 날이다. 덩샤오핑은 마오쩌둥의 공식적인 후계자인 화궈펑(華國鋒)과 권력투쟁을 했다. 당시 화궈펑은 "마오쩌둥이 결정한 것과 지시한 것은 모두 옳다(이른바 '양개범시': '무릇 두 가지는 무조건 옳다'는 뜻)"를 정치적 표어로 들고 나왔다. 반면, 덩샤오핑은 마오쩌둥이 남긴 말인 '실사구시'를 표어로 들고 나왔다. 마오쩌둥은 대체로 옳지만 그의 말 중에 현실에 부합하고 실리를 안겨줄 수 있는 것만 유연하게 적용해야 한다는 함의가 담겨 있었으며, 마오쩌둥의 권위를 손상시키지 않으면서도 자신만의 정책과 비전을 펼쳐나갈 가능성을 보여주었다. 그리고 대기근과 문화대혁명, 인구폭증과 식량부족, 가난으로 점철된 중국에 염증을 느끼던 당원들은 개혁개방을 암시하는 덩샤오핑의 실사구시에 열광했고, 새로운 중국의 지도자는 '작은 거인' 덩샤오핑이 되었다. 이처럼 1976년 마오쩌둥이 사망하고 덩샤오핑이 실권을 잡게 되면서 미중 관계는 새로운 전환기를 맞이하게 된다.

현대 중국의 출발점을 이루어 낸 덩샤오핑은 선부론, 도광양회, 집단지도체제의 세 가지 중요한 원칙을 내세웠다. 첫째, 선부론(先富論)이다. 1985년경부터 덩샤오핑이 주창한 개혁개방의 기본 원칙을 나타내는 것이다. 그 내용은 "능력 있는 사람부터 먼저 부자가 되어라. 그리고 낙오된 사람을 도와라"라는 것이다. 덩샤오핑과 그의 측근들은 당 내 보수파의 반대를 물리치고 개혁 조치들을 도입했다. 농업 생산의 주체를 집단농장에서 개별 농가로 전환하는 포산도호정책이 시범적으로 시행되어 전국적으로 확대되었다. 그리고 선전을 필두로 주하이, 산터우, 샤먼 경제특구가 세워져 화교 자본을 끌어들였다. 그는 '사회주의 시장경제론'을 도입했고, 그 결과 중국을 미국과 패권을 겨루는 'G2'의 쌍두마차로, '세계의 공장'으로 부상시켰다. 이러한 중국의 '선부론'은 먼저 동쪽의 특구와 해안 지역부터 부유해지고 이어 서부와 내륙이 따라간다는 것으로, 1978년 개혁과 개방 이후 중국 경제정책의 핵심논리였다

둘째, '도광양회(韜光養晦)'를 백 년 간 지속하라.[2] 덩샤오핑의 대외 정책기조인 '도광양회(韜光養晦: 칼날이 칼집에서 빛을 감추고 어둠 속에서 은밀하게 힘을 기른다)'라는 한자어로 '자신의 힘을 숨기고 때를 기다린다. 우리는 선두에 서지 않는다. 국력이 충분하지 않으며 결코 좋은 일은 아니며 주도권을 많이 잃게 될 수 있다'라는 의미를 포함하고

---

2) 도광양회는 1990년대 덩샤오핑 시기 중국의 외교방침을 지칭한다. 덩샤오핑(鄧小平)은 1980년대 개혁·개방정책을 취하면서 도광양회를 대미정책을 달성하기 위한 대외정책의 뼈대로 삼았다. 이는 국제적으로 영향력을 행사할 수 있는 경제력이나 국력이 생길 때까지는 침묵을 지키면서 강대국들의 눈치를 살피고, 전술적으로도 협력하는 외교정책을 말한다.

있다. 이것은 당시 중국으로서는 최선의 외교 안보 전략 기조였다. 왜냐하면 선진산업국인 일본과 미국과의 관계를 회복하는 것이 한때 형제국가였으나 가장 위협적 적성국이 된 소련의 위협에 맞서는데 도움을 줄 수 있었다. 또한 중국이 필요로 하는 기술과 자본을 보유하고 있으며, 선진적인 산업경제를 보유한 일본과 미국을 끌어들일 필요가 있었기 때문이다.

셋째, 집단지도체제3) 정립으로 견제와 균형의 정치학을 이끌어내었다. 문화대혁명의 폭주와 천안문의 분열을 모두 피해 갈 수 있도록, 권력의 집중과 견제가 정교하게 균형을 이루게끔 해 준 집단지도체제 정립이다. 개혁개방이 순조롭게 이루어지고 있었지만, 국내 정치는 개혁개방의 속도와 종착지에 관해서 10여 년에 걸쳐 논쟁이 계속되고 있었다. 천윈(陳雲)을 중심으로 한 보수파와 덩샤오핑을 중심으로 한 개혁파는 수많은 정책을 둘러싸고 사사건건 부딪치고 있었다. 특히 1980년대 중국에서는 의도치 않게 보수파와 개혁파가 주도권을 주고받게 되는데, 역설적으로 이것이 안정적으로 개혁을 지속할 수 있는 토대가 되었다.

덩샤오핑은 견제 받지 않는 권력을 가진 지도자가 폭주했을 때 나타날 참혹한 결과를 우려했다. 그 결과 중국에서는 독특한 집단지도체제가 거의 제도화된 관행으로 자리 잡았다. 중국의 집단지도체제는 7인으로 이루어진 정치국 상무위원들이 국가를 통치한다. 상무위원

---

3) 집단지도체제(collective leadership system)란 단일 조직구조 안에 권력을 분산시키는 구조다. 공산당과 사회주의 국가의 이상적 통치형태라고 여겨진 바 있다. 소련 집단지도체제가 특히 유명하다. 중화인민공화국은 덩샤오핑 집권기인 1970년대부터 집단지도체제를 구축하여, 중국공산당 중앙정치국 상무위원회가 그 집단지도부의 역할을 했다. 하지만 장쩌민이 스스로를 '동급자 중 1인자'로 공식화하는 등 그 지속성에 불안요소가 보이더니, 2018년 시진핑이 주석 임기 제한을 폐지하면서 집단지도체제 시대가 완전히 끝났다고 평가되고 있다.

들은 각자의 영역에서는 최대한으로 자율성을 누리지만, 국가의 중요한 결정은 상무위원회에서 반드시 합의를 거쳐서 이루어져야만 하는 것으로 권력자를 견제하는 제도적 수단이 되었다. 이러한 덩샤오핑의 선부론, 도광양회, 집단지도체제의 삼두마차는 이후 장쩌민(江澤民) 시대에도 잘 작동했다.

(2) G2시대의 시작

오늘날 미중 관계가 세계에서 가장 중요한 이슈로 부각되면서 미중 관계의 변화에 초점이 맞추어지고 있다. 왜냐하면 중국의 40여 년 간의 급속한 성장은 기존의 미국 중심의 단극적 국제질서를 변화시키며 양국 간의 경쟁을 촉발시키고 있기 때문이다. 이러한 중국의 부상으로 미중 패권경쟁이라는 시각이 생겨났다. 하버드대의 니알 퍼거슨(Ferguson) 교수가 차이메리카(Chimerica) 또는 차메리카(Chamerica) 등의 용어를 2007년 3월 영국의 센데이 텔라그라프(Sunday Telegraph)에 발표하면서 G2론이 중·미 관계를 의미하는 용어로 사용되기 시작했다. 그는 세계 최대 소비국인 미국과 최대 저축국인 중국이 상호 의존하는 이익공동체로서 세계경제에 긍정적인 영향을 발휘할 것임을 언급하였다.

중국은 개혁개방을 시작한 이후 40여 년 간 지속적인 경제성장을 해 왔다. 2006년 이후 5년간 세계 1위의 외환보유고를 기록했고, 2009년에는 독일을 제치고 세계 제1위 수출대국이 되었다. 2010년에는 구매력 기준 GDP에 있어 일본을 추월하고 세계 2위의 경제대국으로 부상했다. 이제는 중국이 적어도 경제적으로는 미국의 패권에 버금가는 국가로 성장했다. 따라서 세계 생산량의 1/3, 교역량의 1/5를 차지하는 미국과 중국은 쌍무 관계만 따질 수 없는 글로벌 국가가 되었다. 또한 중국의 급격한 부상은 중국이 과연 미국에게 위협인가 아니면 미국과 함께 세계질서를 재편해야 할 협력자인가라는 문제에 대한 논쟁을 불러 일으켰다. 수십 년간 미국과 함께 대소 견제를 해 왔고, 개혁을 통해 자본주의 시장경제체제를 공고히 해 왔다는 점에서 소련과는 다르다. 하지만 여전히 사회주의 체제를 고집하고 있고 강한 민족주의적 성향을 띠면서 미국과 잠재적 갈등을 내포하고 있다. 따라서 '중국의 부상을 어떻게 보느냐'가 탈냉전기의 새로운 미국 대외정책의 구축에 결정적 변수가 되기 시작했다.

1990년 이후 미중 관계는 갈등과 협력을 오갔다. 특히 1991년 소련이 해체되면서 중국이 급속하게 부상하자 미국은 중국을 미국의 패권에 도전할 수 있는 가장 심각한 국가로 간주하고 중국을 견제했다. 냉전 종식 이후 미국 대외정책의 목표가 '세계 유일의 초강대국' 지위를 유지하면서 '새로운 경쟁국의 재등장을 막는 것'인데, 중국을 '새로운 경쟁국'으로 삼은 것이다.

1987년 중국의 천안문 사태와 1991년 사회주의 체제 붕괴 과정을 거치면서 1989년 등장한 부시 행정부와는 전략적 관계의 악화기를 거치게 되었다. 이후 클린턴 행정부 1기에는 중국의 부상이 세계평화를 위협한다는 내용의 '중국 위협론'이 확산되었다. 하지만 경제 분야의 갈등 전망에도 불구하고 상호의존이 증가하면서 양국은 협력 관계를 유지하였다. 특히 클린턴 행정부는 미중 관계에 있어 일방주의보다는 다자협력을 선호했다. '포용과 확대(engagement and enlargement)', '평화를 위한 동반자 관계(partnership for peace)', '전략적 동반자 관계(strategic partnership)'를 유지하려고 했다. 하지만 1995년 대만 위협 위기와 1999년 유고대사관 오폭으로 인해 또 다시 갈등 관계가 지속되었다. 특히 2001년 부시(George W. Bush) 행정부 출범하면서, 미국은 군사와 안보에 초점을 두고 힘에 바탕으로 한 현실주의적인 외교에 초점을 맞추고 있었다. 특히 미국은 핵무기와 미사일 위협으로부터 미국과 우방국보호에 초점을 둔 미사일 방어체제(MD)를 우선시 하고 있었다. 이러한 상항에서 2001년 4월 미중 군용기 충돌, 미국의 대(對) 대만 무기판매, 인권 문제 등이 불거지면서 미중 관계는 경색되기 시작했다. 그러다가 2001년 9·11테러 사건을 계기로 중국이 미국 주도의 반테러 국제공조노력에 협조하면서 미중 관계는 조금씩 화해 협력 분위기로 전환되기 시작했다. 즉, 9·11테러 이후 미중 양국은 수차례에 걸친 양국 정상회담을 통해 '건설적 협력 관계'의 궤도에 진입했다.

2005년 1월, 부시 2기 행정부 출범하고, 2005년 8월 제1차 미중 전략 대화가 베이징에서 개최되었다. 동년 9월 유엔(UN)정상회의를 계기로 미중 정상회담을 가졌으며 2005년 11월 부시 대통령의 방중 시 '미·중 간 건설적 협력 관계 지향'에 합의했다.

부시 행정부에 이은 오바마 행정부의 출범(2009.1.20) 이후 미중 양국은 외교장관 상호 교환 방문(2009.2, 2009.3) 및 2009년 4월 런던 G20 정상회의를 계기로 미중 정상회담 개최 등 양국 관계의 안정적 우호 협력 분위기 조성을 위해 노력했다. 그리고 미국과 중국은 양국 관계를 '적극적·협력적·포괄적 관계(positive, cooperative and comprehensive relationship)'로 규정하였다. 그 후 2009년 11월 오바마 대통령의 중국 방문을 통해 미중 양국은 전략적 상호 신뢰 구축 및 심화를 위해 노력키로 하고, 범세계적 문제에 공동 대응하는 파트너로서 서로를 인정했다.

오바마 행정부는 출범 이후 중국을 G2(Group of Two)[4]라고 지칭하면서 국제정치를 좌우할 2강의 협력 관계를 강조했다. 네오콘이 표방한 '전략적 경쟁자(strategic competitor)'가 아닌 '전략적 협력 관계(strategic partnership)'를 추진하겠다는 의지를 표명한 것이다. 특히 G20의 회합에서 세계 최대의 채권국인 중국과, 최대의 채무국이자 기축통화국인 미국의 협력 여부가 위기 극복의 관건이라는 점이 확인되면서 G2가 더 부각되었던 것이다.

G2는 경제적 측면에서 세계 2위권 국가인 중국과 세계 1위인 미국을 이르는 말이다. 미국은 현재 세계를 이끌어나가는 초강대국이고, 중화인민공화국은 신흥 경제대국이 되었음을 의미한다. 'G2'의 용어는 처음에는 경제적인 측면, 즉 국제사회에서 중국과 미국이 상호 의존하여 2008년 이후의 금융 위기를 공동으로 관리하는 개념으로 사용되었지만 현재는 외교, 안보, 경제, 환경, 테러, 지역 분쟁, 에너지 등 포괄적인 사안에 대해서 중국과 미국이 상호 공조·협력하는 개념으로 사용되고 있다.

2008년 금융 위기 이전 중국학자나 정부관료들은 G2라는 개념을 학자들이 만들어낸 학문적 개념일 뿐이라며, 그 실체에 대해서는 회의적인 태도를 보였다. 그러나 금융 위기 이후부터는 G2의 실체를 공식적으로 인정하면서 국제사회에서 중국의 위상을 강화하기 위한 전략적 개념으로 활용하기 시작했다. 미중이 세계지배구조를 이끌어가는 쌍두마차라는 G2의 의미를 반영한 전략이다. 이러한 상황에서 2012년 11월 중국 공산당 제18차 전국대표대회(18차 당 대회)에서 당

---

4) G2는 미국과 중국을 가리키는 용어로, 미국과 중국이 세계 2강의 국가로 좁혀질 만큼 강력한 축이라는 의미를 내포하고 있는 정치적인 단어다. 즉, 실제로 서방7개국 회의나 20개국 회의는 존재하지만 'G2 회의'라는 회의기구는 없다. 따라서 G2란 사실상 미중(美中) 또는 미중 관계, 미중 정상회담의 동의어로 쓰인다.

총서기에 선출된 시진핑 국가주석은 취임에서 '중화민족의 위대한 부흥'을 약속했고, 과거의 지위와 영광을 재현하겠다는 의지와 패권 국가의 회복을 강조하였다.

2012년 말 후진타오로부터 중국공산당 중앙 총서기직을 물려받은 뒤 시진핑은 대내적으로는 1인 지배체제를 강화하고 대외적으로는 공세적 행보를 도모해 왔다. 시진핑 지도부는 '평화발전' 외교노선을 견지하면서도 주권과 영토 문제 등 자국의 핵심이익과 연관되는 사안에 대해서는 절대 양보·타협하지 않고 모든 수단을 동원하여 수호하겠다는 태도를 보여 왔다. 이러한 중국의 대외 정책은 2010년 이래 오바마 행정부가 추진해 온 '아·태재균형' 전략과의 충돌을 야기하게 되었고, 미·중 관계에서 협력보다는 대립으로 이어졌다.

2012년 오바마가 재집권에 성공하고 시진핑이 중국공산당 최고 지도자로 등장한 뒤 미중은 다양한 대화와 접촉채널을 통해 현안을 논의하고 갈등을 완화하기 위해 노력했다. 하지만 양국의 전략 경쟁은 '갈등 속의 협력'에서 '협력 속의 갈등' 관계로 전환되었다. 미·중 간의 대립 관계는 안보 분야에서뿐만 아니라 경제무역 및 정치외교 분야까지 전방위에 걸쳐 악화되었다. 특히 미중 대립은 미국이 '아·태 재균형(rebalancing)' 전략을 강화하고 중국이 '신형 대국 관계' 구축 제의와 '일대일로' 전략 추진을 통해 대응하면서 구조적 경쟁 양상으로 전개되었다. 특히 공화당의 트럼프 대통령 후보는 선거 과정에서 '미국 우선주의'를 내세우면서, 중국산 상품에 대해 45%의 고관세를 부과하여 막대한 무역적자 폭을 축소해 나가겠다고 강조했다. 그리고 트럼프 대통령은 당선 직후, 대만과 단교 이후 최초로 미국 지도자로서 대만 지도자와 전화통화를 했다. 그리고 트위터(Twitter)를 통해 중국이 무역 불균형 문제를 양보하지 않을 경우 '하나의 중국' 정책을 이행하지 않을 수도 있다고 위협했다. 하지만 트럼프 대통령은 집권 이후에는 당초의 예상과 달리 중국에 대해 전략적 타협을 추구하는 정책을 전개했다. 트럼프는 대통령 취임 이후 시진핑과의 빈번한 전화통화와 정상회담을 통해 중국이 핵심 국익으로 간주하고 있는 '하나의 중국' 원칙을 계속 존중하겠다는 점을 약속했다. 그리고 남중국해 문제는 외교노력을 통해 해결하는 것이 바람직하며 중국이 주장해 온 '신형대국 관계' 구축 제의를 수용할 것임을 밝혔다. 이에 따라 트럼프 집권 초기 미중 관계는 대만 문제와 남중국해 문제 등 지역안보 문제에서 특기할 만한 갈등을 노정하지 않고 안정적인 관계를 유지해 왔다. 트럼프 행정부의 대중정책 변화는 4월 플로리다 마라라고에서 개최된 트럼프와 시진핑 회담을 계기로 명확하게 드러나기 시작했다. 미국은 중국과의 무역불균형 해소를 위한 '100일 계획'에 합의하고, '전면 경제대화' 등 4개의 대화 기제를 설치·추진함으로써 전략 소통을 강화하여 양국 관계를 발전시켜 나가기로 합의했다. 중국에 대한 무역전쟁 선포를 유예하는 대가로 북핵 문제 등 지역안보 문제에서 중국의 적극적 협력을 유도했다. 트럼프 행정부가 6월 하순 이후부터 대만에 대해 14억 달러 상당의 무기판매를 승인하고, 남중국해에서 중국이 영유권을 주장하는 해역에 구축함을 진입시키는 한편, 중국 단동은행을 자금세탁 우려기관으로 지정하는 등 대중 압박을 강화함으로써 긴장 관계가 다시 고조되었지만, 미·중 관계는 국내 정치경제적 고려와 북한 문제 등으로 인해 전략적 타협기조를 당분간 지속될 전망이다.

〈표 1〉 1990년대 이후 미중 관계: 협력과 갈등

행정부	미중 관계	특이 사항
부시행정부	전략적 관계 악화기	• 1989년 천안문 사태 • 1991년 사회주의 체제 붕괴
클린턴 행정부 1기	협력	• 천안문 사태 이후 관계 회복기 • 중국위협론 대두 • 경제 분야의 갈등전망에도 불구하고 상호의존 증가: 미국은 인권과 최혜국 대우(MFN) 연계하지 않겠다는 선언(1994)
클린턴 행정부 2기	갈등	• 대만해협 위기(1995) • 유고대사관 오폭(1999)
부시 행정부 1기	협력	• 전략적 경쟁 관계 선언에도 불구하고 9.11 이후 협력 관계 유지 • 장쩌민–부시 크로포트 정상회담 • 남중국해에서 미 정찰기 충돌–중국에 사과(2001) • 비확산 및 대테러전쟁 협력 • 6자회담 시작
부시 행정부 2기	갈등 또는 중립적 관망	• 네오콘이 중국위협론 본격 제기했으나, 세력 약화로 관망 자세 견지 • Robert Zoelick의 이해 당사자(Stakeholder) 발언(2005) • 미중 전략 대화 시작
오바마 행정부 1기	갈등	• 전략적 동반자 관계 및 G2를 통한 세계적 차원에서의 미중 관계 모색 • 핵심이익을 둘러싼 대립: 위안화 절상, 천안함과 연평도 사건, 인권, 남중국해 영유권 갈등
오바마 행정부 2기	갈등 속 협력	• 안보 분야뿐 아니라 경제무역, 정치외교로 구조화 양상 • 아태 지역 미군 주둔을 강화하고 미 해군 전력의 60%를 이 지역에 이동 배치시키겠다는 구상 • 티벳 독립운동 지도자 달라이 라마를 2차례 백악관으로 초청해 티벳 문제를 중국견제 수단으로 활용.
트럼프 행정부	전략적 협력	• 미국은 중국과의 무역 불균형 해소를 위한 '100일 계획'에 합의 • '전면 경제대화' 등 4개의 대화 기제를 설치·추진함으로써 전략 소통을 강화 • 틸러슨 방중, '신형대국 관계' 수용 시사(2017.3) • 트럼프–시진핑 정상회담, 북핵–무역 빅딜 제의(2017.4) • 미, 남중국해, 대만, 무역제재 카드로 중국 압박(2017.5~8) • 트럼프–시진핑 통화, 안보리 결의 엄격 집행, 대북 압박 최대화 합의(2017.9)

출처: 김홍규(2010), 유호근(2012), 김준형(2012), 신상진(2017) 참조.

(3) 미중전략경제대화

미중전략경제대화(The U.S.－China Strategic and Economic Dialogue: S&ED)에 대한 구상이 처음 제기된 건 2009년 영국 런던에서 열린 주요 20개국 G20 금융 정상회의 때이다. 당시 오바마 미국 대통령과 후진타오 중국 국가주석이 이 정상회의에서 만나 두 나라 간 협력의 필요성을 강조하였고, 양국 관계의 기조를 확실히 다지기 위해 기존의 고위급 대화와 경제대화를 합하여 하나의 대화 기제로 만들 것을 합의했다. 이것은 중국의 급속한 경제성장에 따른 중국의 위상 제고, 오바마 행정부 출범 등 국내 변동 요인과 함께 세계금융 위기 속에서 미중의 협력은 그 어느 때보다 중요해진 국제적 환경 변화의 산물이다.

후진타오 전 중국 국가주석과 오바마 미국 대통령의 합의에 따라, 2009년 7월 워싱턴 D.C.에서 제1차 미중전략경제대화를 통해 광범위한 이슈에 대한 새로운 협의의 틀을 마련했다. 오바마 행정부는 기존 전략대화와 경제대화를 통합·격상하여, 미중협력의 포괄화, 체계화 및 대중(對中) 외교적 영향력 확대를 추진하고 이를 통해 범세계적 문제 해결의 동반자로서 중국의 적극적 책임과 역할을 유도했다. 중국으로서는 자신의 신장된 국력과 위상을 재확인하는 계기가 되었다. 그 이후 양국의 고위급 관리와 주요 분야 대표들이 매년 정기적으로 만나, 다양한 국제 문제와 경제 현안들을 논의하였다. 따라서 이러한 미중전략경제대화는 진화하고 있는 미국의 대중정책 및 미중 관계를 상징적으로 표현하고 있다고 볼 수 있다.

미국 워싱턴에서 열린 제1회 미중 전략과 경제대화는 'G2시대' 개막을 알린 것이다. 또한 미국과 중국 간 최초의 '미중 전략과 경제대화'는 21세기 초 새롭게 출현하고 있는 세계 역학 구도의 반영이며,

지난 30년 개혁·개방정책으로 경제·군사 분야에서 급속한 발전을 이룬 중국이 미국과 G2가 돼 세계 정치를 이끄는 한 축이 되는 것을 의미한다.

2009년 7월, 미국 워싱턴에서 1차 미중전략경제대화가 열렸다. 미국 측에서는 힐러리 클린턴 국무장관, 티머시 가이트너 재무장관, 벤 버냉키 연방준비제도 이사회 의장을 비롯해 정·재계 주요 인사들이 참석했으며, 중국 측에서는 왕치산(王岐山) 부주석과 다이빙궈(戴秉國) 외교담당 국무위원을 필두로 인민은행 총재 등 주요 부처 고위급 관리들이 참석했다. 당시 세계금융 위기로 인해 어려움에 처해 있었기 때문에 미국과 세계 주요 강대국으로 떠오른 중국이 머리를 맞대고 주요 현안을 논의하고 대책을 마련해야 했다. 그래서 현재 미중전략경제대화는 미국과 중국 간 가장 중요한 고위급 대화채널로 자리 잡았다.

미중전략경제대화는 2009년 성립된 대화 채널로, 매년 주요 이슈에 대해 의견을 교환하고 있으며, 전략경제대화(SED)와 고위급대화(SD) 두 개의 트랙으로 구성되어 있다. 그리고 2009년부터 양국 수도에서 번갈아가며 개최되는 연례 양자 고위급회담이 되었다. 이러한 미중전략경제대화는 양국의 전략적·경제적 관심사는 물론이고 지역과 국제 정세, 환경과 인권, 무역 등 폭넓은 현안을 논의하고 있다. 그리고 중국 위안화 절상 문제와 기업 간 투자, 기후 변화, 북한 핵 문제 등 양국 간 현안이 포괄적으로 논의되고 있다.

제2차 미중전략경제대화가 중국 베이징에서 2010년 5월 24~25일 진행되었다. 이번 대화는 왕치산 부총리와 가이트너 미 재무장관이 주재하는 경제대화와 다이빙궈 중국 외교담당 국무위원과 클린턴 미 국무장관이 주재하는 전략대화가 따로 진행되어 경제 문제뿐 아니라 국제 현안이 집중 논의되었다. 이 회의에서 미국과 중국은 환경과 에너지, 해양 등 26개 분야에서 상호 협력하는 내용의 협력의향서를 체결했다. 그리고 미국과 중국은 상호 보호무역을 경계하고 투자 환경을 개선한다는 데 합의했으며, 국제금융기구의 역할 강화에 합의했다.

제3차 미중전략경제대화가 2011년 5월 9~10일 이틀간 워싱턴에서 개최되었다. 이번 대화에서 '강력하고 지속 가능하며 균형 잡힌 성장과 경제협력을 위한 포괄적 합의'를 발표하였다. 또한 양국은 투자보호협정 협상을 계속 추진하고 지식재산권 보호를 강화키로 했으며 상품의 품질 향상, 식품안전 분야에서의 협력을 확대키로 했다. 그리고 무역균형 및 금융 분야 협력을 강화키로 합의했다.

제4차 미중전략경제대화가 2012년 5월 3일~4일 이틀 동안 중국 베이징에서 개최되었다. AP통신에 따르면 미중은 이 대화에서 67개 부문에 걸쳐 합의를 이루었고 상호 Win-Win하는 결과를 가져왔다. 미중은 상호존중하고 상호이익을 추구하는 협력적인 동반자 관계를 진일보시켰다는 긍정적인 평가를 내놓았다. 구체적으로 거시경제정책 공조 강화, 무역 및 투자 개방 확대 촉진; BIT 협상 추진 노력, 중국의 WTO GPA 가입 논의 지속 약속, 국제규범 및 글로벌 경제 거버넌스 구축과 금융시장 안정 및 개혁; 중국, 금융서비스 시장개방을 확대하기로 약속하였다. 또한 대북 핵 문제 협력과 제2차 전략안보대화 개최 및 미중해양안전대화 기제 수립에 합의하였다.

제5차 미중전략경제대화가 2013년 7월 10~11일 양일간 워싱턴에서 개최되었다. 미국 쪽에선 제이컵 루 재무장관과 윌리엄 번스 국무부 부장관, 중국 쪽에선 왕양(汪洋) 부주석과 양제츠(楊潔篪) 외교담당 국무위원이 참가해 경제, 외교 현안 등을 논의하였다. 특히 미국은 경제 이슈에, 중국은 전략 이슈에 무게 중심을 둔 반면, 중국은 양국 정상이 합의한 '신형대국 관계'를 좀 더 구체화하는 것에 초점을 두었다. 양국은 미중 정상회담에서 기후 변화와 북한의 핵 문제에서는 협력을 약속한 바 있지만, 사이버 안보와 지적재산권 침해, 영토 분쟁, 중국의 환율 조작에 대해서는 양국의 입장차가 첨예해 이번 전략경제대화에서도 이 분야에 대해서는 입장차를 좁히지 못했다. 하지만 이 대화에서 양국은 경제정책 공조 강화를 통해 환율 유연성을 제고하기로 약속하였다. 또한 무역 및 투자 개방 확대 촉진과 글로벌 협력 및 국제규범 강화에 합의하였다. 또한 금융시장 안정 및 개혁 추진하고 금리 자유화, 금융시장 개방 확대를 합의했다.

제6차 미중 전략 및 경제대화가 2014년 7월 9~10일 이틀간 중국 베이징에서 열렸다. 전략 트랙에서는 양국 간 협력 증진이 필요한 분야를 비롯하여 지역 및 글로벌 이슈, 에너지 및 기후 변화, 환경보호, 과학기술 및 농업, 건강 분야의 협력 방안이 논의되었다. 그리고 경제 트랙에서는 경제정책 협력 강화, 무역 및 투자 개방 촉진, 글로벌 협력 및 국제규범 강화, 금융 안정 및 개혁 등에 관한 분야에서 다양한 이슈들이 논의되었다. 여전히 기존 미중 대화가 안고 있는 한계를 크게 벗어나지 못했으나 일부 사항에 있어서는 상당한 진전이 있었던 것으로 평가된다. 특히 WTO 정보기술협정(ITA) 확대 협상 재개 논의, 양국 간 투자협정(BIT) 체결을 위한 협상 일정 제시, 중국 반독점법 집행기관의 투명성 제고, 서비스 시장 발전을 위한 시장개방 등의 항목에서 이전과 달리 보다 심도 있는 논의가 이루어졌다.

제7차 미중전략경제대화가 2015년 6월 23~24일 양일간 워싱턴에서 열렸다. 이 회담에서 양국은 경제정책 공조 강화(8개), 무역 및 투자, 개방 촉진(20개), 금융시장 안정 및 개혁 추진(9개), 글로벌 협력 및 국제규범 강화(12개) 등, 총 49개 세부 항목에 대해 논의와 합의를 도출했다. 그리고 양국 간 투자협정(BIT) 협상, 중국의 금융서비스시장 개방 확대 및 통계의 투명성 제고 분야 측면에서 이전에 비해 성과를 거둔 것으로 평가된다.

제8차 미중전략경제대화는 2016년 6월 6~7일 양일간 베이징에서 열렸다. 이 회담에서 양국은 통상 분쟁, 인권 문제, 남중국해 문제 등 주요 이슈에 대한 입장 차가 있었지만, 인위적 위안화 평가절하 제한에 합의했다. 그리고 철강 분야 과잉생산 제한 및 좀비기업을 정리하기로 합의하고, 북한 핵보유국 불인정 등에 대해서도 합의하였다.

하지만 2017년 비슷한 성격의 회담인 '포괄적 경제대화(CED)'를 트럼프 행정부가 추진했지만, 100일 만에 폐지되었고, 잠정적으로 미중전략경제대화가 중단되었다. 그리고 최근 2020년 미국과 중국이 트럼프 행정부가 들어서면서 중단됐던 경제회담을 3년 만에 재개하기로 합의했으며, 양국이 무역전쟁 휴전 선언을 앞두고 외교적 대화 창구를 늘리고 있다.

〈표 2〉 1~8차 미중 전략·경제 대화 주요 내용

구분	시간 및 장소	주요 내용
1차	2009.7.27~28 워싱턴	• 지속 가능한 균형성장을 위한 거시경제 및 구조개혁정책 추진 • 투명하고 개방적인 금융시스템 구축; 금융 위기 재발 방지 노력 • 무역 및 투자 관계 강화; 무역 및 투자 시스템 개방 노력, 보호주의 반대 • 국제금융기구의 개혁과 기능 강화
2차	2010.5.24~25 베이징	• 경제회복 강화와 균형성장 촉진 • 양국 간 무역 및 투자확대 협력 합의 • 탄력적이고 개방적인 금융시스템 구축 • 국제금융기구의 역할 강화

구분	시간 및 장소	주요 내용
3차	2011.5.9~10 워싱턴	• 지속 가능한 균형성장 촉진과 경제협력을 위한 포괄적 합의' 발표 • 지속 가능한 균형발전 촉진 • 무역 및 투자 협력 강화 • 금융시스템 강화와 금융감독 개선
4차	2012.5.2~3 베이징	• 거시경제정책 공조 강화 • 무역 및 투자 개방 확대 촉진; BIT 협상 추진 노력 • 중국의 WTO GPA 가입 논의 지속 약속 • 국제규범 및 글로벌 경제 거버넌스 • 금융시장 안정 및 개혁; 중국, 금융서비스 시장개방을 확대하기로 약속
5차	2013.7.10~11 워싱턴	• 경제정책 공조 강화; 양국은 환율 유연성 제고하기로 약속 • 무역 및 투자 개방 확대 촉진(양국 BIT 협상 방식을 '네거티브 리스트'로 합의, 상하이 자유무역시범구의 서비스 개방) • 글로벌 협력 및 국제규범 강화 • 금융시장 안정 및 개혁 추진; 금리 자유화, 금융시장 개방 확대
6차	2014.7.9~10 베이징	• 경제정책 공조 강화(양국, 환율 유연성 제고하기로 약속 (중국, 18기 3중 전회에서 제시한 환율개혁 지속) − 무역 및 투자 개방 확대 촉진) • 정보기술협정(ITA)협상 재개, BIT 협상 일정 제시, 중국 서비스시장 점진 개방 • 글로벌 협력 및 국제규범 강화; 다자체제(G20, APEC 등) 내 양국 협력 강화 • 금융시장 안정 및 개혁, 금융시스템 관리감독 강화, 중국의 금융시장 개방 확대
7차	2015.6.23~24 워싱턴	• 양국은 경제정책 공조 강화(8개), 무역 및 투자 • 개방 촉진(20개), 금융시장 안정 및 개혁 추진(9개), 글로벌 협력 및 국제규범 강화(12개), 총 49개 세부 항목에 대해 논의와 합의를 도출 • 양국 간 투자협정(BIT) 협상, 중국의 금융서비스시장 개방 확대 및 통계의 투명성 제고 분야 측면에서 이전에 비해 성과를 거둔 것으로 평가
8차	2016.6.6~7 베이징	• 통상 분쟁, 인권 문제, 남중국해 문제 등 주요 이슈에 대한 입장 차가 있었지만 인위적 위안화 평가절하 제한 합의 • 인위적 위안화 평가절하 제한 • 철강 분야 과잉생산 제한 및 좀비기업 정리 • 핵보유국 불인정 등에 대한 합의

출처: KOTRA 베이징 무역관, 나수협(2011).

3) 미중 관계의 미래: 미중 무역 갈등은 어디까지 가나?

2017년 트럼프 취임과 시진핑 재집권 이후 최근 국제정치의 핵심화두는 미중 전략적 경쟁 및 갈등과 이에 따른 '불확실성(uncertainty)'의 심화라고 할 수 있다.

시진핑 정부는 덩샤오핑 이후 '도광양회(韜光養晦)' 외교 전략 대신 '신형대국관계론'을 발표하며, 국제사회에서 보다 적극적이며 공세적인 외교 전략을 구사하고 있다. 중국의 꿈(中國夢)을 이룩하자는 것을 기치로 21세기 판 실크로드인 일대일로 프로젝트와 아시아 인프라투자은행(AIIB) 설립을 추진을 통해 지역패권을 차지하려고 한다. 이에 대해 트럼프 행정부는 '힘의 우위를 통한 평화(peace through strength)'를 강조하면서 중국의 영향력 확장을 견제하는 동시에 동아시아에서 미국의 영향력을 유지하려고 한다.

미국은 오바마, 부시, 클린턴 행정부 당시에도 중요한 논쟁거리였던 '부상하는 중국을 어떻게 다뤄야 하는가'에 대해 트럼프 행정부도 고민에 빠져있다. 중국의 경제·군사적 힘이 미국을 추격하자, 트럼프 행정부는 '아메리카 퍼스트(America First)'의 기조를 대두시켰고, 중국의 부상에 적극적이고 공세적인 대응 전략을 취하기 시작했다. 따라서 이러한 미중 마찰을 강대국들 사이의 무역·통상이슈를 둘러싼 전략적 경쟁이라기보다 '패권경쟁의 서막'으로 보는 시각이 생겨났다. 왜냐하면 미국의 목적은 당초 중국에 대한 압박의 빌미로 삼았던 무역적자를 해소하는 것이 아니며 중국의 도전(challenge)에 관한 '의지'와 '능력'을 '굴복' 또는 '좌절'시키는 데 있다고 보기 때문이다.

만약 미중 마찰이 패권경쟁의 서막이며 '국가안보'를 명분으로 한다는 점에서 뚜렷한 전환의 계기가 마련되지 않는다면 향후 분쟁 양상은 이슈와 영역을 달리하며 장기간에 걸쳐 지속될 것이다. 이러한 시각을 뒷받침하듯 미중 무역전쟁은 군비경쟁, 이념경쟁으로까지 격화되고 있으며 인공지능, 사이버, 우주 등의 영역에서도 주도권을 놓고 상호 경쟁이 가열되고 있다.

특히 트럼프 행정부 출범 이후 미국은 중국을 미국의 가치와 이익을 위협하는 세력으로 규정하면서 실제로 중국에 대한 군사적 압박이 강화됐고, 남중국해에서 긴장도 고조되고 있다.

미국 세계 전략의 핵심은 글로벌 불균형의 조정을 통해 통화·금융권력을 유지하고, 이를 위한 지정학적 환경을 구축하는 것이다. 하지만 미국의 2018년 대중국 상품 무역수지 적자는 역대 최대치인 4,196억 달러로 미국 총 무역적자의 절반에 해당한다. 트럼프 대통령은 당선 이전부터 막대한 대중 무역적자가 지속되고 있는 현 상황이 중국의 불공정 무역행위에 기인하고 있으며 이는 미국 내 실업률 증가와 중산층 쇠퇴의 주요 원인이라는 시각을 견지해 왔다. 따라서 중국에 대한 부정적 시각은 최근 들어 더욱 확대되고 있다.

미국은 2017년 8월 중국의 불공정 무역행위에 대한 제재가 가능토록 하는 통상법(301조3)을 발동했으며, 2017년 8월 이후 3차에 걸쳐 25%의 고율 관세부과를 통한 대중 무역제재를 시행하였다. 이에 대하여 중국도 미국의 1~2차 관세부과에 대응하여 미국 관세부과 규모와 동일한 500억 달러 규모의 대미 수입품에 대해 25%의 보복관세를 부과하였으며, 3차 관세전쟁에서도 미국의 관세부과 규모(2,000억 달러) 및 적용 세율보다는 적으나 총 600억 달러 규모의 추가 보복관세부과를 통해 맞대응하고 있다. 이처럼 2018년 5월 중국산 수입품에 대한 미국의 대규모 관세부과 계획 발표로 인한 미중 무역 갈등은 중국의 보복 관세부과와 미국의 잇따른 맞대응으로 점차 격화되고 있다. 과거에는 무역 갈등이 WTO체제 하에 통상적인 수준에서 견제가 이뤄졌다면 이번 갈등은 기존의 무역규칙과 규범을 넘어서 보복의 악순환이 전개되는 무역전쟁의 양상을 보이고 있다. 이러한 양국의 고율 관세부과를 통한 무역 분쟁은 양국의 경기둔화로 이어지고 있으며, 결국 관세전쟁은 양국 모두 손해를 보게 되는 마이너스 게임이 될 것이다. 그럼에도 불구하고 현재 양국 간 무역 갈등은 관세 인상의 수준을 넘어 기술 부문으로까지 확산될 조짐을 보이고 있다. 미국은 2019년 5월 중국 최대 네트워크 통신장비 기업인 화웨이(Huawei)에 대한 거래 제한 조치를 시행하였다. 대미 기술 의존도가 높은 중국기업에 대한 거래 제한 조치는 경제적 타격이 매우 클 것으로 예상되며, 이에 대응하는 중국의 보복성 조치가 발휘될 경우 양국 간 무역 갈등

〈표 3〉 미-중 무역 갈등 주요 내용

일시	이벤트	주요 내용
2017년 4월	(미중 정상회담) 시진핑 주석 방미	• 미중 무역 불균형 시정을 위한 100일 계획 합의
2017년 8월	(미국) 통상법 301조 발동	• 대중 불공정 무역행위 조사 개시
2018년 7월	1차 상호 관세부과	(미국) 818개 340억 달러 대중 수입품 25% 관세 부과
		(중국) 545개 340억 달러 대미 수입품 25% 관세 부과
2018년 8월	2차 상호 관세부과	(미국) 279개 160억 달러 대중 수입품 25% 관세 부과
		(중국) 114개 160억 달러 대미 수입품 25% 관세 부과
2018년 9월	3차 상호 관세부과	(미국) 5,745개 2,000억 달러 대중 수입품 10% 관세 부과
		(중국) 5,140개 600억 달러 대미 수입품 5~10% 관세 부과
2018년 12월	(미중 정상회담) 아르헨티나 G20 정상회의	• 미국의 대중 관세 추과 부과 유예 • 향후 90일간 무역 협상 개시
2019년 5월	3차 부과세율 상향 조정	(미국) 해당 관세 10% → 25% 상향 조정
		(중국) 해당 관세 5~10% → 5~25% 상향 조정
	(미국) 추가 무역제재 발표	• 미 무역대표부 3,805개 3,000억 달러 대중 수입품 추가 25% 관세 부과 계획 발표(5/13) • 미 상무부 화웨이 및 68개 계열사 거래 제한 기업명단 등재(5/16)
2019년 6월	(미중 정상회담) 일본 G20 정상회의	• 미국 대중 추과 관세(3,000억 달러 대상) 부과 유예 • 거래 제한 명단에서 화웨이 제외 가능성 언급 • 재개 합의

출처: 김한수(2019: 3) 참조.

은 관세전쟁을 넘어 기술 냉전시대 돌입이라는 최악의 상황을 초래할 수 있다.

 분명히 세계 생산량의 1/3, 교역량의 1/5를 차지하는 미국과 중국의 무역 갈등 심화는 글로벌 경제에 부정적인 영향을 미칠 것이다. 또한 다국적 생산 공정이 보편화된 현대의 글로벌 생산망 하에서 양국 간 관세전쟁은 당사국뿐만 아니라 여타 국가경제에도 부정적 영향을 미칠 것이다. 그럼에도 불구하고 2018년 이후 트럼프행정부가 무역전쟁도 불사하면서 미중 관계를 긴장 관계로 끌고 가는 이유는 경제적, 정치적, 전략적 동기가 복합적으로 작용한 것이다. 미국은 세계 2위의 경제대국으로 성장한 중국이 첨단산업 육성책인 '중국제조 2025' 정책을 통한 질적인 기술혁신이 미국의 미래 지위를 위협할 것이라고 판단하고 있다. 따라서 미국은 중국의 '제조업 2025' 정책 목표에 대한 강한 반감을 보이고 있으며 중국 또한 자국의 미래 경쟁력 확보 차원에서의 강경 입장을 고수하고 있어, 향후 양국 간 갈등이 기술 분야 패권 경쟁으로 확산될 가능성이 커지고 있다. 무엇보다도 미국의 중국 기업과 자본에 대한 압박은 첨단기술과 군사안보 분야의 상관성이 높기 때문에 향후 분쟁 분야와 기업이 더욱 확대될 가능성이 높다. 또한 트럼프 행정부가 '통신장비 분야(화웨이)'와 '슈퍼컴퓨터 분야(중커수광)'에 이어 다음의 목표로 삼을 가능성이 높은 분야는 '고급 감시기술 분야' 등으로 예상할 수 있다. 미국은 고급감시기술과 관련하여 북미시장의 80%, 세계 시장의 75%를 장악하고 있는 세계최대 드론업체 DJI를 타깃으로 삼을 수도 있다. 그리고 미국과 중국의 분쟁 대상은 첨단기술 분야에 이어 향후 금융 분야로 확대될 가능성이 있다. 이러한 무역 갈등은 미국과 중국의 21세기 패권을 둘러싼 전초전적 성격을 지닌다. 따라서 중국의 경우, 양국의 무역전쟁이 지속된다면 상당한 타격을 받을 것으로 예상되지만 쉽게 굴복하는 모습을 보이지 않을 것이다.

3. 미중 관계의 새로운 기회와 도전

중국의 부상은 국제사회 변화에 있어 가장 중요한 변수가 되고 있다. 중국은 40여 년의 개혁개방정책을 통해 국제체제 속에서 소극적 참여자에서 적극적 행위자로 변화되고 있다. 특히 2010년에는 국내 총생산(GDP)이 일본을 넘어서 세계 제2위로 도약해 G2의 지위로 부상하면서 미국과 함께 중요한 국가로 대두되었다. 이와 같은 변화로 인해 '과연 중국이 미국 주도의 기존질서를 바꾸고 중국 주도의 새로운 질서 수립을 추구할 것인가'에 대한 관심이 생겨나고 있다. 이러한 미중 관계는 21세기의 세계질서를 결정하는 중요한 요인이 되고 있다.

중국의 부상에 따른 미·중 간의 패권대결 발생 가능성에 따라 향후 미중 관계에 있어 낙관론과 비관론이 혼재해 있다. 우선 국제정치의 자유주의 이론에 기초해 있는 낙관론적 시각은 경제적 상호의존, 국제제도, 그리고 경제성장에 따른 민주화에 의해 중국이 기존의 국제질서를 순응적으로 받아들이면서 미·중 간 공존과 협력의 관계가 이루어질 것이라고 본다. 반면 현실주의적 이론에 근거한 비관론적 시각은 중국의 급부상은 지역패권국의 등장을 거부하는 미국의 정책과 정면으로 대립하게 될 것으로 예상하며, 중국이 새로운 헤게모니 국가가 될 것이라고 전망한다. 이러한 미중의 패권경쟁은 무역전쟁에서 시작해서 양국의 갈등을 야기해 동아시아 지역에 불안을 가져올 수 있다. 왜냐하면 미중 분쟁이 무역통상 → 하이테크 기술 → 금융 → 군사안보 등 전역에 걸쳐 확대되면서 장기적 패권전쟁으로 확대되고 있기 때문이다. 이것은 중국이 급격한 경제성장을 바탕으로 지난 10년 동안 연평균 10% 이상 군사비를 증강시키고 있는 데서 확인된다. 중국정부의 공식 발표에 따르면 중국의 군사비는 세계 6위, 미국 국방부 추정으로는 세계 2위 수준이다. 또한 중국은 위성파괴무기의 발전 등 우주개발에 적극 나서고 있으며, 미국의 미사일방어체제(MD: Missile Defence)에 대응하기 위한 핵미사일 전력 증강, 항공모함 보유 등 군사력 현대화에도 박차를 가하고 있다. 특히 중국의 항모 시대는 동북아를 비롯한 동아시아에서 전략적 각축을 예고하고 있으며, 중국의 항모 시대 진입은 G2에 걸맞은 대양해군으로 나가겠다는 의지의 표현이라고 볼 수 있다.

하지만 미중 관계는 2차 대전 이후 냉전기에서 1971년 핑퐁외교, 1979년 미중 수교를 거쳐 적대적 대결기 → 미중 접근·관계정상화기 → G2시대로 이어져 오고 있으며 2019년은 미중 수교 40년을 맞이한 해이다. 이러한 미중 관계는 양국 지도자의 오늘의 정책적 선택에 따라 방향이 달라졌다. 그리고 1979년 미중 수교 이후, 양국의 지도자들이 상호방문, 미중 정상회담 그리고 미중전략경제대화를 정기적으로 개최해 양국 간의 정치, 경제, 군사 분야뿐만 아니라 글로벌 이슈까지 논의하고 있다. 이러한 미·중 간의 변화를 토대로 본다면 상호의존과 협력 그리고 자유주의적 기조가 확산된다는 패권안정론에 힘이 실리기도 한다.

참고문헌

김강녕, 「미중 관계의 전개와 현안 문제 및 시사점」, 『한국과 국제사회』 2(2), 2018.

김동수, 「미중 관계의 변화와 신동북아 질서: 한국외교정책에 주는 시사점」, 『Journal of China Studies』 18(1), 2015.

김준형, 「G2 관계 변화와 미국의 대중정책의 딜레마」, 『국가전략』 18(1), 2012.

김한수, 「미·중 무역갈등 진행 현황 및 시사점」, 『자본시장포커스』 2019-15호, 2019.

김현욱, 「미중 관계와 한반도 정세분석」, 『주요 국제 문제 분석』, 국립외교원, 2011.

김흥규, 「미중관계의 변화와 한국의 대북정책」, 『동북아 전략환경의 변화와 한국의 대응전략』, 『동북아 전략환경의 변화와 한국의 대응전략』, 국회입법조사처, 2010.

김흥규, 「제4차 미·중 전략·경제대화와 진화하는 미·중 관계: 한국에 대한 함의와 더불어」, 『현안진단』 217, 2012.

김흥규, 「시진핑 시기 미중 새로운 강대국 관계형성 전망과 대한반도정책」, 『국방연구』 56(3), 2013.

남궁영·양일영, 「중국의 부상을 보는 두 가지 시각: 현상유지국인가, 도전국인가?: 미중 국제구조의 현재와 미래」, 『21세기정치학회보』 22(2), 2012.

나수협·김영선, 「제6차 미·중전략경제대화 주요 내용과 시사점」, 『KIEP 지역경제 포커스』 8(46), 2014.

나수협, 「제3차 미·중전략경제대화 주요 내용과 시사점」, 『KIEP 지역경제
　　　포커스』 5(25), 2011.

마상윤, 「미중 관계와 한반도」, 『역사비평』, 역사비평사, 2014.

박병광, 「최근의 미·중 분쟁과 우리의 대응 방향」, 『이슈브리프』, 2019.

배현우, 「G2 시대의 중국은 동북아에서 패권을 추구하는가?: 공격적 현실
　　　주의 관점으로 조망한 중국의 동북아 패권 전략을 중심으로」, 『국
　　　방과 기술』 422, 2014.

신상진, 「시진핑 집권 1기 중국의 대북정책 조정: 중미 관계 변화와 관련」,
　　　『통일정책연구』 26(2), 2017.

유호근, 「미중 관계의 국제지형 변화와 한반도」, 『정치정보연구』 15(2),
　　　2012.

이재현, 「Pivot to Asia는 계속될 것인가?: 오바마의 EAS 불참으로 본 Pivot
　　　to Asia의 미래」, 『Issue Brief』, 아산정책연구원, 2013.

이정남, 「중미 관계에 대한 중국의 인식: '이익 상관자', 'G2'와 '신형강대
　　　국 관계'를 중심으로」, 『현대중국연구』 15(1), 2010.

이정남, 「미중 경쟁시대에 한국의 중국에 대한 인식과 정책 한국 내 중국
　　　전문가의 인식을 중심으로」, 『아세아연구』 60(2), 2017.

이태환, 「오바마–시진핑의 미·중 정상회담과 한반도」, 『정세와 정책』 2013.

정기웅, 「평풍외교에의 재방문」, 『국제지역연구』 21(4), 2017.

주형민, 「미중 관계의 과거, 현재, 미래」, 『평화연구』 19(1), 2011.

최우선, 「미·중 관계의 동향과 전망」, 『주요 국제 문제 분석』, 국립외교원,
　　　2013.

하도형, 「시진핑(習近平) 시대의 중국 대외 정책 전망」, 『국제 관계 연구』
　　　17(1), 2012.

황병덕·김규륜·박형중·임강택·조한범, 『2011년 미·중 정상회담 평가: 동

북아 및 한반도에의 함의』, 통일연구원, 2011.

Bergsten, C. Fred, "A Partnership of Equals: How Washington Should Respond to China's Economic Challenge", *Foreign Affairs*, 87(4), July/August, 2008.

Cloud, David S., "Gates Reassures Asia of U.S. Military Commitment", *LA Times*, June 4. 2011.

Friedman, George, *The Next 100 Years: A Forecast for the 21st Century*, New York: Anchor Books, 2010.

Gertz, Bill, *The China Threat: How the People's Republic Targets America*, Washington D.C.: Regnery Publishing, Inc. Hook, 2000.

Huntington, Samuel P., "The Lonely Superpower", *Foreign Affairs*, 78(2), March/April, 1999.

Ikenberry, G. John, *America Unrivaled: The Future of the Balance of Power*, Ithaca: Cornell University, 2002.

Johnson, Loch, "Reinventing the CIA", In Randall B. Ripley and James M. Lindsay, *U. S. Foreign Policy After the Cold War*, Pittsburgh: University of Pittsburgh Press, 1997.

Steven W., "Domestic Obstacles to International Affairs: The State Department under Fire at Home", *PS: Political Science and Politics*, 36(1), 2003.

최은주(2013), 「제5차 미-중전략경제대화, 끝나지 않은 부부싸움」, 『Kotra 해외시장뉴스』,
https://news.kotra.or.kr/user/globalBbs/kotranews/3/globalBbsData View.do?setIdx=242&dataIdx=122829 (검색일 2020.2.13)

신중국 수립 후 중국 지도자들의 주요 정책에 대한 정리

조윤경

1. 중국을 이끈 세대별 지도부

지난 2019년 10월 1일 중국은 건국 70주년을 맞았다. 이날 오전 10시 북경의 천안문 광장에는 현재 주석인 습근평 주석을 비롯하여 주요 정부 요인들과 강택민·호금도 등 전 주석 및 공산당 원로들이 참석한 가운데 대규모 축하행사와 군사 퍼레이드가 개최되었다.

이날 습근평 주석은 "어떠한 세력도 위대한 조국의 지위를 흔들거나, 중국 인민의 전진을 방해할 수 없다", "일국양제 원칙을 철저히 이행할 것"이고, "단결은 쇠이며 강철이고 힘이다" 등의 내용을 연설하며, 현재의 홍콩 시위 및 미중 무역전쟁 등의 골칫거리인 사안에 대하여 언급하며, 중국의 결속 및 신중국 70주년 권위를 한층 더 강조하였다.

중국은 1949년 10월 1일 수립 후, 오늘날까지 5명의 주요 지도자를 배출했다. 제1세대 지도자인 모택동(毛澤東), 제2세대 지도자 등소평(鄧小平), 제3세대 지도자 강택민(江澤民), 제4세대 지도자 호금도(胡錦濤)를 거쳐, 현재에는 제5세대 지도자인 습근평(習近平) 주석이 중국사회를 이끌고 있다.

현재 중국이 추구하고 있는 중국몽은 건국 이래 크게 3단계의 변천과정을 거쳤다. 제1세대 지도자인 모택동은 사회주의 중국의 건설을 목표로 삼았고, 등소평은 경제발전을 목표로 삼았으며, 현 습근평 정부는 글로벌 강대국 중국의 건설을 목표로 삼고 있다.

1978년 개혁개방 후, 중국은 급속한 경제발전을 통하여, 현재 세계에서 강대국으로 입지를 굳혔고, 이에 국제적 영향력이 커짐에 따라 전 세계가 중국의 변화에 주목하고 있다. 중국의 모든 권력은 당으로부터 나온다는 공산주의 체제의 속성상 중국공산당의 지도부 및 지도자의 교체 및 정책은 신중국의 변화를 이해하는 데 큰 도움이 된다.

이 글에서는 건국 이후, 과거 70년 간의 중국의 지도자 및 그들의 정책을 정리해 보고 그들의 업적에 대해 평가해 본다.

2. 중국 주요 지도자들의 정책

1) 모택동(毛澤東)

모택동은 1893년 호남성(湖南省)의 한 농민 집안에서 셋째 아들로 태어나, 일생 동안 끊임없이 투쟁과 반란을 주도하여 전통 중국의 질서를 파괴하고 신중국을 창립한 뛰어난 혁명가이자, 사상가이며,

공산주의자이다. '모택동주의'를 창시한 사상가로 족적을 남겼으며
시인, 서예가로도 유명하다. 초기 중국 공산당의 최고 지도자였으며,
국민당과 내전을 벌인 끝에, 1949년 10월 1일 중화인민공화국을 선포
하고, 같은 해 12월에 초대 국가주석으로 취임하였다.

모택동의 대표적인 정책으로는 토지개혁과 사회주의 개조운동, 문
화대혁명을 손꼽을 수 있다.

(1) 토지개혁

모택동은 농민을 혁명 주체세력으로 보고, 중국이 혁명에 성공하려
면 농촌에서 도시를 포위하는 혁명 전략을 설정하여, 경제기초를 이
루고 있는 봉건적인 토지소유제를 붕괴시켜야 한다고 판단하였다.
이에 봉건잔재가 남아 있는 농촌의 정치사회적인 기존의 질서를 파괴
하기 위해서 토지개혁을 선행하였다. 전 인구의 80~90%를 차지하는
농촌경제 회생을 최우선 과제로 선정하여, 1950년 6월 토지개혁법을
반포해 토지소유권을 지주로부터 실질적인 경작인에게 넘기는 일부
터 시행하였다. 동북과 화북 일부 지역은 건국 이전부터 공산당이
통치한 지역으로, 이미 토지개혁을 실시하고 있었기 때문에 주로 화
중과 화남 지역 농민들을 대상으로 3단계에 걸쳐 토지개혁을 전개하
였다.

1950년 가을부터 토지개혁은 전국적으로 전개되었다. 전초 단계와
개혁 단계, 후속 단계로 나누어 실시되었고, 각 농촌 상황에 따라 융통
성 있게 추진되었다.

첫 번째 전초 단계는 토지개혁에 앞서서 토지 재분배에 대한 농민
들의 요구가 분출하도록 분위기를 만드는 단계이다. 10대 후반~20대

초 청년으로 구성된 선전대를 농촌에 보내 농민들 중 열성분자를 발탁해 계급투쟁 분위기를 유도하였다. 이리하여 기존 토지소유제 폐지를 요구하는 분위기가 고조되고 농민들 스스로 소작료 인하와 과잉징수 소작료에 대한 반환 등을 요구하는 효과가 나타났다.

두 번째는 1단계의 토지개혁을 위한 분위기가 고조된 후, 봉건잔재 일소 단계로 넘어가는 개혁 단계이다. 이는 농민대중 조직화와 토지개혁 간부 배양을 통해 지주계급과 봉건토호들을 몰아내고 토지개혁 기본 조치를 취함이 목적이었다. 이 단계를 통하여 정치적으로는 봉건사회에서 형성된 관료와 토호·지주계급을 몰아내어 봉건통치 상층구조 붕괴를 촉진시키고, 경제적으로는 농민들의 경제적 요구를 부분적으로 만족시키고자 하였다. 이러한 목적을 위해 모택동은 중앙인민정부와 행정구·성·현 정부 등이 각 단계별로 대규모 토지개혁 공작대를 양성하고, 농촌 각지에 파견하여 토지개혁 과정을 지도·감독하게 하였다. 또한 조직적인 계급투쟁을 위하여 전 촌락주민을 5개 계급으로 구분하고 내력조사·성분조사·토지량조사·재산조사·채무조사 등을 거쳐, 농민 스스로 자신의 계급성분을 보고하게 하였다.

세 번째 단계는 계급 구분 과정을 거치고 난 뒤 토지몰수와 분배가 이루어지는 후속 단계이다. 계급 구분이 완료되면 농민협회는 토지개혁법 규정에 따라 공공토지와 각 농가의 평균 소유 토지량 초과분을 몰수해 분류된 계급에 따라 분배해 주었다. 전체 경지면적·인구 수·토지의 위치 및 비옥도 등을 참조해, 양과 질적인 평등분배가 이루어지도록 하였다.

(2) 사회주의 개조운동

모택동이 신민주주의 사상에 의거하여 중국에서 혁명을 성공시킨 후 자본주의적 요소를 소멸하고 사회주의 사회로 나아가기 위해 진행한 대중 동원운동이 바로 사회주의 개조운동이다. 토지개혁이 성과를 거두자, 모택동은 도시를 중심으로 사회주의 개조를 추진하였다.

1949년 정권 건설 후 혁명 시기에 모택동은 전략적으로 공조했던 민족자본가와 소자본가 계급을 단계적으로 정리하였다. 1950년 6월 중국공산당 제7기 3중 전회에서 반혁명 분자 진압을 공산당 8대 주요 임무 중의 하나로 규정하고, 반혁명 분자에 대하여 대대적인 숙청작업을 시작하여, 이들의 기반을 완전히 진압하였다. 1953년 '삼반오반(三反五反)'운동 역시 이러한 사례로, 모택동은 이 운동을 통해서 옛 국민당 정부시절 대부분의 관료들을 숙청하고 기업부패 일소와 자본가 계급을 단계적으로 배제하는 효과를 거두었다.

또한 모택동은 1953년부터 1957년까지 경제구조를 사회주의로 개조하기 위해 제1차 경제 5개년 계획을 추진하였고, 모든 자원을 자본제 산업에 집중하여 농업·상업·수공업 등을 중앙집권식 계획 경제로 전환하는 사업을 추진하였다.

1958년 중국은 농·공업 분야의 낙후를 일소하고 비약적인 발전을 기하기 위하여 제2차 5개년 계획을 수립하였고, 이를 추진하기 위해 모택동은 대약진운동을 추진하였다.

대약진운동은 1958년 모택동의 주도 하에, "영국을 뛰어 넘어 미국을 따라 잡는다."라는 슬로건으로 야심차게 시작한 농공업 부흥정책이다. 중국을 후진농업국에서 선진공업국으로 성장시키기 위하여, 무리한 정책들을 시도하였는데, 그 내용은 다음과 같다.

첫째, 농업의 집단화이다.

모택동은 소련식 집단화를 주장하며, 중국의 모든 인민들을 생산 단위로 묶어 공용 급식소에서 배식을 시행하게 하고, 인민들에게는 국가를 위한 노동을 할당시켰다. 또한 인구 이동도 법적으로 금지 시켰으며, 사유재산은 자본주의로 연결되므로 소량의 음식조차 각 가정에 저장하는 것 역시 허용하지 않았다. 공용 급식소 운영은 무분 별하게 음식을 버리게 되어 식자재가 부족하다거나 여러 곳의 공용 급식소에서 여러 차례 식사를 하는 등의 많은 문제로 극심한 비효율 의 결과를 낳기도 하였다.

둘째, 토법고로이다. 모든 마을에 '토법고로'라는 소형 용광로를 만 들어 인해전술로 철을 생산하게 하였다. 이는 공업 부분의 발전을 위한 대약진운동으로 철강 생산량 증가를 중심으로 추진되었다. 철 강 생산량을 늘려 선진공업국으로 발돋움하고자 시행한 이 운동은 무리한 추진과 전문성의 부족으로 대실패의 결과를 낳았다. 농촌마 다 할당량을 채우기 위하여, 모든 농기구들을 고로에 녹여서 농사를 지을 수 없었고, 식사 또한 공동 배식이므로 각 가정의 솥이나 수저 까지도 모두 고로에 녹여 할당량을 채우는 등의 무리한 사태가 발생 하였다. 뿐만 아니라, 토법고로에 쓸 연료로 산에 있는 나무들을 대 량으로 베어 사용해 버렸기 때문에 대규모의 홍수 및 산사태까지 발 생하였다.

셋째, '제사해운동'이다. 참새를 해로운 새라고 하여, 전국적으로 참새 2억 마리가 죽게 되고, 이로 인해 참새가 잡아먹던 병해충들이 곡식에 들끓어, 농사 역시 대실패 하였다. '제사해운동'의 사해란 참 새·쥐·모기·파리를 가리킨다.

넷째, 밀경밀식법(密耕密植法)이다. 이는 '벼 **빽빽**하게 심기'로, 기존

보다 벼를 **빽빽**하게 심으면 벼가 더욱 잘 자라고 수확량도 많을 것이라는 계획으로, 이를 시행하였다. **빽빽**하게 심은 벼는 다른 벼와 광합성 경쟁을 하면서 낟알이 줄고 잎의 크기는 더욱 커지게 되어, 생산량이 떨어질 뿐만 아니라, 벼끼리 성장을 방해하면서 병충해가 더욱 심해져 크나큰 농촌 재앙을 불러 일으켰다.

이처럼 과도하게 할당된 목표량을 달성하기 위해 노동자·농민은 생산량만 중시했기 때문에 제품의 질은 형편없었고, 각종 통계와 결과보고 역시 과장되거나 조작되었다. 이 같은 상황 속에서 추진된 농촌의 인민공사화(人民公社化)는 오히려 식량생산량을 감소시켰다. 뿐만 아니라, 생활의 공동·집단화는 각 가정의 소멸로 인해 농민들의 생활의욕을 크게 감퇴시켰다. 자급자족을 위한 각종 공산품 제조도 전문적 기술과 성의 부족으로 조잡품만 생산하였으므로 결국 자원과 인력 낭비만 가져왔다.

대약진운동이 진행되었던 4년간, 병충해가 들끓었고 철생산을 위하여 농기구 및 식기구가 없어졌으며, 산사태와 홍수로 질병과 대기근이 퍼졌다.

1979년 중국의 자체 조사결과로 이 기간의 사망자는 4,300만~4,600만 명으로 집계되었고, 대약진운동의 실패로 중국 공산당 내부가 분열되기 시작하였으며, 모택동의 입지는 크게 약화되어, 1959년 4월 국가주석직을 사임하였다.

모택동의 뒤를 이어 류소기(劉少奇)와 등소평(鄧小平)이 실용주의 노선을 타며 정국을 주도하자, 이에 대한 불만과 권력에 대한 야욕으로 모택동은 임표(林彪)와 함께 류소기를 실각시켰다. 이후, 대약진운동 추진 중, 자신의 정책을 비판하던 지식인들에게 불만을 품고, 청년들을 선동하여 '문화대혁명'을 일으켰다.

다음으로는, 개혁운동이었으나 모택동의 권력싸움의 일환으로 시대의 지식인·정치인·문화인들의 희생극으로도 평가되고 있는 문화대혁명에 대한 내용이다.

(3) 문화대혁명

문화대혁명의 정식 명칭은 '무산계급 문화대혁명'으로, 줄여서 '문화대혁명' 또는 '문혁'이라고도 칭하며, 1966년부터 약 10년간 진행되었다.

1966년 8월에 시작된 문화대혁명은 네 가지 낡은 것(구사상, 구문화, 구풍속, 구습관)을 몰아내고 네 가지 새로운 것(신사상, 신문화, 신풍속, 신습관)을 세운다는 명목으로 수백만 명의 홍위병들이 중국 전역을 휘저으며 사상교화에 나섰다.

전국 각지에서 시대의 핍박을 받아오던 청년들을 동원하여 1,300만 명의 홍위병을 조직하고, 모택동 자신과 대립하는 공산당 지도자들과 맞서는 데 이들을 이용하였다. '홍위병'은 모택동을 신격화하고, 자본주의 및 부르주아 세력들을 혐오하는 학생단체를 가리키며, 문화대혁명 기간인 10년 동안, 모택동이 정치권력을 찾기 위한 목적으로, 이들을 통해 반대파들을 압박하고 처형하였다.

교수 및 학자인 지식인들은 공개처벌 됐고, 모든 대학은 문을 닫았으며, 모택동의 혁명이 포함되지 않은 교육활동은 10년간 정지되었다. 또한, 문화 예술·종교인들, 건물·공예·서적 등 역사적 유산들도 구시대적 산물이라고 파괴시켜, 중국의 수천 년의 문화유산들이 손실되었다.

문화혁명이라는 구호로 유능한 지식인들 및 문화 예술·종교인들을 반동으로 몰아 희생시켜 오히려 문화 암흑기를 초래한 역효과를 불러일으켰다. 그럼에도 불구하고, 모택동 예찬과 극단적인 숭배, 모택동 신격화가 가속되었고, 1인 지배 하에 놓인 당과 국가 조직은 제 기능을 하기 어려웠으며, 1976년 모택동의 사망과 4인방의 몰락으로 문화대혁명은 종결되었다.

다음은 모택동의 정치 기간을 논함에 있어, 가장 큰 실책으로 손꼽히고 있는 사건인 천안문 사태의 내용이다.

문화대혁명 기간이 끝나갈 무렵인 1976년 1월, 자본주의 도입에 적극적이었던 주은래(周恩來) 총리의 사망으로, 중국 혁명의 영웅을 기리는 청명절인 4월 4일에 수많은 인민들이 천안문 광장에 모여 주은래를 추모하였다. 이 추모 행사는 문화대혁명을 주도한 세력을 비난하고 반대하는 시위이기도 하여, 모택동의 퇴진 및 4인방을 비난하고 구호를 외치는 인민들의 시위와 교통마비 및 방화 등이 천안문 광장에서 발생하였다. 중국정부는 군대를 동원하여 이를 무력 진압하였고, 등소평을 실각시키는 기회로 사용하였으며, 그 결과 수많은 사람들이 희생하였다.

2) 등소평(鄧小平)

등소평은 1940년 8월 22일, 사천성(四川省)에서 출생하여 항일 무장 투쟁부터 모택동과 대장정을 함께 한 중국 공산당의 핵심 인물로, 1970년대 말과 1980년대에 중국사회에서 가장 강력한 지도자였으며, 중국의 제2세대 지도자이다.

항일전 내내 공산당의 팔로군(八路軍)에서 정치위원을 역임했고, 1949년 중화인민공화국의 수립에 공을 세웠으며, 1952년에 정무원

부총리를, 1954년에 당중앙위원회 비서장을, 1955년에 정치국 위원을 역임하는 등 정치인으로 급성장하였다. 또한 류소기와 같은 실용주의적인 지도자들과도 관계를 맺어, 모택동과도 갈등을 빚었으나, 모택동의 죽음으로 끝난 문화대혁명 이후 중국이 혼란에 빠지고부터, 중국을 경제 대국으로 끄는 디딤돌 역할을 하였다.

1976년 9월 모택동이 사망하고 뒤이은 문화대혁명의 주체인 4인방의 실각으로 중국은 역사적 전화의 계기를 맞게 되며, 이를 계기로 등소평 시대에 박해를 받아왔던 관료 및 지식인들·문화대혁명 시기의 암흑기를 살아온 중국 인민들은 새로운 중국을 건설하기 위하여 모택동 시대의, 모택동식의 사회주의를 타파하여, 1978년에 당의 주권을 장악하고 역사적인 노선전환을 단행하였다.

등소평을 중심으로 한 반좌파 연합세력은 제11기 3중 전외에서 4대 현대화와 경제발전을 정책의 최우선 순위에 두었다. 그리하여 실사구시의 실용주의 노선에 따라 중국의 개혁개방은 시작되었고, 1979년 이후 농촌 및 도시 부분과 대외 경제 등의 각 방면에서 광범위하고 획기적인 경제개혁 및 대외 경제정책이 적극 추진되어, 등소평의 개혁개방은 침체된 중국경제에 활력을 불어 넣었다.

우선 대내 경제의 실용주의적 개혁정책을 살펴보면, 당·정 제도개혁을 통해 실용주의 체제를 확립하여 현대화 정책의 추진과 경제개혁을 결부시키고 있다. 이러한 정책은 자본주의적 시장경제 요소를 도입하는 계획적 상품경제의 추구 및 경제관리체제의 개혁을 수반하며 진행되었다. 이러한 정책은 중국의 사회체제상 매우 놀랍고 획기적인 것으로 평가된다.

다음으로 대외 경제의 실용주의적 개방정책을 살펴보면, 전통적으로 고수해 왔던 '자력갱생의 원칙'을 벗어나, 개혁적 무역정책의 실시,

경제특구 및 경제개발구의 설치 등으로 구체화되었다.

등소평의 정책은 흑묘백묘론과 도광양회의 경제관 및 개혁정책, 개방정책으로 손꼽힌다.

(1) 흑묘백묘론(黑猫白猫論)과 도광양회(韜光養晦)

"검은 고양이든 흰 고양이든 쥐만 잘 잡으면 된다"라는 흑묘백묘론 (黑猫白猫論)은 등소평의 정책 방향을 대표할 수 있는 말로 유명하다. '국민들을 잘 살게 하려면 어떠한 사상이든 관계없다'라는 의미로, 등소평은 중국의 경제발전을 위해 많은 정통 공산주의 이론을 포기하고 자유기업의 요소를 혼합시키고자 하였다.

또한 등소평 시기에 중국의 외교방침을 지칭하는 용어인 도광양회 (韜光養晦)는 원래 중국의 삼국시대의 고사에서 유래된 고사성어로, '자신을 드러내지 않고 때를 기다리며 실력을 기른다'는 의미로, 당시 1980년대 말에서 1990년대 중국의 대외 경제정책을 잘 반영하고 있는 말이다.

흑묘백묘론과 도광양회는 등소평이 본격적인 개혁개방정책을 실시한 시기의 중국 중심적인 대외 정책이다. 개혁개방 시기부터 중국은 정치적 체계는 사회주의를 표방하면서도 경제적 측면에서는 시장경제를 지향하였다.

(2) 개혁정책

등소평이 개혁정책을 추진하며 가장 먼저 시행한 분야는 농촌경제 개혁이다. 등소평은 1978년 농업 생산력을 증대하기 위하여 과거 경제조정정책 기간에 부분 시행했던 농가 생산책임제를 추진하였다. 농가 생산책임제는 노동성과 분배 방법에 따라 호별 생산책임제와 호별 경영책임제로 나뉘어졌다.

호별 생산책임제는 30~50가구 규모의 생산대가 개별농가에 생산 할당량을 부과한 뒤 농가들이 생산한 농산물을 모두 거둬들여 생산 책임을 초과하는 부분을 농가에 배분해 주는 제도이다.

호별 경영책임제는 생산대가 토지를 개별농가에 배분한 뒤 생산량 가운데 계약한 부분을 뺀 나머지를 모두 농가가 가져가는 방식으로, 농가로부터 더 많은 인기를 얻어 1983년 말에는 전국 생산대의 97.8% 까지 보급되어 가장 지배적인 경영 형태로 자리 잡았다.

농가 생산책임제를 중심으로 한 농촌경제개혁이 성과를 거두자, 다음으로 도시경제 체제개혁을 추진하였다. 1984년 10월 도시경제 체제개혁 방안을 발표했는데, 그 주요 내용은 계획경제 체제개혁, 기업관리 체제개혁, 가격 체제개혁, 임금 체제개혁, 세수 체제개혁, 금융 체제개혁, 유통관리 체제개혁 등을 포함하고 있다.

(3) 개방정책

등소평의 개방정책은 대외 개방, 대내 개방, 일국양제(一國兩制)를 포함하고 있다. 그 중 가장 중요한 것은 대외 개방이다.

등소평의 대외 개방사상의 주요 특징은 첫째가 외자도입이고, 둘째가 자본주의 경제 원리에 따라 경제특구를 설치하는 것이다. 이를 다시 구체적으로 말하면 다음과 같다.

① 경제특구(沈圳·珠海·汕頭·厦門)를 설치하여 연해도시를 개방하고, 연

해 경제개발구를 설치하여 장강(長江) 연안도시와 내륙 지역의 성도 (省都)를 개방한다.

② 외자를 도입하고 외국인의 대중국투자를 환영한다.

③ 호혜평등의 원칙에 입각하여 대외 경제기술 교류를 확대하고 외국의 선진 기술을 적극 도입한다.

④ 대외 무역을 확대하여 외화수익을 늘리고, 무역체제를 개혁하여 지방과 기업의 수출을 적극 장려한다.

등소평의 개방정책에는 사회주의 제도를 견지해야 한다는 제한도 따랐다. 예를 들면, 대외 개방 중에 반드시 4개의 기본원칙을 견지해야 하고, 자주독립을 견지해야 하며, 정신문명 건설에 부합되어야 하고, 화목단결과 조화를 이루어야 한다는 것이다.

이렇듯 등소평의 사상체계는 개방과 사회주의를 함께 융합시키고자 한 것으로 대외 개방이 사회주의를 붕괴시켜 자본주의로 나아가게 해서는 안 되며, 일부 개방된 도시에 자본주의의 부분적인 유입을 허용하였지만, 그것은 단지 사회주의 경제 발전을 보충하기 위한 것일 뿐, 아무리 개방되고 외자가 얼마나 되든 그것이 차지하는 비중은 극히 적어 사회주의 제도에 어떤 영향도 미치지 않는다는 것이다.

개혁개방정책을 추진한 이래, 일단 성공한 것으로 평가할 수 있으나 사회주의 체제의 이데올로기적 한계에 따른 갈등, 높은 인플레이션과 실업의 문제, 간부들의 부정부패의 급증, 소득격차의 발생과 산업 간, 지역 간의 불균등의 심화 등의 여러 문제점 또한 나타나게 되었다.

등소평이 개혁개방정책을 시행하고 권력을 장악하며 자본주의를 도입한 이후, 중국은 엄청난 변화를 겪게 되고, 중국에서도 사회정의와 민주화를 요구하는 운동이 서서히 일어났다.

급진개혁주의자였던 호요방(胡耀邦)의 사망으로 정치개혁을 요구하는 목소리가 확산되면서 이는 1989년 전국의 대학생들과 시민 중심의 민주화 운동으로 전개되었는데, 이것이 바로 천안문 사태이다.

'천안문(天安門) 사태'는 1989년 6월 3일 밤부터 4일 새벽까지, 북경(北京)의 천안문광장 일대에서 민주화를 요구하던 학생·시민들을 국무원 총리 이붕(李鵬)이 북경에 계엄령을 선포하고 천안문 광장에서 시위 군중을 무력으로 진압하여 일만 오천 명 이상의 사상자를 낳은 유혈사태 사건이다. 6월 4일을 기념일로 잡아서 6·4사건 등으로 불리기도 한다.

3) 강택민(江澤民)

1926년 강소성(江蘇省)에서 출생하였고, 중국의 정치인이며, 1989년에 중국 공산당 중앙군사위원회 주석으로 선출, 1993년 국가주석에 취임하였다. 1세대 모택동-주은래, 2세대 등소평 등에 이은 중국의 3세대 지도자로, 주석 취임 이후 경제개혁 개방 노선을 지지하는 정책을 펼쳤다.

최고직인 국가주석에, 중국 공산당 총서기와 공산당 군사위원회 주석까지 겸임한 최초의 인물로, 전반적으로는 도광양회식으로, 1997년부터는 자신감을 얻어 '대국으로서 책임 있는 자세를 가진다'라는 식의 '유소작위(有所作爲)'의 태도로, 즉, 등소평의 노선을 이어 나아갔다. 강택민 주석은 개혁개방이 훌륭한 성과를 거두었고, 인민생활이 총체적으로 여유 있는 생활 수준에 달했다고 평가했고, 등소평의 이론을 계승하여 미래의 시대적 변화에 부응하고자 하였다.

2000년에는 선진 생산력, 선진문화 발전, 광대한 인민의 근본이익을 대표해야 한다는 '3개 대표론'을 발표했는데, 이는 중국의 발전에 큰 역할을 했다.

강택민의 주요 정책은 개혁개방 확대, 국유기업개혁, 세계무역기구 가입, 3개 대표론을 들 수 있다.

(1) 개혁개방 확대

강택민은 등소평이 추진한 개방정책을 더욱 확대하였다.

1979년 등소평이 4개 도시를 경제특구로 지정한 것을 시작으로, 1980년대 중반 이후에는 대련(大連)·천진(天津) 등 14개 연안도시와 소주(蘇州)·무석(無錫) 등 연해경제개방구가 잇따라 개방되었다.

등소평의 남순강화 이후 중국은 제 14차 전국대표대회에서 사회주의 시장경제를 채택하면서 대외 개방정책으로 전방위 개방을 발표하였다. 초기에는 동부 연해 지역을 우선 개방하는 점(點) 개방 시기(1979~1984)에서 선(線) 개방 시기(1984~1987)를 지나 개방 범위를 전국으로 확대하는 면(面) 개방 시기를 열겠다는 선언이었다.

강택민은 4연(四沿) 개방으로 상징되는 전면 개방 노선을 채택해 중서부 내륙지방은 물론 서북구와 동북부 변경 지역으로 개방 범위를 확대하였다. 개방 지역 확대와 더불어 개방 업종 역시 기존의 제조업 위주에서 금융·유통·부동산 등 서비스 업종으로 대폭 확대하였고, 200여 수입 상품에 대한 축소를 비롯하여 관세 및 비관세 장벽 완화 등 제도개선을 동시에 추진하였다.

(2) 국유기업개혁

중국은 사회주의 경제 특성으로 인하여 개혁개방 이전에는 공업 총생산의 대부분을 국유기업이 담당하였다.

개혁개방 후, 시장경제 요소를 도입하면서 기업개혁이 시도되었지만, 정부와 기업분리 문제와 금융시스템 같은 근본적인 부분은 변하지 않아 부실을 해소하기가 쉽지 않았다. 이에 강택민은 국민경제의 상당한 비중을 차지하고 있는 국유기업의 경쟁력을 높이지 않으면 지속적인 경제성장이 어렵다고 판단하여, 국유기업 문제를 핵심개혁 의제로 설정해 본격적인 국유기업개혁을 추진하였다.

1994년 제14기 5중 전회에서 '큰 것은 잡아두고 작은 것은 풀어준다'라는 뜻의 '조대방소(抓大放小)' 방침에 의하여, 국가역량은 중점업종과 중점기업에 집중하고, 중소형 국유기업은 합병·매각 또는 파산 등의 방식으로 누적된 부실을 해소하는 데 주력하였다. 또한 기업 재무구조를 개선하기 위하여 국유기업의 주식회사 전환이나 상장을 적극 유도하며, 국유기업이 직영하던 병원이나 학교 등 각종 부대시설을 분리하거나 인력에 대한 과감한 고용조정을 진행하였다.

(3) 세계무역기구 가입

개혁개방 확대 및 사회주의 시장경제 추진에 따른 경제적 자신감을 바탕으로 강택민은 2001년 12월 세계무역기구(WTO)에 가입하는 데 성공하였다. 1986년 관세 및 무역에 관한 일반협정(GATT)에 가입을 신청한 뒤 15년 만에 이룬 성과일 뿐만 아니라 개혁개방의 성과를 국제무대에서 공식적으로 인정받은 것으로 평가할 수 있다. 세계무역기구 가입으로, 세계시장에서 미국이나 EU 등과 어깨를 겨루는 경제대국의 꿈을 실현할 수 있는 발판을 만들었고, 이를 기반으로 교역 규모를 확대해 나갔으며, 올림픽 등 각종 국제행사 유치 등을 통해 향후 세계에서 강국 이미지를 구축해 나갈 수 있는 결정적인 계기를 마련하였다.

(4) 3개 대표론

등소평의 개혁개방 이후 생산력의 발전을 추진하였지만 경제성장으로 인한 부작용의 사회 문제들이 발생하게 되었고, 이러한 문제점들의 해결과 사회주의 체제 하에서의 지속적인 시장경제 발전을 위하여 강택민 주석은 '3개 대표론'을 제기하였다. 이에 중국공산당 지도부는 '3개 대표론'에 대한 지속적인 강조와 정책을 폈으며, '3개 대표론'의 내용은 아래와 같다.

첫째, 선진생산력 발전 요구이다.

'3개 대표론' 중 가장 중요한 것은 선진생산력 발전 요구로, 선진생산력은 물질적 부와 정신적 부를 형성한다. 따라서 당은 생산력의 해방과 발전을 추진하여 인민의 생활 수준을 부단히 향상시켜 인민의 근본이익을 대표해야 한다. 이러한 생산력 발전의 추진을 위해 경제건설의 중심과 과학기술을 발전시켜야 한다.

둘째, 선진문화 발전 요구이다.

선진문화 발전 요구는 사회주의 정신문명 건설을 강화하는 지도사상이다. 선진문화는 인류 문명의 진보적인 결정체로써, 정신적인 동력과 지력·기술의 총체이다. 그리고 선진문화는 건설적이며, 과학적이며, 미래지향적이며, 사회 전진적인 문화를 향상시킨다. 이러한 선진문화 발전을 위해 선진적인 사상 도덕문화와 과학기술 문화가 요구된다.

셋째, 광대한 인민의 근본이익이다.

선진생산력 발전 요구, 선진문화 전진 방향은 광대한 인민의 근본이익과 서로 친밀한 관계에 있다. 그 중 '3개 대표론'을 관통하는 것은 인민의 광대한 이익을 대표하는 것으로 이는 인민대중의 물질적인 생활 수준을 계속해서 향상시켜, 인민에 대한 복무를 위한 것이기 때문이다.

위와 같은 강택민의 '3개 대표론'은 새로운 시기의 당의 선진성을 대표하고, 당 건설의 근본적인 지도 사상으로 강화되었으며 당의 새로운 목표와 일치하였다. 때문에 강택민은 '3개 대표론'의 실현을 더욱 강조했고, 중국 특색의 사회주의 건설을 위하여 '10개항 기본방침'을 제시하여, 4세대인 호금도(胡錦濤)에게 자신의 개혁개방정책 지속 및 가속화를 강조하였다.

4) 호금도(胡錦濤)

전 중국 국가주석이며, 모택동, 등소평, 강택민을 이은 중국의 제4세대 지도자이다.

1942년 12월 강소성(江蘇省)에서 차(茶) 상인의 아들로 출생해 1965년 명문 청화(淸華)대학에서 기계공학을 전공했으며, 문화대혁명 기간 동안 일체의 정치 활동을 하지 않았다. 대학 졸업 후 수력발전소에서 노동자로 근무를 시작하여 기술자, 정치인을 거쳐 중국의 최고 권력자가 된다. 1992년에 중앙당 정치국 상무위원을, 1998~2003년 국가부주석, 2002~2012년 중앙위원회 총서기, 2003~2013년 국가주석, 2004

~2012년 중앙군사위원회 주석을 역임했다.

호금도는 균형발전정책, 서부대개발, 중국 특색의 사회주의 민주정치, 팔영팔치(八榮八恥) 등을 강조하였다.

(1) 균형발전정책

호금도는 경제성장과 함께 균형 있는 발전을 해야 한다는 경제정책을 추진하였는데, 이는 도시와 농촌, 동부 연해 지역과 서부 내륙 지역, 그리고 한족 지역과 소수민족 지역 간의 격차 등의 균형 발전에 대한 정책이다.

이에 호금도는 과학적 발전관 및 조화사회 건설을 내세우고 빈부격차 해소와 낙후 지역 개발, 그리고 농민소득 제공정책을 강화하는 등 질적인 발전을 우선하는 각종 정책을 추진하였다.

호금도 주석은 2012년 제18차 전국대표대회 업무 보고에서 "과학적 발전관은 중국 공산당의 집단적 지혜의 결정체로서 당과 국가의 모든 사업을 지도하는 강대한 사상적 무기"라고 강조했다.

호금도 지도부는 과학발전관을 일관되게 중요한 전략 사상으로 삼았으며, 경제성장 일변도를 관철하였던 등소평, 강택민 시대로부터 부분적인 궤도 수정을 도모하였다.

과학적 발전관은 인간을 근본으로, 사회와 조화를 이루면서, 지속 가능한 발전을 추구할 수 있는 과학적 통치 체계를 말하며 이는 과학 사회주의에 바탕을 두었다. 과학적 발전관은 개혁개방 이전의 정치와 경제·국제 관계를 비판하고, 개혁개방 이후의 국가발전의 동력을 과학기술 및 사회적 안정에 배경을 두었다.

호금도의 '과학적 발전관'은 경제발전 모델 전환, 균형 발전, 지속 가능한 발전으로 나뉘며, 내용은 아래와 같다.

첫째, 경제발전 모델 전환은 중국의 미래를 위해서는 개발 도상국형 경제구조의 개편이 불가피하다는 사상이다.

둘째, 균형 발전은 일부가 먼저 부유해진 뒤, 이를 확장한다는 등소평의 이론인 선부론(先富論)을 바탕으로 북경(北京)·상해(上海)·광주(廣州) 등의 주요 대도시와 동부 연안의 성(省)은 급속한 발전을 이루었지만 낙후한 서부와 내륙을 어떻게 발전시키느냐가 주요 과제이다. 즉 균형 발전은 서부 지역과 동북 3성, 중부 지역 역점 개발과 함께 도시와 농촌의 동시발전을 추진해야 한다는 방식이다.

셋째, 지속 가능한 발전은 에너지·자원절약·환경보호에 중점을 둔 발전 방식을 채택해야 한다는 주장이다.

또한 호금도 지도부는 2005년 3월의 전인대 이후 '조화 사회 건설'을 강조하였다. 당시 중국에는 경제발전의 이면에, 빈부의 격차, 치안·실업·부패 등의 문제가 심각하여, 생활고 및 토지 수용이나 독직 등 당국에의 불만으로부터 중국 각지에서 시위와 폭동이 빈발하기도 했다. 정부는 이러한 사태의 악화를 염려하며, '조화로운 사회'의 건설을 중요과제로서 제기하였다.

'조화사회 건설'은 민주와 법치, 공평과 정의, 성심과 우애, 활력과 충만, 안정과 질서, 인간과 자연의 조화로운 생존이 실현되는 사회를 말한다.

(2) 서부대개발

호금도는 균형발전 문제와 연관하여 서부대개발정책을 중점적으로 추진하는데, 이는 동부 연안에 비하여 상대적으로 낙후된 서부 지역을 개발해 지역 간 경제격차와 도농격차를 줄여보고자 한 정책이다.

　서부 지역은 12개의 성과 자치와 직할시로 구성되어 있으며, 전 국토의 71.4%를 차지하는 광대한 영토와 전체 인구 28.5%를 점하고 있다. 천연자연 및 광물자원은 물론 수자원과 관광자원까지 풍부하지만, 경제적 수준은 매우 낙후돼 있어 중국경제 경쟁력 제고와 사회안정에 심각한 위해 요인으로 작용하고 있다.

　서부대개발은 서부 내륙에 발전소를 건설하여 생산한 전력을 동부 연안으로 보내는 서전동송(西電東送), 장강의 풍부한 수자원을 수로로 연결하여 물이 부족한 황하 지역으로 보내는 남수북조(南水北調), 서부 지역 천연가스를 상해 등 동부 연안으로 보내는 서기동수(西氣東輸), 중국 청해성(靑海省)과 티벳을 연결하는 청장철도(靑藏鐵道) 건설 등이 주요 내용인 4대 중점 사업을 추진하여 지역 균형개발 및 에너지 수급 불균형을 해소하려는 목적의 대규모 프로젝트이다.

　서부대개발은 낙후된 서부 지역을 개발해서 중국 경제개발 단계를 한 차원 끌어올리고 자원이 부족한 동부 연안 지역산업에 활기를 넣을 뿐만 아니라, 인도 및 중앙아시아 진출에 교두보를 확보할 수 있다. 또한 나아가 동서 간 빈부격차에 따른 소수민족 반감이나 분리운동에 대한 차단효과까지 있어, 정국안정에도 기대를 해 볼 수 있다.

(3) 중국 특색의 사회주의 민주정치

　호금도는 개혁개방으로 인하여, 중국이 국내외적으로 이익집단과 계층 간 갈등이 양산되는 과도기적 상황에 있다고 보고 당과 국가 기구의 개방화와 민주화, 투명화를 제고할 수 있는 다양한 정치개혁을 모색하면서 중국 특색의 사회주의 민주정치를 발전시킨다는 정치 개혁 방안을 내놓았다.

2005년 국무원이 발표한 중국 최초의 민주주의 백서 '중국의 민주 정치 건설'에는 중국의 사회주의 민주정치는 인민대표대회제도와 타 당합작제, 정치협상제도 등 중국 현실에 맞는 사회주의 민주주의를 실천하고 있다고 밝히고 있다. 또한 지방의 직접선거 확대와 인민 대중의 권익보호 등을 통해 인민이 주인이 되는 중국 특색의 민주주 의로 발전해 나가고 있다고 주장하고 있으며, 그러나 앞으로도 공산 당이 영도하고 인민 민주주의 독재에 의해 보장되는 민주정치 발전 추구를 강조하고 있다.

(4) 팔영팔치(八榮八恥)

호금도는 2006년 3월, 중국 인민들이 해야 할 8가지 일과 해서는 안 될 8가지 일을 고사로 표현한 '팔영팔치'를 제시하여, 경제발전 이후 불거진 양극화 문제와 개인주의의 확산 문제를 해결하고자 애국 심과 단결을 강조하였다.

8개 문장이 대구를 이루는 칠언배율 형식으로 발표된 후 호금도 주석의 발언은 사회주의 가치관 확립에 필요한 국민의 의식개혁을 호소하는 내용을 담고 있어 향후 사회 각계각층의 중요한 학습지침서 로 활용되기를 강조하였다.

'팔영팔치'의 내용은 다음과 같다.

① 조국을 열렬히 사랑하는 것은 영예이고, 조국에 해를 끼치는 것은 수치다.
② 인민을 위해 봉사하는 것은 영예이고, 인민을 위배하는 것은 수치다.

③ 과학을 숭상하는 것은 영예이고, 우매하고 무지한 것은 수치다.

④ 근면성실하게 일하는 것은 영예이고, 편한 것만 찾고 일하기 싫어하는 것은 수치다.

⑤ 단결해 서로 돕는 것은 영예이고, 남에게 해를 끼치며 자신의 이익만을 좇는 것은 수치다.

⑥ 성실하게 신의를 지키는 것은 영예이고, 이익을 좇아 의를 저버리는 것은 수치다.

⑦ 법과 규율을 지키는 것은 영예이고, 법을 어기고 규율을 혼란하게 하는 것은 수치다.

⑧ 어려움을 참으며 분발하는 것은 영예이고, 교만하고 사치하며 방탕한 것은 수치다.

5) 습근평(習近平)

1953년 북경에서 태어났으며, 중화인민공화국의 정치인이다. 현 중국 국가주석이자 중국 공산당 중앙군사위원회 주석이며, 중화인민공화국에서 건국 이후에 태어나고 자란 첫 주석이다.

2010년 10월 열린 제17기 중앙위원회 제5차 전체회의에서 중국 공산당 중앙군사위원회 부주석으로 선출됨에 따라 사실상 중국 차기 국가주석으로 확정된 바 있다. 이후 2012년 11월 15일 제18차 전국대표대회에서 당 총서기 및 당 중앙군사위 주석에 선출, 2013년 3월 17일 서열 1위의 국가주석직에 오르며 당·정·군 3대 권력을 장악했다.

습근평은 중국몽(中國夢)을 강조하였고, 이를 실행시키기 위하여 일대일로 사업 등을 추진하고 있다.

(1) 중국몽(中國夢)

'중국몽'은 습근평 정부의 주요 통치 키워드로, 2012년 11월 중국 공산당 중앙위원회 총서기로 추대되면서 처음으로 사용했으며, 이후 주요 석상에서 수차례 언급하였다.

'중국몽'은 '중화민족의 부흥'이라는 중국의 핵심 목표를 담고 있다. 민족의 부흥을 위해서 중국은 강력한 국력과 하나된 인민이라는 두 가지 중요한 요건을 갖추고 있어야 한다는 것이다.

등소평의 대외 정책의 원칙으로 제시한 '도광양회'와는 반대정책으로, 중국에 이익이 되는 일이면 적극 영향력을 행사하겠다는 '분발유위(奮發有爲: 떨쳐 일어나 해야 할 일을 한다)'를 주창했다.

습근평은 2050년까지 두 단계로 나누어, 세계 최강국으로 발돋움하겠다는 목표를 발표했다.

첫 단계는 2020년부터 2035년까지이며, 현재까지 이루어낸 발전을 기초로 하여 경제적으로 사회주의 현대화를 실현한다는 것이다. 사회주의 현대화란 중국인 자신들만의 사회주의, 즉 중국 특색 사회주의를 통해 다른 선진국 혹은 중진국 수준까지 국가적 능력과 인민의 삶의 질을 현대적으로 끌어올리는 것을 말한다.

두 번째 단계는 2035년부터 2050년까지로 사회주의 현대화가 이루어진 중국으로서 경제뿐만 아니라 과학·문화·빈부 격차 해소 등 방대한 영역에서 발전을 거듭하여 2050년에 이르러서는 선도적인 강대국, 즉 미국을 뛰어넘는 슈퍼 파워가 되고자 하는 것이다.

이러한 중국몽을 실행시키기 위하여 습근평은 여러 구체적인 정책들을 제시하였는데, 그 중 대표적인 정책이 일대일로 사업이다.

(2) 일대일로(一帶一路) 사업

중국과 동남아시아·중앙아시아·아프리카·유럽을 육로와 해로로 연결하여 경제권을 형성하겠다는 중국의 전략으로, 습근평이 2013년 9월 카자흐스탄 방문 때 처음 주창했다.

이는 중국 명나라 시절 해외 교역로였던 실크로드에 착안해 '육상·해상 실크로드'로도 부르며, 내륙과 해상의 실크로드 경제벨트를 지칭한다. 35년 간(2014~2049) 고대 동서양의 교통로인 현대판 실크로드를 다시 구축하여, 중국과 주변국가의 경제·무역 합작 확대의 길을 연다는 대규모 프로젝트이다.

습근평이 일대일로 프로젝트를 추진하는 이유는 다음과 같다.

첫째, 지역 불균형 해소와 내수시장 확대를 위하여 대내적으로 추진해 온 서부대개발, 중부굴기, 동북3성 진흥 등의 국가급 프로젝트와 대외적으로 중앙아시아, 동남아시아, 아프리카 등 주변 신흥시장 진출을 위한 경제성장 동력을 확보하기 위함이다.

둘째, 지속적인 경제성장을 실현하기 위해 안정적으로 에너지를 확보하기 위함이다. 중국은 세계 최대의 에너지 소비국이다.

셋째, 일대일로를 통해 자국의 경제 영토를 중앙아시아와 동남아시아로 확대하고, 나아가 지역경제 통합의 주도권을 확보하기 위함이다.

일대일로 프로젝트는 중국의 지속 가능한 질적 경제성장의 동력을 확보하고, 중국의 공급 측 개혁을 위한 과잉생산 및 과잉산업 문제를 모두 해결할 수 있는 열쇠로 기대하고 있다.

3. 중국 지도자들에 대한 평가

건국 이후, 70년간 5명의 주요 지도부의 정책에 대하여 간략하게 아래와 같이 평가해 본다.

먼저, 초기 주석인 제1세대 지도자 모택동은 중국 현대사에 큰 영향을 미친 데에는 이견이 없으나, 오늘날까지도 그에 대한 평가는 아직도 논쟁이 분분하다.

20세기 초 중국에 등장하여 공산주의 사상으로 인민들을 규합하고, 계급투쟁을 통해 구시대적인 봉건제를 타파하고 농민들을 위한 사회주의 국가를 건설하였다. 이에 중국은 혼란에서 벗어나 경제적으로 큰 발전을 거두었으며, 농민을 중요시한 그의 사상은 이후 세계 공산주의 혁명에 사상적인 토대를 제공하였다.

반면 대약진운동이나 문화대혁명과 같은 무모한 정책을 펼쳐 많은 사람들을 사망하게 만들었고, 정치·문화·경제·외교적으로 입힌 물적·인적·문화적 피해는 수치로 계산이 힘들 정도라는 비난을 받고 있기도 하다.

그의 정책으로 중국의 경제적·문화적 발전이 50년 이상 후퇴되었다는 평가가 있음에도 불구하고, 1979년 사망 당시, 중국 전역이 슬퍼하고 추모하였으며, 그의 사상과 이념이 중국 인민들의 가슴속에 깊게 새겨져 있어, 여전히 중국인들의 마음속에 중국을 상징하는 이상적인 인물로 자리 잡고 있다.

다음으로 등소평은 중화인민공화국이 정치가로, 중국의 제 2세대 지도자이다.

경제정책은 흑묘백묘론에서 보듯, 실용주의 노선을 추진하였고, 정치는 기존의 공산주의 체제를 유지하는 정경분리의 정책을 고수했다.

이를 통해 당시 중국사회에 필요한 부분적인 자본주의를 유입하여, 중국만의 중국식의 개혁개방정책을 단행하고, 중국식 사회주의를 탄생시켰다.

이렇듯, 등소평은 오랜 정치 경력을 겪으며 권력을 다졌고, 1970년대에서 1990년대에 이르기까지 중국사회에서 실질적인 지배력을 행사한 인물로 평가된다.

제3세대 지도자인 강택민은 전 지도자 등소평의 개혁개방정책을 전국적으로 광범위하게 확대시켰고, 세계무역기구 가입을 통해 미래 중국의 경제·무역의 국제무대로의 진출에 발판을 마련한 것에 높이 평가 받고 있다.

2007년 중국공산당 제17회 전국대표대회에서 '등소평 이론'과 강택민의 '3개 대표사상'이 당의 중요한 전략사상으로서 당 규약 중에 명기되는 등, 퇴임한 이후에도 여전히 중국 정치에 영향력을 발휘하고 있다.

제4세대 지도자 호금도는 강택민의 3개 대표사상을 토대로 중국 내 자본가들을 중국공산당 내로 유입하였고, 중국 내에서 제2의 만리장성이라 불리우는 천산 고속도로의 공사를 완공하는 등 다양한 업적을 남겼다. 이에 2010년 11월, 미국 경제전문지 『포브스』지가 선정한 세계에서 영향력이 가장 큰 인물로, 당시 미국 대통령이었던 버락 오바마를 제치고 선정된 바 있다. 집권 10년 이후, 중국이 세계 2위의 경제 대국으로 부상한 것과 세계무역기구 가입시 약속한 개혁개방 일정을 잘 이행해 중국이 세계 질서에 융합하면서 국제적 영향력을 확대한 것 등에 대해서 긍정적으로 평가받고 있다.

반면, 중국 지식인 사회에서 호금도-온가보(溫家寶)의 집권 10년에 대해 무능했다, 중국 4세대 지도부의 집권 10년에 대해 "업적보다 문제가 더 많았다"라고 비판하기도 하였다.

다음으로 제5세대 지도자인 습근평에 대한 평가이다.

습근평은 2013년 중국공산당 제18회 당 대회 때 호금도로부터 당 총서기와 중앙군사위원회 주석 자리를 동시에 이양 받았으며, 2013년 3월 호금도의 국가주석 임기가 끝나면서 전국인민대표대회를 통해 국가주석직을 승계하였고, 공식적으로 2013년 3월부터 2018년 연임을 거쳐 2023년 3월까지는 중국과 중국 공산당 전체를 이끌 수 있는 권한을 가지고 있다.

취임 당시, 국무원의 총리이자 공산당 서열 2위이인 이극강(李克强)에 대한 평은 오히려 호탕하다는 평가를 했지만 습근평에 대해서는 내성적이고 무색무취하며, 집단지도체제의 허수아비인 듯, 약한 지도자가 될 것으로 평가하였다.

실제로 2011~2012년 당시에는 습근평이 '조심스럽다', '튀지 않는다', '정치적으로 비난을 받을 수 있는 모험은 하지 않는다' 등의 평가도 있었고, 중국 공산당 내부자들로부터 지도력에 대한 부정적인 평가를 받기도 하였다. 총서기 취임 이후에도 반부패운동 초기에 과소평가를 받기도 했으나, 부패한 인사는 '호랑이든 파리든 모조리 때려잡겠다'는 명분으로 대대적인 반부패정책을 펴기 시작하여 자신의 정적들을 숙청해 나가며 반대 세력을 일소했다. 그리고 2018년 3월 11일, 개헌을 통하여 국가주석직은 세 번 이상 맡을 수 없다는 조항을 삭제하고 종신 집권을 단행해, 권력에 대한 야망을 드러냈다.

4. 중국 지도부의 남은 과제

건국 70주년을 맞이하면서, 중국은 세계적인 강대국으로 입지를 굳히고 있으며, 중국의 여러 변화에 전 세계가 집중하고 있어, 본 글에서는 1949년 중화인민공화국 건국 이후부터 현재까지의 공산주의 체제의 중국 지도자들의 주요 정책을 정리해 보았다. 그 내용을 요약하면 아래와 같다.

중화인민공화국 수립 후, 제1세대인 모택동은 토지개혁, 사회주의 개조운동, 문화대혁명 등을 추진하였다.

제2세대인 등소평은 개혁정책, 개방정책 등을 추진하였다.

제3세대인 강택민은 개혁개방 확대, 국유기업개혁, 세계무역기구 가입, 3개 대표론 등의 정책을 추진하였다.

제4세대인 호금도는 균형발전정책, 서부대개발, 중국 특색의 사회주의 민주정치, 팔영팔치 등의 정책을 추진하였다.

현 지도부인 제5세대 습근평은 중국몽을 강조하며 일대일로 사업 등을 추진 중이다.

'건국 70주년'이라는 중요한 역사적 시점에 이르러, 급속한 경제성장과 국제적 영향력을 증대시켰지만, '중국몽'·'중화민족의 위대한 부흥'·'인류문명 공동체'·'일대일로' 등을 주장하는 습근평 주석의 다양한 구호에 걸맞는 업적은 부족하다. 뿐만 아니라, 홍콩에서의 유례 없는 시위가 장기화되면서 이는 일국양제의 원칙을 강조하는 습근평에게는 주요 고민으로 부각될 것이며, 미-중 무역·기술·패권 경쟁이 격화되면서 경기 침체 또한 심각한 실정이다.

현재 중국은 현대판 실크로드인 일대일로 프로젝트와 같은 대외적 사업 외에도 기술굴기·우주굴기 같은 정책들도 펴내 반도체와 같은 첨단기술 분야에서도 선도적인 국가로 올라서기 위하여 사력을 다하고 있다. 이러한 모든 외교적·기술적·문화적 발전들이 종합적으로 이루어지면 중국이 외치고 있는 중화민족의 부흥, 즉 중국몽이 실현될 것이다.

일대일로의 부작용이나 홍콩 문제 및 기존 패권 세력인 미국과의 무역전쟁 등 여러 긴밀한 상황 속에서도 중국은 자신들의 정책을 계획적으로 시행해 나갈 것이고, 이는 장기 집권을 구상하고 있는 현 지도자인 습근평에게 주요 과제가 될 것이다.

참고문헌

강준영, 「호금도 체제 2년: 평가와 전망」, 『중소연구』 28(4), 한양대학교 아태지역연구센터, 2005.

공봉진, 「시진핑(習近平) 시대의 중국민족정책 연구」, 『동북아 문화연구』 43, 동북아시아문화학회, 2015.

공봉진, 「중국 지도자 교체시기의 권력강화와 정치역학: 장쩌민에서 시진핑까지」, 『동북아 문화연구』 51, 동북아시아문화학회, 2017.

김소중, 「모택동과 등소평의 리더십과 치적 비교」, 『한국동북아논총』 10, 한국동북아학회, 2001.

김태만, 「시진핑(習近平)의 문화정책과 '일대일로(一帶一路)'의 문화 전략」, 『동북아 문화연구』 44, 동북아시아문화학회, 2015.

리단, 「강택민 시대 중국의 외교정책 기조와 대한반도 관계」, 『한국동북아논총』 22, 한국동북아학회, 2002.

임규섭, 「장쩌민(江澤民시) 대 중국공산당 이데올로기의 재건: 삼개대표폰 형성 및 그 의의」, 『아태연구』 13(1), 경희대학교 국제지역연구원, 2006.

임해순, 「실사구시와 실요주의: 등소평의 '흑묘백묘론'을 중심으로」, 『철학연구』 115, 대한철학회, 2010.

장공자, 「모택동과 중국적 사회주의의 건설」, 『사회과학연구』 23(1), 사회과학연구회, 2006.

정종환, 「등소평의 중국식사회주의에 대하여」, 『범한철학』 12, 범한철학회, 1996.

https://blog.naver.com/kjk54321/70022466358 (검색일: 2019.9.30)

https://nimoo.tistory.com/1053 (검색일: 2019.10.5)

http://blog.naver.com/PostView.nhn?blogId=quanxiangjun&logNo=1200088
32191 (검색일: 2019.10.13)

http://www.slrclub.com/bbs/vx2.php?id=hot_article&no=87489
(검색일: 2019.10.15)

https://blog.naver.com/xingfu21/40162987639 (검색일: 2019.10.20)

http://www.hani.co.kr/arti/politics/diplomacy/909468.html
(검색일: 2019.10.26)

http://www.chinahistorio.com/bbs/board.php?bo_table=lecture13&wr_id=5
983 (검색일: 2019.10.23)

https://blog.naver.com/kbbc11/100022475112 (검색일: 2019.11.2)

https://blog.naver.com/mobacle/70150915955 (검색일: 2019.11.5)

https://cafe.naver.com/tago2009/90655 (검색일: 2019.11.10)

http://cafe.daum.net/bahn353/Oiwk/314?q=%ED%9B%84%EC%A7%84%E
D%83%80%EC%98%A4%EC%9D%98%20%EC%97%85%EC%A0
%81 (검색일: 2019.11.12)

http://history.people.com.cn/GB/199250/238042/239516/17197135.html
(검색일: 2019.9.27)

http://cpc.people.com.cn/n1/2017/0912/c69113-29529025.html
(검색일: 2019.10.6)

http://phtv.ifeng.com/program/sskj/200812/1219_2315_929350_1.shtml
(검색일: 2019.10.17)

http://theory.people.com.cn/GB/68294/414649/index.html
(검색일: 2019.11.2)

박범종: 부경대학교 지방분권발전연구소 연구교수로 한국정치, 계량분석, 정치학 이론을 전공했다. 부산대학교 한국민족문화연구소, 신라대 한국재외국민선거연구소, 부산외국어대학교 국제관계연구소 연구원, 동아대 강사, 부산외국대학교 초빙교수를 역임했다. 한국정치, 국제정치 연구에 관심이 많으며, 최근에는 지역발전에 관해 연구 중이다. 특히 도시재생, 장소마케팅, 문화도시, 다문화와 중국의 지역발전 연구에 집중하고 있다. 주요 저서로는 『중국 개혁개방과 지역균형발전』(공저), 『중국 지역발전과 시진핑시대』(공저), 『한중 지방외교와 지역발전』(공저), 『부산의 정치변동과 지역발전』, 『사회문화적 접근을 통한 지역발전』(공저), 『지역발전: 정치경제적 접근』(공저) 등이 있다. 그리고 연구 논문으로는 「The Influence of Regional Population Demographic Changes on the Composition of Voter Cohorts and Voting Behavior during the Democratic Consolidation Process」, 「근대문화자산을 활용한 문화도시 구축과 지역발전: 인천 중구 개항지를 중심으로」, 「지역 해외직접투자의 지역발전 효과: 중국과 일본의 교훈」, 「이주를 통한 지속가능한 개발이 가능한가?」, 「장소마케팅을 활용한 지역발전 효과연구: 인천과 부산의 차이나타운을 중심으로」, 「국제이주와 지역발전에 대한 함의: 국제이주노동자를 중심으로」 등이 있다.

공봉진: 부경대학교 중국학과, 부산외국어대학교 G2(영중)융합학부의 강사로 재직하고 있으며, 국제지역학(중국 지역학)을 전공하였다. 국제

통상지역학회 회장을 역임했으며, 동아시아국제정치학회 편집위원장과 총무이사 등을 역임했다. 중국 민족, 정치, 사회, 문화 등에 관심이 많고, 중국 민족정체성에 주된 관심을 갖고 있다. 중국 민족, 정치, 문화 등을 주제로 한 책과 논문을 집필하고 있다. 주요 저서로는 『중국지역연구와 현대중국의 이해』, 『중국공산당 CCP 1921~2011』, 『시진핑 시대, 중국 정치를 읽다』, 『중국민족의 이해와 재해석』, 『차이나 컨센서스』(공저), 『중국 대중문화와 문화산업』(공저), 『한 권으로 읽는 중국문화』(공저), 『중국문화의 이해』(공저)가 있다.

김태욱: 전 부경대학교 국제지역학부 강사로 국제지역학을 전공했다. 현재 한국세계지역학회 이사로 재임 중이며, 동아시아국제정치학회 편집이사를 역임했다. 중국의 정치 특히 민주화와 시민사회에 관심이 많으며, 최근에는 현대 중국에서 시민사회가 어떻게 변용될지를 연구 중이다. 주요 저서로는 『차이나 컨센서스: 중국발전의 실험과 모델』(공저), 『중국문화의 이해』(공저), 『중국 문학의 감상』(공저) 등이 있다.

박미정: 부산외국어대학교 경영학부 강사로 중국 지역학을 전공했다. 중국 사회·지역·환경·에너지 분야에 관심이 많으며, 관련 연구를 진행 중이다. 주요 저서로는 『중국 신재생에너지산업의 발전 동향 및 정책에 관한 연구』, 『중국의 대기오염 감축을 위한 자동차구매제한 정책의 실효성에 관한 고찰』, 『중국 속의 작은 나라들: 중국소수민족들의 금기와 생활 예절』, 『韓中수교 20년(1992~2012)』, 『시진핑 시대의 중국몽』, 『21세기 중국! 소통과 뉴 트렌드』, 『중국 지역발전과 시진핑시대』, 『중국의 성장거점 도시군(群) 육성 전략이 지역경제발전에 미치는 영향 연구』, 『한중 지방외교와 지역발전』, 『중국 개혁개방과 지역균형발전』, 『한중 지방외교와 지역발전』 외 다수 등이 있다.

이강인: 현재 부산외국어대학교 글로벌비즈니스대학소속 교수로서 중국 복단대학교에서 중국 현당대문학의 화극과 영화를 전공하였다. 부산대학교와 부경대학교에서 연구원으로 중국문학과 영화를 연구하였다. 그리고 한국시민윤리학회의 이사와 국제지역통상연구원으로 중국지역 연구에 연구영역을 넓혔으며, 현재 중국영화와 중국정치에 관한 논문에 집중하고 있다. 주요 저서로는『중국 대중문화와 문화산업』(공저),『중국지역문화의 이해』(공저),『시진핑 시대의 중국몽: 부강중국과 G1』(공저),『중국 현대문학작가 열전』(2014),『21세기 중국! 소통과 뉴 트렌드』(공저),『중국문화의 이해』(공저),『중국 문학의 감상』(공저) 외 다수가 있다. 그리고 논문으로는「학교장치에서 보이는 영화 〈로빙화〉의 교육-권력과 〈책상서랍 속의 동화〉의 규율: 권력의 의미적 탐색」,「중국문학과 노벨문학상의 의미적 해석: 가오싱젠과 모옌을 중심으로」,「TV드라마에서 보여 지는 중국 도시화에 따른 문제들에 대한 小考」외 다수가 있다.

서선영: 부경대학교 지방분권발전연구소 연구교수 재직하고 있으며 경제학을 전공했다. 도시·지역경제, 인구경제, 경제발전 등에 관심이 많으며, 관련 분야를 연구 중이다. 주요 저서로는『한-중 지방외교와 지역발전』(공저),『사회문화적 접근을 통한 지역발전』(공저),『지역발전: 정치경제적 접근』(공저),『중국 개혁개방과 지역균형발전』(공저) 등이 있다.

장지혜: (주)다문화인재양성센터 글로벌문화교육연구소 연구소장 겸 대원대학교 항공서비스과 강사로 지역학, 중국 통상을 전공하였다. 경성대학교 중국대학 중국통상학과 조교수를 역임했다. 대중국 투자환경 및 마케팅에 관심이 많으며, 중국 e커머스와 관련된 마케팅과 관련해 연구 중에 있다. 주요 저서로는『현대중국사회: 10개의 시선 하나의 중국』(공저),『상황별로 배우는 기초중국어회화』(공저),『상

황별로 배우는 중급중국어회화』(공저), 『통상실무와 BCT학습을 위한 비즈니스중국어』(공저), 『호텔실무 영어&중국어』(공저), 『중국 지역발전과 시진핑시대』(공저), 『한중 지방외교와 지역발전』(공저), 『중국 개혁개방과 지역균형발전』(공저) 외 다수가 있으며, 논문으로는 「환경과 사회변화가 도시인의 기질과 문화형성에 미친 영향: 베이징, 상하이, 광저우를 중심으로」, 「외자의 중국기업 M&A에 대한 산업안전논쟁의 영향과 대응방안」, 「중국의 WTO분쟁사례연구: 중국의 WTO분쟁사안에 대한 종합평가 및 한국에의 시사점」 등이 있다.

조윤경(趙允卿): 부산외국어대학교 중국어학과를 졸업하고, 중국 중앙민족대학에서 석·박사 학위 취득, 민족학을 전공했다. 중국에서의 민족학은 법학으로 구분되며, 소수민족의 문화·예술 등에 관심을 가지고 연구하였다. 부산외국어대학교와 동서대학교, 경남정보대학교 등에서 외래교수 역임하였다. 현재에는 중국 소수민족 정책, 문화, 중국 지역정책 등에 관한 집필에 집중하고 있다. 주요 논저로 『한 권으로 읽는 중국문화』(개정본, 공저), 『21세기 중국! 소통과 뉴 트렌드』(공저), 『시진핑 시대의 중국몽』(공저), 『중국 지역발전과 시진핑시대』(공저), 『한중 지방외교와 지방발전』(공저), 『중국 개혁개방과 지역균형발전』(공저) 등, 「동북아시아 곰신화·곰전설의 연관성에 관한 연구」, 「한국과 몽골의 세시풍속 비교연구」, 「동북공정 논쟁 이후의 한중 양국의 인식차이에 대한 비교연구」 등 다수가 있다.

지 은 이

박범종(부경대학교 지방분권발전연구소 연구교수)
공봉진(부경대학교 중국학과, 부산외국어대학교 G2(영중)융합학부의 강사)
김태욱(전 부경대학교 국제지역학부 강사, 현 한국세계지역학회 이사)
박미정(부산외국어대학교 경영학부 강사)
이강인(부산외국어대학교 글로벌비즈니스대학 교수)
서선영(부경대학교 지방분권발전연구소 연구교수)
장지혜((주)다문화인재양성센터 연구소장, 대원대학교 항공서비스과 강사)
조윤경(전 부산외국어대학교 강사)

중국 발전과 변화! 건국 70년을 읽다

© 박범종·공봉진·김태욱·박미정·이강인·서선영·장지혜·조윤경, 2020

1판 1쇄 인쇄_2020년 06월 20일
1판 1쇄 발행_2020년 06월 30일

지은이_박범종·공봉진·김태욱·박미정·이강인·서선영·장지혜·조윤경
펴낸이_양정섭

펴낸곳_경진출판
　　　등록_제2010-000004호
　　　이메일_mykyungjin@daum.net
　　　사업장주소_서울특별시 금천구 시흥대로 57길(시흥동) 영광빌딩 203호
　　　전화_070-7550-7776　팩스_02-806-7282

값 17,000원
ISBN 978-89-5996-742-1 93300

※ 이 책은 본사와 저자의 허락 없이는 내용의 일부 또는 전체의 무단 전재나 복제, 광전자 매체 수록 등을 금합니다.
※ 잘못된 책은 구입처에서 바꾸어 드립니다.
※ 이 도서의 국립중앙도서관 출판예정도서목록(CIP)은 서지정보유통지원시스템 홈페이지(http://seoji.nl.go.kr)와 국가자료공동목록시스템(http://www.nl.go.kr/kolisnet)에서 이용하실 수 있습니다. (CIP제어번호: 2020024897)